岩 波 文 庫

34-152-2

共同体の基礎理論

他 六 篇

大 塚 久 雄 著
小 野 塚 知 二 編

岩 波 書 店

凡　例

一、本書は、大塚久雄著『共同体の基礎理論』（第二版、岩波書店、一九七〇年）とこれに関連する論考六篇を収録したものである。『共同体の基礎理論』の底本には、同書名の岩波現代文庫版（二〇〇〇年）を用いた。それ以外の六篇は、『大塚久雄著作集』（全十三巻、岩波書店、一九六九―七〇年、一九八〇年）を底本とした。各初出については別途掲げた。

一、底本の明らかな誤記や誤植は、断りなく訂正した。

一、読みやすさを考慮し、適宜振り仮名を付した。

一、注は底本通りの位置に置いた。ただし、『共同体の基礎理論』第三章第二節の本文には注番号(27)が二箇所に付されており、それに対応する注記も明らかに異なる内容を指示しているため、編者の責任でこれを(27 a)と(27 b)の二つに分けた。

一、編者による注記は、本文中に［　］で付した。

目次

I

共同体の基礎理論

改版にさいして

一　このたび版を改めることになったので、誤植その他を訂正し、引用書を正確にしたほか、読みやすくするために言葉づかいも或る程度改めた。しかし、内容上の変更はまったく行われていない。

二　第一版の「はしがき」でも触れておいたように、本書は元来、東京大学大学院社会科学研究科経済史専門課程で一九五二年度および一九五三年度におこなった講義の草案にもとづいて、講義用テキストとして作成されたものである。第一版の本扉に「経済史総論講義案」という副題が付されていたのも、まったくそのためであった。しかし、それからすでに一五年を経て、著作自体としても、また著者にとっても、この副題はもはやほとんど意味をもたなくなったように思われるので、第二版からは削除することにした。

三　本書にはもともと、やや大げさに言えば、資本主義以前(したがって、社会主義をいちおう除けば、資本主義以外)の諸社会構造について、その経済学、少なくともその理論的骨組の一部を作り上げてみようという意図が秘められていた。課題の大きさに比べて自己の能力がいかに小さいかを十分に知ってはいるけれども、そうした意図はいまでもまったく捨て去ったわけではない。したがって、事情が許すかぎりで、なお少しずつ書きつづけていく心算である。

一九七〇年二月十五日

大塚久雄

第一版はしがき

一　この書物は、筆者が東京大学大学院経済史課程でおこなっている経済史総論の講義の草稿の一部である。印刷にさいしてある程度の加筆をおこない、また傍注と最少限度の参考文献を追加したが、もとよりきわめて簡単な素描であり、暫定稿にすぎない。

二　筆者の研究上の興味は、十数年前と同じく、現在でも依然として資本主義の発生と発展の歴史にむけられているが、資本主義の発生と発展の過程は、他面からみれば、古い封建制の崩壊の過程であり、そのなかに「共同体の解体」という重要な一節を含んでいる。したがって、資本主義の発展史を研究しようとするばあい、われわれはどうしてもこの「共同体の解体」の問題を避けてとおることはできない。このばあい、もちろん「共同体」とはさしあたって「封建的共同体」(すなわち「ゲルマン的共同体」)にほかならぬが、それにしてもそうした共同体の究極的な崩壊を論ずるためには、まえもって、どうしても一度ひろく、およそ「共同体」なるものの本質、成立と解体の諸条件を総体として少なくとも理論的に見とおしておく必要が生じてくる。筆者はそうした意図から、この書物で、「共同体」に関する諸理論のうち、経済学の立場から納得のいくと思われるものを素描的に紹介し、かつ、試論として、筆者なりの仕方で整理しなおしてみたのである。したがってこの書物における叙述は、顔はあくまで経済史の方をむいているが、本来どちらかといえば経済理論の研究系列に属せしめらるべきものであると思う。また、筆者としても、そうした性質の試論的素描として受けとっていただきたいと願っている。なお、このテーマに関しては畏友川島武宜氏をはじめ、高橋幸八郎、松田智雄などの諸氏から直接間接いろいろな御教示をえた。ここで御礼を申し述べておきたい。

三 岩波書店の厚意でこの講義草稿ははからずも公刊されることとなった。同書店の編集部諸氏、また原稿の浄書や校正その他に協力された北条功、諸田実、岡田与好の三氏および大学院学生諸君に感謝の意を表したい。

一九五五年六月二十一日

千駄木町の寓居にて

大塚久雄

第一章　序　論

一　この経済史総論の講義では、さしあたって経済史の研究および叙述のために必要な基礎的諸概念および理論の概要を説明し、諸君とともに考え、われわれの研究の進展に役立てたいと思う。ただし、そのような基礎的諸概念および理論は主要な部分だけでもかなり多岐にわたるのであり、とうてい一年間で終ることはできないと思われるから、おそらく毎年少しずつ問題の焦点を変えながら続けられることになるであろう。

ところで、具体的な論述に入るに先立ち、この講義の性質について一言注意を促しておくことにしたい。この講義では、いまも述べたように、経済史の研究および叙述に必要な基礎的諸概念および理論の概要を説明することになるであろうが、その際われわれは決してあの《Prokrustesbett》[プロクルステースの寝台]のあやまちを犯さないよう十分に注意したいと思うのである。たとえば「適用」という語などが時にわれわれにそうした錯覚をおこさせることがあるが、この講義で説明される諸概念や諸理論をいわば「鋳型」のようなものと考え、総ての史実を何でもかんでもその中に流しこんでしまうようなやり方を、われわれはお互いに固く戒めたいと思うのである。それは、この講義の内容が未熟であって多くの訂正の必要が想定されるということだけではない。理由は一層深く基本的なものである。というのは、われわれの用いる諸概念や理論はそもそも限られた史実を基礎として構想されたものであり、つねに何らかの程度で仮説(Hypothese)に過ぎず、したがってまた当然に一層豊富な史実に基づいて絶えず検討しなおされ、訂正あるいは補充され、再構成されねばならない。およそ、どのようなものであれ、歴史の理論は抽象という手段によって史実という母胎から生まれて来たものだからであり、母胎である史実(したがって現実)は理論よりもつねにはるかに内容豊富なものだからである。われわれは歴史理論のこのような本来的な性格をつねに念頭に置いていたい。

もちろん、そうだからといって、経済史の研究にさいして、基礎的諸概念や理論に関する一定の、またできる限り正確な予備知識なしに、いきなり錯雑をきわめた史実の森に分け入ろうとすることは、おそらく灯火なしに暗夜の道を行こうとするほど困難であり、場合によっては不可能とさえなるであろう。実際、経済学上の基礎知識なしに、たとえば資本主義発達史の研究に立ち向うならば、どのような結果になるかを想像してみるがよい。およそ経済史の研究を進めるに際して、基礎的諸概念および理論に関する一定の、またできるだけ正確な知識があらかじめ必要であることは殆んど自明であり、また、そうだからこそ、この講義も計画されたのである。ただしかし、この講義では事柄の性質上、こうした方面ばかりが一面的に強調されているような誤った印象を諸君に与える危険も考えられるので、とくに以上のことについてあらかじめ言及しておいたのである。いま一度比喩をもっていってみれば、地図は現実の地形にもとづいて作られたのであって、現実の地形が地図に従って作られたのではない。もし両者の間にくいちがいが見出されるならば、地図の読み方が正確である限り、もちろん訂正されねばならぬのはつねに地図の方であって、地形ではないはずである。この講義で説明される基礎的諸概念や理論は、いわば諸君が史実の森に分け入ろうとするばあいに携行すべき、そのような地図にすぎない。そうした意味合いでこの講義を聞いてもらいたいと思う。(1)

（1）　したがって以下の諸注における参考書目の提示は、必要な典拠の引照以外、一般の聴講者諸君がこの講義と並行して比較的簡単に読み進める程度のものだけに限った。

二　さて、この講義では論点をいちおう「共同体の基礎理論」という問題に限定することとしたい。周知のように、すでに過ぎ去った悠久な世界史の流れのうちには、アジア的、古典古代的、封建的、資本主義的および社会主義的とよばれる生産様式の継起的な諸段階が存在した。ところで、そのうち封建的生産様式の崩壊、他面からいえば、資本主義的生産様式の発生という変革点を境界として、世界史はある意味で大きく二つに分けることができる。というのは、この変革点を境界としてそれ以前の生産諸様式は、それぞれの特殊性はあるにもせよ、いずれも根底において「共同体」Gemeinde として編制され、その上に打ちたてられていたのに対して、それ以後の生産諸様式はそうした「共同体」的構成を全く欠いているという決定的な相違を両者の間に見出すからである。この認識は当面経済史の研究にとってきわめて重要な意味をもっている。たとえば、次のことがらに想到するとき、そのことは十分に明らかであろう。封建的生産様式の崩壊と資本主義的生産様式の展開という局面(いわゆる「資本の原始的蓄積」die ursprüngliche Akkumulation des Kapitals の基礎過程)は、この観点からすれば、そのなかに他ならぬ「共同体」の終局的崩壊という事実を重要な一環として含んでいるからである。そしてわれわれも、この講義において、結局はこの「共同体はどのようにして崩壊したか」という問題に焦点をしぼっていかねばなるまい。しかし、それには相当の準備が必要である。そこでわれわれは、まずさしあたって、ひろく「共同体」一般に関してその本質、その諸形態またその成立と崩壊の条件などという諸論点について一わたり述べてみることから始めたいと思う。しかもそのばあい、くれぐれも断っておくが、何らか斬新な見解を提出するなどというのではなく、従来の諸学説のうち権威があると思われるものを、ただ私なりに整理し要約して提示するに過ぎないのである。

なお、あらかじめ、ここで「共同体」Gemeinde[2]という語の用語法について、一、二の点に注意を喚起しておきたい。この語はわれわれが通例見聞する範囲でも、さしあたって広狭やや異なった用語法をもっている。一つは「共同体」という語をとくに無階級の原始共同組織という意味での「原始共産態」Urkommunismusとほぼ同義に考える用語法である。たとえば、階級分化にともなって「共同体」は崩壊した、などという用語例のばあいがそれである。しかしこの講義では、いま一つのかなり広い用語法によっている。すなわち、そうした「原始共同態」ursprüngliche Gemeinschaftとの歴史的連関をもそのうちに含めながら、いっそう広く、その後封建社会の終末にいたるまでの広汎な期間にわたってつぎつぎに継起する生産諸様式――もちろん階級分裂をそのうちにはらむ――の土台あるいは骨組を形成した「共同組織」Gemeinwesen全般を問題とするのである。[3]たとえば、研究史上すでに周知のアジア的な、古典古代的な、およびゲルマン的な「共同体」諸形態について考えてみよう。それらの「共同体」はどれも論理的に、またある程度までは現実的にも、初発における無階級状態を想定させる。しかし、やがて自己の内的必然性によって階級分化をひきおこすとともに、そのあとはかえってそれ自身そうした階級関係を支える土台あるいは骨組に転化し、そしてそれぞれの生産様式の崩壊にまで及ぶのである。こうした意味における「共同体」が資本主義以前の生産諸様式においてもつ地位は、論理的には、資本主義的生産様式において商品生産および流通という基礎規定がもつ地位に対比することができよう(4)。ともかくこのような用語法のばあいには、単純に、階級分化にともなって「共同体」は崩壊する、などとはとうてい言うことはできない。この講義におけるわれわれの用語法はこの後の広い意味におけるものである。実際また、この用語法によるのでなければ、「原始的蓄積の一局面としての共同体の崩壊」(5)などということが全くの無意味におわることも、ほとんど説明を要しないであろう。

(2) この講義では「共同体」はGemeindeの訳語である。これに対して、Gemeinschaftには「共同態」、Gemeinwesenには「共同組織」の訳語をあてることとした。

(3) 私の見たかぎりでは、後に引用するマルクスのばあいにも、ヴェーバーのばあいにも、「原始共産態」を指すのには「共同体」Gemeindeでなく、「共同態」Gemeinschaftの語が用いられているように思われる。といっても、「共同体」Gemeindeが「共同態」Gemeinschaftと全く別物であると考えられているわけではない。少なくとも、後者は前者の本質的な一面としてつねに何らかの程度においてそのうちに含まれているとされているのである。いま一つ「共同組織」Gemeinwesenという語はそれらすべてにひとしく使用されているといってよかろう。それらの用語の意味合いについては、行論のうちでしだいに説明されるはずである。

(4)　『資本論』第一部、一〇九頁以下、第三部、九三六頁以下(頁数はアドラツキー版による、以下同じ)を参照。

(5)　以上は後に詳論するように Karl Marx, *Formen, die der kapitalistischen Produktion vorhergehen*, Dietz Verlag, Berlin, 1952 を貫く用語法でもある。たとえば *A. a. O.*, SS. 27, 35 f.(マルクス、飯田貫一訳『資本制生産に先行する諸形態』岩波書店、四〇頁、五二頁以下)をみよ。

第二章　共同体とその物質的基盤

一　土　地

三　「共同体」とは、いったいどのような社会関係であり、そしてまた、どのような物質的基盤の上に立つものなのであろうか。われわれはさしあたって、きわめて一般的に、このような問題からはじめなければなるまい。

そして、まずその手がかりを、経済学の研究成果のなかに求めることにしようと思う。もちろん、経済学の本来の研究対象は近代の資本主義社会——その内部的編制および運動の法則——そのものであるが、しかしそうした対象の分析と解明を通じて、経済学は資本主義以前の諸社会の基本構成をも資本主義社会との対比において照し出すという成果を、いわば副産物としてあげているからである。そうした成果のうち主要なものとして、さしあたって次の二点を指摘しなければならない。

第一。『資本論』第一部、冒頭の「商品」の構造分析が行われている個所で「商品」との対比において、いわば間接的にではあるが、資本主義以前の諸社会においては社会の「富」がそれと原理的にまったく異なった形態規定のもとにあること、そしてそれを支える生産関係が「共同体」に他ならぬこと、が指摘されている。(1)「社会的分業は商品生産の実存条件であるが、しかし逆に商品生産は社会的分業の実存条件ではない」。というのは、資本主義以前の諸社会においては「有用的諸労働は相互に独立的に私事として営まれる」(傍点――引用者)ことなく、社会的分業は「共同組織」として編制され、したがってそのもとで「富」は「直接に社会化された」形態をとる。そこでは、「共同組織」という外枠にはめこまれて「労働の自然的形態が、労働の特殊性が――商品生産の基礎の上でのように労働の一般性ではなく――労働の直接に社会的な形態である」。念のためにいえば、このようなばあいにおいても、部分的には、つねに多かれ少なかれ何らかの形での商品生産をともなって現われはするが、そうした商品生産は「共同体」という主要な関係に対して、「一つの従属的役割を演ずるに過ぎない」のである。

(1)『資本論』第一部、四六―七、八三―四、三七四―六頁。

第二。ところで同じく『資本論』第三部で、資本主義的地代の理論的解明ののち、それとの対比において資本主義以前の諸社会における地代の歴史的規定性――それが余剰労働一般の正常的形態であること——が明らかにされている個所では、資本主義以前の諸社会にあっては「土地」あるいは「土地所有」Grundeigentum がなお生産の主要条件として、他の動産所有に圧倒的に優越するものとして現われている事実が指摘され、さらにまた次のようにも述べられている。[2]「……本来的自然経済のもとでは大所有地(ここでは「土地」Grundeigentum といいかえてもよい——引用者)の生産物および余剰生産物は決して単に農業労働の生産物のみから成り立つのではない。それは同じように工業労働の諸生産物をも包括する」と。少しく説明を加えるならば、そうした諸社会においては、他ならぬ「土地」Grundeigentum が、多かれ少なかれ、その上でおこなわれるあらゆる労働のための包括的な「主要な生産条件」をなしており、それに照応して「土地」は、そのなかにあらゆる種類の労働生産物をその「自然的形態」のままで、したがってそうしたすべての個別的な「富」をその「特殊性において」「直接に」包みこんでいるところの、「富」の包括的な基盤——あるいは原基形態といってもさしつかえなかろう——として現われている、というのである。

(2)『資本論』第三部、八三六—七頁。なお八三三—四頁をも参照。——この点については、次注の引用文をも参照されたい。

このような「富」の包括的な基盤ともいうべき「土地」Grundeigentum こそが、他ならぬ「共同体」がまさにそれによって成立するところの物質的基礎となるのであり、したがって、後にみるように、「共同体」が何よりもまず占取するところの対象となるのである。われわれはまず、このような基本的事実を確認することから出発したいと思う。それでは「土地」Grundeigentum とはどのようなものであろうか。われわれはそれをどのように理解すべきであろうか。最初にこの点について、少しく立ち入って考察しておくことが必要であるように思われる。なお、ついでながら、「土地」という語にはときにある種の近代的な観念がつきまとっているので、さしあたっては、むしろ、これまたしばしば用いられている「大地」Erde という語がわれわれにあたえるところの表象をまず思い浮べておいたほうがよいかも知れない。すなわち、「土地」Grundeigentum とは、やや立ち入っていえば、一定の社会をなして生産しつつある人類によって「占取」された限りにおける「大地」――生産の原始的な客観的条件としての「大地」――の一片に他ならないからである。(3)

(3) ここで念のため次のような諸章句を引用しておくことにしよう。「原生的な部族的共同態は……彼等の生活およびたえず再生産される対象的活動の客観的諸条件の占取の第一の前提である」。「労働主体が自然的個人であり、自然的定在であるごとく、彼の労働の最初の客観的条件は自然、大地として、彼の非有機的肉体として現われる」。「大地は労働手段のみならず、労働素材を、さらに共同体の居住地、基地をも提供するところの大仕事場であり、武器庫である。人々は共同体の所有としてのそうした大地に素朴に関係する」。「原始的な労働要具のみならず、仕事場、原料貯蔵所としての大地、そうした自然的な労働条件の占取は、労働によるものでなく、労働に先行している。……労働の主要な客観的条件はそれ自体労働の生産物として現われることなく、自然としてすでに存在している。……それは、あたかも、皮膚や感覚諸器官が生活のうちに再生産され発展せしめられるにしても、やはりそうした再生産の過程に対して前提となっているのと同様に、彼の活動の前提であって、単なる成果ではない」。「生産の原始的諸条件は……根源的にはそれ自身生産されたもの――生産の成果ではありえない。……生きた活動的な人間と自然的な非有機的諸条件との統一。……労働自体が……生産の非有機的条件として、家畜と並んで、あるいは大地の付属物として、その他の自然物の系列のうちにおかれることとなる。言いかえれば、生産の原始的諸条件が自然的前提、つまり生産者たちの自然的な実存諸条件として現われることは、あたかも彼の肉体が、彼によって再生産され発展せしめられるにもせよ、根源的には彼によって措定されたものでなく、むしろ彼自身の前提となっているのと全く同様である」。「生産の外的な原始的諸条件――大地は原料、要具、果実からなっている。……生産の原始的諸条件はそもそも直接に、労働を加えることなしに、果実、野獣などの消費資料をそのうちに包含している。すなわち、消費資財(Konsumtionsfond)はそれ自体原始的な生産資財(Produktionsfond)の構成部分として現われている」。「土地は伏能的に、そのなかに原素材のみならず原始要具の、また大地のみならずその原生的果実の所有をも含んでいる。最も原始的な形態のうちにおかれているということは、占取者として大地に関係することであり、そのうちで原素材、要具、そして労働によってでなく大地自身によって作られた生活手段をみつけることである。この関係がすでに再生産されたものとなってのちは、第二次的な要具や労働そのものによって作り出された大地の生産物が原初的な形態の土地のなかに包みこまれたものとして現われるようになるのである」(以上傍点——原文)。K. Marx, *Formen, die der kapitalistischen Produktion vorhergehen*, SS. 6-7, 18-9, 23-5, 29, 37 usw.(飯田訳『資本制生産に先行する諸形態』七、二六—七、三四—六、四二—三、五五頁)を参照。なお、これらの諸点は『資本論』第一部、一八六—八、一九二頁(第三編、第五章、第一節「労働過程」)において、やや異なった観点からではあるが、整理しなおされている。

四　「大地」とわれわれが呼ぶところのもの(水もその中に含まれる)は、人間にとって、本源的には居住の場所のみならず、食糧やその他既成の生活手段を貯蔵するいわば天与の大倉庫として現われる。人間は労働過程に入るに先立って、むしろ生産活動の前提として、それを自然から与えられたものとして占取するのである。大地のこのような根源的な性質は、歴史をはるかに溯って原始的ないわゆる「採集経済」Sammelwirtschaft の時代に目を向けるならば、おそらく疑問の余地なく明瞭となるであろう。

しかし歴史上、人間の労働過程にとって大地のもつ意義はもちろんそうした天与の生活手段の大倉庫というような点につきるものではない。というのは、大地は人間に独自な、全く独自な生活過程である生産活動（＝労働過程）に対して、そのために必要な原始的な客観的諸条件（原始的生産手段）の堆積という意義をもおびて現われるからである。このばあい原始的というのは、人間の手が加わることなしに、なお伏能的に自然から与えられたままのものであるということ、労働の成果ではなくて未だ自然そのものであることを意味する。すなわち大地は、「土地（ランド）が富の母であるように労働は富の父である」（ペティー）などともいわれるように、生産のための原始的な客観的諸条件が、あるいは、素材的観点からすれば一切の生産活動がその上で展開されるところの基礎的な客観的諸条件がそのなかに原始的な形のままで包括されているところの自然そのものであり、したがってそうした原始的生産諸手段の天与の一大倉庫ともいうべきものなのである。人間は生産活動の前提として、こうした「大地」Erde の諸断片を占取する。そして、そのように占取された限りにおける「大地」が他ならぬ「土地」Grundeigentum なのである。

　このようにして「土地」は、まず、生産する諸個人にとって彼らが自然から与えられた労働の場所であり、天与の仕事場であるばかりでなく、生産活動にとって必要不可欠な原始的労働諸手段の一大倉庫を形づくっている。たとえば、捕獲されうる水中の魚類、伐採されうる原始林の木材、採掘されうる鉱石などのように、労働によって直接に大地から取り出される一切の物を思い浮べてみるがよい(それらの物は労働によって大地から切り離されたとたんに第二次的な消費資料や原料に転化する)。「土地」は、さらに、彼らの原始的な労働手段の武器庫でもある。たとえば、投げたり、突いたり、打ったり、切ったりする原始的な労働手段としての石材や木材は、自然から与えられたものとしてまずその「土地」のなかに見出される。ところで、「労働手段の創造と使用は……独自的、人間的な労働過程を性格づける」といわれるように、「労働過程は、いやしくもほんの幾らかでも発展しているならば、すでに加工された労働手段を必要」としはじめており、しかも「労働手段は人間の労働力の発展の測度器である」ともいわれるように、労働の生産性が上昇するに伴って、第二次的の、生産された生産手段(労働要具、原料、助成材など)、なかんずく加工された労働手段はその種類と数量をしだいに増大してくる。しかし、それにもかかわらず、いまわれわれが当面するような「共同体」成立の物質的基礎が問題とされているかぎり、言いかえれば、そうした生産力の発展段階に止っているかぎり、それら第二次的の、生産された労働手段は、これまた生産された労働対象(原料)や消費対象とともに、未だ母なる大地の懐のうちに、「土地」のなかに、なお包みこまれたものとして現われざるを得ないのである。そのことは、そうした生産力段階にあっては、労働主体がなお多かれ少なかれ自然的個人として――自然的であるが故に彼らは必ず何らかの形の「共同組織」に所属している――自然的な労働客体である大地に付着し、いわばそれにじかに働きかけねばならぬ関係に立っているために、人間自体さえもが大地に密着して生産の非有機的条件として現われざるをえないという事実、あるいは多かれ少なかれ大地の付属物として、家畜とならんで、客観的な自然物の系列のうちに埋没されて現われるという事実、に対応している。これは、生きた活動的な人間とその対象条件である自然の原始的な直接的統一ともいうことができようし、また人間がなお母なる大地の懐に抱かれたままの状態ともいうこともできよう。もちろん、歴史上労働の生産性が上昇するに伴って、労働主体である人間は、「労働力の発展の測定器」であるのみでなく「社会的諸関係の指示器」でもある諸労働手段ともども、母なる大地の胸からしだいに離れて独立の形態をとり始めるが、しかしそれらが完全に分離しきるのは、労働力についても、また労働手段についても、いわゆる原始的蓄積という一時期を経過することによってであることは、決して忘れないでいてほしいと思う。こうして、当面「共同体」成立の物質的基盤として問題とするかぎり、「土地」は何よりもまず何らかの度合においてあらゆる生活手段、生産手段および生活資料、そしてさらには労働主体である人間をさえもその中に包含するところのものなのであり、そうしたいわば天与の「倉庫」ないし「宝庫」Hort, treasury という性格をおびて現われることになる。[4] なお、ついでながら一言しておけば、労働主体である人間およびその労働手段の土地からの分離の度合は、後段において、「共同体」諸形態の差異を生みだす一契機として考察されることとなるであろう。

（4） さまざまの派生的な諸形態にまで目を広げるならば、「土地」のうちに包含されている物質的利害は、物質的利害だけでも、おそろしく多種多様であるといわねばならない。たとえば、この点に関するマックス・ヴェーバーの適切な指摘をみよ。Max Weber, *Wirtschaft und Gesellschaft*, 4. Aufl., SS. 199–201; Ders., *Wirtschaftsgeschichte*, SS. 11–4, 40–1, 59–70 usw.（マックス・ウェーバー、黒正巌・青山秀夫訳『一般社会経済史要論』〔以下『経済史』と略称する〕上巻、二八―三四、九七―九、一三六―五七頁）ただし、この問題は後段で「共同体」の基盤の上に展開する階級分化の具体的な諸形態を論ずる際、改めて取り上げることとしたい。

五 以上のように、「共同体」成立の主要な物質的基盤をなす「土地」は、その内部に原始的な生活諸手段の堆積を包みこんでいるところの自然それ自体、ないしはその諸断片にほかならない。人間はそのなかから、原始的な生産諸手段のみならず、さらにある程度まで労働によって加工された生産諸手段をも、また生産諸資財のみならず消費諸資財をも、見つけだすことができる。われわれがいま問題としている生産力段階においては、人間はそうした「土地」に密着してのみ自己の生活を再生産できるだけでなく、その限りで、自己の生活を十分に再生産できるのである。こうして「土地」は、比喩的に、「天与の宝庫」とも表現することができるであろう。実際また、「共同体」を構成する当の労働諸主体（＝諸個人）にとっても、あるいは神授の賜物、あるいは君主の恩恵というように、種々な度合でカリスマとして意識されていたのであった。

壮麗なインダスの大河よ。
　汝の流域は馬と車ゆたかに、
黄金、数知らぬ織物、穀物
　また羊毛と青草にみちたり。
ひろびろと広がる平野は
　群れ咲く花にておおわる。(5)

しかしこの「宝庫」は、現実には、「額に汗する」はげしい人間労働によってのみ開くことができるのであり、また開かねばならない。したがって、古代イスラエル人のばあいのように、それが「呪いのもと」にあると意識されることもありえた。それはともかく、労働主体としての人間（＝共同組織に編制された諸個人）はこの「宝庫」を直接に占取し、自己の「労働」という鍵をもってその扉をひらくのである。

牛を犂（すき）につけ、これに軛（くびき）をおけ。
　大地の懐ふかく種をおろせ。
われらの讃歌に穀物熟るれば、
鎌は実りを畑より刈り取る。
大地を切り開く犂に牛を繋ぎ
　これに軛をおけば、賢者は
天つ神々に作物を実らせ
　たまえとの祈りをささぐ。(5)

「共同体」がその上に築かれるところの物質的基盤は、何よりもまず、こうした「土地」(6)の占取なのである。「共同体」――原生的なものであれあるいは何らか歴史的にいっそう緩められた形のものであれ――は「土地」を直接に占取し、自己の生活および社会関係の再生産の物質的基礎としてこれに関係する。すなわち、諸個人の単なる「共同態」はこうした「土地」の占取によっていっそう内容豊富な「共同体」に生成するのである。つまり、近代以前の、「共同体」という基盤の上にうちたてられた生産諸様式のもとにあっては、このような意味における「土地」の占取あるいは占取された「土地」Grundeigentumが、つねに何らかの姿で「富」の包括的な原基形態を形づくっているといわねばならない。

(5)　古代インドのリグ・ヴェーダ讃歌の一節。紀元前一五〇〇年ごろパンジャブ(五河)地方を征服し占拠したアーリア族によるヴェーダ(讃歌)のうちもっとも古いもの。遅くとも紀元前一〇〇〇年以前のものと推定されている。ドイツ語訳から重訳。Heinrich Cunow, *Allgemeine Wirtschaftsgeschichte*, II, SS. 11–23. (ハインリッヒ・クノウ、高山洋吉訳『経済全史』三、一一一六頁)――ここでこの最古の讃歌の一部を、しかも重訳であえて引用したのは、そこに、ここでわれわれの言おうとすることが生き生きとした表現で、しかも十分かつ端的に述べられているからに他ならない。何らかの形でこうした内容を述べた表現はもとより他にも数多く見出されるであろう。たとえば、太田秀通訳「ヘーシオドス・労働と日々」『都立大学人文学報』Ⅷをみよ。以上の点は、もちろん近世の経済学史のうちにも見出される。たとえば、上述のペティーのほか、とくにケネーを想起せよ。『資本論』第三部、八三四頁以下、を参照。

(6)　ここに紹介されている見解とは、かなり観点が異なってはいるが、「大地」とか「土地」とかの概念を理解するのに役立つものとして、ヴィダール・ドゥ・ラ・ブラーシュやルシアン・フェーヴルなどフランス人文地理学者の諸著書をすすめておきたい。たとえば、フェーヴル、飯塚浩二訳『大地と人類の進化——歴史への地理学的序論』岩波文庫、上巻、とくに第二編を参照。

なお、このような「土地」の宝庫的性格についてここでいま一言だけ付加しておきたい。これはおそらく容易に推測しうることであろうが、歴史上労働過程がいくらかでも発展してくると(とくにたとえば定住にともなって)、人間は自己が直接に占取する「土地」のなかから必要な生活手段——必需品にしろ奢侈品にしろ——のすべてを必ずしもつねに獲得できなくなってくる。それはさしあたって、地味や地下埋蔵物やその他の諸条件の地域的相違によって生じてくるのであるが、たとえば、塩や青銅、鉄、また家畜や穀物などのように歴史上早くから「共同体」間の交換の対象となった諸物資を思い浮べてみるがよい。そして、このような「共同体」間の商品交換がある程度展開し、素朴な形ではあれ貨幣とよばれるべきものが発生してくる——これはきわめて古いことであるーーと、特定の「土地」において不足する種々な物資を、いわば伏能的に自己のうちに包含するところの「貨幣」が、まさしく宝庫としての「土地」の欠けたるを補うものとして現われるようになり、こうして、「土地」の補充物として「貨幣」の堆積が形づくられるようになってくる。まさに文字どおりの「宝庫」treasury が作られるようになる。たとえば、古代東方諸国やギリシアの神殿、ローマの公立銀行、中世の封建領主や農民、手工業者たちを悩ましつづけた金融業者など、簡単な事実を考えてみるだけで[7]も、その意味をある程度まで了解しうるであろうが、この点後段において前期的資本を取扱うさい、別の関連でいっそう立ち入って考察するつもりである。

(7)　これについては、とりあえず興味ある小型本、アシール・ドーファン＝ムーニエ、荒田俊雄・近沢敏里訳『銀行の歴史』クセジュ文庫、をあげておきたい。

二　共同体

六　さて、いままではもっぱら「土地」という近代以前のいわば「富」の基礎範疇について説明してきたが、ここで分析の焦点をかえて、そのような「土地」の占取を物質的土台として成立するところの、「共同体」とよばれる社会関係に関する説明に入りたいと思う。そのばあい、われわれの問題はさしあたって次のような形で提起されることになるであろう。すなわち、研究史上「共同体」Gemeinde あるいは「共同組織」Gemeinwesen とよび慣わされているところの社会関係は、経済学的にみたばあい、いったいどのような規定性をもつものとして理解されるべきであろうか、と。ただし、以下の叙述では例のとおり、まずきわめて一般的な規定からはじめて、しだいにいっそう立ち入った理解に進んでいくという順序をとることとする。

「共同体」の成立という事実に関連させつつ、われわれがいま問題としているような生産諸力の発達段階にあっては、労働の客観的諸条件が多かれ少なかれ「自然」という性質をおび、「大地」Erde のなかに包括されて立ち現われることは前述したとおりであるが、これと全く同じように、それに対応する労働の主観的条件、すなわち労働諸主体(＝社会をなして生産する諸個人)もまたこの生産力段階においては当然に多かれ少なかれ「自然」という性質をおびた「自然的諸個人」natürliche Individuen(1) として立ち現われるほかはない。そしてそのような「自然的諸個人」は、まず労働の客観的条件である「大地」の諸断片を占取し、そのうえで自分みずから労働諸主体として直接それに関係することによって、自己の生活を、さらに自分たちの社会関係をも再生産していくこととなるのである。ところで、客観的条件である「大地」が、これも前述したように、自然的定在だということからして一定の「原始的」ursprünglich な性格をおびて立ち現われたように、労働主体である諸個人と彼ら相互の間にとりむすばれる社会関係もまた、彼らが「自然的」諸個人であることからして当然に一定の「原始的」な性格をおびて立ち現われざるをえない。「共同体」とよばれる社会関係は、その成り立ちにおいて、したがってまた存立の根底において、こうした「自然的」労働諸主体がおのずから身におびている「原始的」な事態と本質的な深い関連をもっている、ということをわれわれはまず念頭においていたいと思う。ついでながらこのばあい「原始的」というのは、これまたすでに説明したことであるが、人間が自己の歴史的な生活過程のなかで自分で作り出したものではなく、むしろ伏能的に自然から与えられたままのものであるということ、あるいはさらに、人間の「歴史」的な生活のなかで再生産されはするけれども、多かれ少なかれその根底に「自然」それ自体がなお尾を引いている、ことを意味しているといってよかろう。

（1） K. Marx, *Formen, die der kapitalistischen Produktion vorhergehen*, SS. 23 ff.（飯田訳、前掲書、三四頁以下）その他を参照。

さて、「共同体」は何よりもまず、このような生産する自然的諸個人が「自然」状態から「歴史」のなかへ直接にもちこんだ原生的集団性ないし血縁組織――そこにはいわゆる原始的「群団」Horde, Herdenwesen からはじまって或る程度複雑な内部構成をもつ「部族共同態」Stammgemeinschaft にいたるまでの一連の発展がある――そうした「原始共同態」ursprüngliche Gemeinschaft, communauté primitive と、根底において何らかの形で連関をもちつづけているような社会関係だということができよう。すなわち、そのような「原始共同態」は、それを構成する諸個人が「大地」の諸断片を占取しつつ生産活動の中心をしだいに農耕にうつすにつれて、単なる「原始共同態」からしだいに「農業共同体」Agrargemeinde, commune agricole へと移行するにいたるのであるが、そのさい多かれ少なかれ歴史的所産である種々な人為的変容(Modifikation)をうけつつも、その根底になお長きにわたって「原始共同態」Urgemeinschaft という「原型からもちこされた諸特徴」les caractères empruntés à son prototype[2] すなわち「共同組織」Gemeinwesen を何らかの形で残すことになるのであって、この「共同組織」を根底にもつ社会関係こそが「共同体」Gemeinde なのであり、また、そうしたいわば原始的事態を残している限りにおいて、「共同体」は「共同体」でありうるのである[3]。たとえば、次のようなマルクスの諸章句をみよ。「原生的な部族共同態(Stammgemeinschaft)、あるいは原始群団(Herdenwesen)といってもよいが、そうしたものが、彼らの生活およびそれを再生産し対象化していく活動(牧者・猟夫・農夫としての活動)の客観的諸条件を占取するための第一の前提――血統・言語・習俗などの共同性――なのである」。「……部族共同態、すなわち自然的な共同組織(Gemeinwesen)は、土地の共同態的占取および利用の結果ではなく、むしろ前提として現われる[4]」(傍点――原文)。すなわち、自然的諸個人はいわば宝庫としての「大地」を占取し労働によってその扉をひらくに先立って、つねに前もって一定の原始的な共同態に組織されており、したがって諸個人はそうした共同組織の一員として「大地」を占取し、自己の労働を介してそれに関係するのであって、決してその逆ではない。そして、そのような共同組織が現実の労働過程のうちで、それぞれ生産諸力の発達段階に照応した一定の形態をとりつつ、「共同体」として自己を再生産していくのである。そうした形態上の段階的相違はあるにしても、社会関係の基本が「共同体」の形態をとっている限り、その根底には、ともかくもつねに原始的な共同態が何らかの形の「共同組織」として生きのびており、その集団性のいわば基本的な外枠を形づくっているといわねばならない。ついでながら、「共同体」という基盤の上に築かれている社会諸関係が、何らかの形において、つねに「経済外的」außerökonomisch な性格をおびて現われてくることは周知のとおりであるが、この事実がすでにそうした「共同体」のもつ原始的な性格のうちに深く根ざしているということをも、ここで念のため記憶に止めておきたいと思う。

（2）　K. Marx, Briefe an Vera *Zasulič*, Konzept III, *Marx–Engels Archiv*, I.

（3）　テンニェスにはじまる Gemeinschaft－Gesellschaft という周知の用語法を用いたばあいにも、ここでいう「共同体」は単純な Gemeinschaft だということはできない。その内部には、明らかに、種々な形で Gesellschaft 的な関係が本質的要素として入りこんでいる（Vergesellschaftung !）といわねばならない。それにもかかわらず、Gemeinschaft の構成はその集団性の外枠として依然残されているのであり(Vergemeinschaftung!)、「共同体」は本質的にそうした外枠をもって支えられている。マックス・ヴェーバーにおける「共同体」Gemeinde のとらえ方は、だいたいそのような方向においてなされている。たとえば、Max Weber, *Wirtschaft u. Gesellschaft*, 4. Aufl., SS. 199–201, 215–8 をみよ(テンニェスとヴェーバー両者の所説の間にみられる差異に注目せよ。フェルディナント・テンニエス、杉之原寿一訳『ゲマインシャフトとゲゼルシャフト』岩波文庫、第一章および第二章参照)。

(4) K. Marx, *Formen usw.*, SS. 6–7.(飯田訳、前掲書、六―七頁)

以上の点にいま少し説明を加えておくと、次のとおりである。研究史の現段階では、「共同体」は、世界史的発展の基本線からみれば、農耕生産力の一定度の発達を基盤として一連の段階的発展をとげた原始的な「血縁的共同組織」(単なる部族共同態 Stammgemeinschaft)が「農業共同体」Agrargemeinde, commune agricole へと進展することによって成立したとされている。歴史上こうした「農業共同体」は、時と所によって無数の偏差をもつ、恐ろしく雑多な姿をとって現われてくる。この無数の偏差と雑多な形態は、(1)一方ではもちろん部族自体のもつ自然的個性や占取される大地の種々な自然的特質というような原始的諸条件、それに戦争、移住などという外的な諸事情からも生じてくるが(この点は「共同体」の諸形態を問題とするばあいきわめて重要な意味をもつ)、(2)また他方において、成員である諸個人の労働の生産性の上向的発展――それは労働要具の発達に基づき社会的分業の進展として現われる――に照応して、後述するような「農業共同体」のいっそう高度な諸形態や「都市」、「ギルド」などという派生的な「共同体」諸形態がつぎつぎに姿を現わしてくるという歴史的発展にも関連している。とくに、後者のばあい、その根底に見出される「共同態」(それは前述のように原始的血縁組織を原型prototypeとしている)は、歴史的発展の過程でしだいに水を割られ薄められて、ついにはそれとは見分けがたいほどの様相にさえ到達するが、それにしてもおよそ社会関係の基本が何らかの形で「共同体」として構成されているかぎり、原始的な「共同態」の根基は「共同組織」としてなおその基底に残存し、その集団性のいわば外枠となっていることを忘れるべきではない。たとえば、「農業共同体」の最後の段階であり、したがってその「原始的」性格がすでに極小となっている、「共同体」のいわゆる「ゲルマン的形態」についてはとくにその事が指摘されねばならないのであって、「ゲルマン的」農業共同体について、ときにそれが部族的組織(Clanschaft)の「極限的なばあい」Grenzfall(マックス・ヴェーバー)であるとか、原始的な農業共同体の崩壊ののちに形成される共同体の「第二次的構成」la formation secondaireないし「新しい共同体」la nouvelle commune(マルクス)であるとかいわれているのは、まさにそうした事実を指しているのである。いずれにせよ、社会関係の基本が「共同体」とよばれうるような構成をとっているかぎり、その根底には、成員である諸個人がいわば生れながらにその中に入りこんでいるところの原始的な共同態ないしその名残りが、「共同組織」の形をとってなお深く尾を引いているのである。

七　およそ「共同体」は、それがどのような転化形態であるばあいにも、ともかく「土地」を占取し、成員である諸個人の労働をもって直接それに関係することによって、自己を現実に「共同体」として再生産していく。このことはすでにくりかえし述べておいたとおりである。ところで、これに関連してわれわれは、そのさい占取の対象となる「土地」が内包するところの自然的および歴史的な諸契機の如何によって、「共同体」の存在形態が根底的に制約され、規定されることになるという事実を、つぎに問題としなければならない。ただし、さしあたって、そうした「土地」の内包する諸契機のうち、とくに歴史的な諸契機に主として注目することになるが、ともかく、われわれはここでも前述したような「土地」の経済学的意義を想起しつつ問題を一歩一歩展開していくこととしよう。

すでに見たように、「土地」とは、まず、その内部に原始的な生活諸手段の堆積を包みこんでいるところの自然の諸断片であり、そのなかには単に既製の原始的生産諸手段ばかりでなく、種々な原始的消費諸資財をも包含するところのいわば天与の宝庫であった。さらにそれに関連して、次のような重要な指摘がなされていたことも想起してほしい。すなわち、天与の宝庫ともいうべき「土地」のなかには、人類の労働過程がおよそ幾らかでも発展しているばあい、単に原始的な生活諸手段ばかりでなく、さらに労働によって加工され獲得された諸手段、とくに生産された労働要具が含まれているということである。すなわち、われわれが当面問題としているような生産諸力の発達段階にあっては、そうした労働によって生産された労働諸要具もなおまだ、近代におけるように「土地」から分離され完全に独立な姿をとることがなく、何らかの程度において、「土地」の付属物としていわばその外枠の中にはめこまれたままでいる。しかも、そのばあいきわめて重要なのは、「共同体」がそうした「土地」を自己の生活の客観的条件として占取するに際して、そのうちに包含されている諸種の生産手段や消費資財のなかでもとくに生産された、すなわち労働によって加工されたものについては、その占取の仕方に、他と異なった一定の決定的な特徴が、しかも歴史上われわれの溯りうるもっとも古い時代からすでに現われていることである。すなわち、富の包括的な基盤である「土地」そのもの、さらには「土地」のなかに包括されている原始的な（すなわち労働が加わっていない）生活諸手段は、さしあたって、まず「共同体」全体によって占取される

（「共同態」的占取ないし共同占取）のであるが、これに対して、何らかの形ですでに労働が加えられ、生産活動の結果としてえられた生活諸手段のばあいには、共同労働によってえられたものを別とすれば、それらは、自己の労働でそれを生産した当の個々人によって、私的に占取される（私的占取）のをつねとした。これはきわめて古い時代からのことで、研究史上じつは階級社会成立以前の「原始共同態」の段階からすでに見出されるものと想定されており、また事実、民族学や文化人類学の豊富な成果は「到るところの未開民族の間で、武器や道具ばかりでなく、人間が自分で生産し、もしくは生産したものと交換によってえられたすべての使用対象も彼の所有物とされており、しかも男性ばかりでなく既婚の女性も、自分の使用および需要のために生産した対象については承認された個人的所有権をもっている」ことを伝えている。[5] ついでながら、生産物交換という現象がこれまたおそろしく古い時代から見出されることも、この事実と深く関連しているといわねばならない。

（5） Heinrich Cunow, *Allgemeine Wirtschaftsgeschichte*, IV. Schlußbetrachtungen, S. 414 u. a.（高山訳、前掲書、八、二〇一頁、その他）; F. Engels, *Der Ursprung der Familie, des Privateigentums und des Staates*, Werke XXI, S. 160 f.（エンゲルス、戸原四郎訳『家族・私有財産・国家の起源』岩波文庫、二一〇－一一頁）や Max Weber, *Wirtschafts-*

geschichte, SS. 40 f., 208 f.（黒正・青山訳『経済史』上巻、九五頁、下巻、六九頁）などを参照。――なお、右のクノウからの引用文中「所有物」あるいは「個人的所有権」の語が出てくるが、もしこれを厳密な意味での「私的所有」Privateigentum と解するならば正しくないと思われる。後に述べるように、これは単なる「私的占取」の事実を示すのみであって、この生産力段階では未だ「私的所有」を云々することはできない。なぜなら、私的かつ個別的に占取された生活諸手段も、なお母胎である「大地」をはなれては、「富」としてとうてい何ら独立の意義をももちえないからである。「私的所有」は、むしろ後述するように、「土地」の永続的な「私的占取」をまってはじめて歴史に登場することになるのである。

このようにきわめて早くから個人的な私的占取の対象となったところの生産された生活諸手段のうち、とくに労働要具については、さらに一言の説明を付け加えておかねばならない。どのように幼稚なものであれ、生産された労働要具が存在するという事実は人類の労働過程がすでになにほどかでも発展を開始していることを意味するが、さらに、生産諸力の進展にともなって生ずるそうした生産された労働要具の種類と数量の増大は、またおのずから「分業」の形成および拡大として現われるほかはない(6)。すなわち、労働の生産性の増大は分業の進展として現われ、その結果、そうした分業労働の個々の担い手たちの掌中に、おのずから、生産された労働要具の蓄積をよびおこしていくことになる。したがってまた、後述するように、労働要具の私的占取と蓄積の問題は、つねにそうした社会的「分業」の進展との相関において捉えられねばならぬ、ということにもなってくるのである。ところで、すでにしばしば指摘されているように、分業のもっとも古い形態は男女両性間の性別分業である。これは、生産された労働要具の発生とともにきわめて古いようで、もちろん無階級の原始共同態の段階からすでに開始されている。これについで農耕と牧畜が分化し、さらに「青銅」製、ついで「鉄」製の武器(刀)や犂、斧などが生産されるようになるとともに、手工業もまたはっきりと独立した形態をとりはじめる。そして、あたかもこうした生産諸力(=分業)の展開に並行して、人類は英雄時代を経過しつつ野蛮状態から文明の段階に入りこむことになるのであって、このことはすでに研究史上知られているとおりである。[7] それはともあれ、たとえば、しばしば無階級的「部族」共同態(あるいはいわゆる氏族制社会)の典型として紹介されているところの、白人文明に接触する以前の北米インディアン人種イロクオイ族について、次のような事情が報告されているので、ここで簡単に紹介しておく。[8] ――彼らの間には私的な土地所有なるものはなく、大家族の居住するいわゆる long house 付属の庭畑も、利用されるかぎり私的に占取されるに止って、相続されることはなかった。ところで、土地と異なって、衣服、道具、武器、丸木舟、台所道具などの動産は私的に占取され、夫と妻の間にもそうしたものの共同の占取ということはなかった。たとえば、夫に属するものとしては武器、道具、狩猟具、丸木舟、衣服など、妻に属するものとしては壺、籠などの台所用具、世帯道具、衣服、装飾品などがあり、妻のものはその娘および姉妹とその子たちに、夫のものは兄弟姉妹および母方の叔父たちによって相続された。このような占取関係には次のような分業状態が対応していた。男女両性はそれぞれ別個の労働領域をもっており、大体において、男性のそれは戦闘、狩猟、漁獲、武器、道具、丸木舟、雪靴などの製作、long house や木柵、土壁などの建造、その他一切の開墾や伐木など、女性のそれは庭畑や外畑の耕作、胡桃や球根などの採取、陶器や筵、籠の製作、衣服の調製や煮焼などの家事であった。

（6）「分業」の問題は以下この講義のライトモティーフ［主導動機、主題］の一つとなるであろう。分業論に関する詳細な文献の指示はここでは割愛しなければならないが、さしあたって次の二、三のものをあげておきたい。（1）Karl Marx u. Friedrich Engels, *Die Deutsche Ideologie*, I. Feuerbach, Werke III（マルクス＝エンゲルス、古在由重訳『ドイツ・イデオロギー』岩波文庫、岡崎次郎訳「フォイエルバッハ」『世界大思想全集』「マルクス」所収）、これはぜひ参照されるべきものである。ことに「自然発生的分業」naturwüchsige Teilung der Arbeit という概念には十分な注意を払う必要があると思われる。（2）分業論はマックス・ヴェーバーの社会学においても隅の首石ともいうべき重要性をもっている。まとまった叙述はみられないが、Max Weber, *Wirtschaft und Gesellschaft*, 4. Aufl. や Ders., *Wirtschaftsgeschichte*（黒正・青山訳『経済史』）の諸所についてみられたい。なお、これに関しては伊藤迪『分業論と社会政策』という興味深い著書を参照。(3) そのほか、F. Tönnies, *Gemeinschaft und Gesellschaft*（テンニエス、杉之原寿一訳『ゲマインシャフトとゲゼルシャフト』岩波文庫）、K. Bücher, *Die Entstehung der Volkswirtschaft*, 2 Bde.（カール・ビュッヒャー、権田保之助訳『国民経済の成立』）や Emile Durkheim, *De la division du travail social*（エミール・デュルカイム、井伊玄太郎訳『社会分業論』）などを参照。

（7） Max Weber, *Wirtschaftsgeschichte*, SS. 49-52（黒正・青山訳『経済史』上巻、一一五—九頁）; F. Engels, *a. a. O.*, Werke XXI, SS. 152-9（戸原訳、前掲書、二〇九—一六頁）を参照。

（8） 有名な Lewis H. Morgan, *The Ancient Society*, 1871（ルイス・モルガン、荒畑寒村訳『古代社会』角川文庫）および F. Engels, *a. a. O.*, Kap. III（戸原訳、前掲書、第三章）、H. Cunow, *a. a. O.*, I, Kap. VII, bes. SS. 196-8（高山訳、前掲書、一、二一四—六頁）を参照。

八

「富」の包括的な基盤である「土地」を「共同体」が占取し、それによって自己を現実に「共同体」として再生産していくばあい、以上述べたような「土地」の基本的な規定性からして、「共同体」内部にはいやおうなしに「固有の二元性」le dualisme inhérent がはらまれてくることになる。「固有の二元性」とは、いうまでもなく、土地の共同占取と労働要具の私的占取の二元性であり、「共同体」の成員である諸個人のあいだに取り結ばれる生産関係に即していえば、「共同態」という原始的集団性と、そのまっ只中に、それに対抗して新たに形づくられてくる生産諸力の担い手であるところの私的諸個人相互の関係、そうした二元性である。あるいは「共同体」に固有な「内的矛盾」(=生産力と生産関係の矛盾)といいかえても差支えないであろう。ところで、いわゆる英雄時代以前の無階級状態に照応するような、生産力の発達の未だきわめて低度な段階(すなわち原始共同態)にあっては、こうした「固有の二元性」あるいは「内的矛盾」はなおいわば眠ったままの状態にある。あたかも、私的に占取された幼稚な労働要具が、共同に占取された外枠である大地の懐になお深く埋没しきっており、それ自身として独立にはほとんど用をなさないのと同様に、幼弱な自然的諸個人もまた未だ共同態的関係のうちにいわばまったく眠りこんでいるのであって、したがってそのばあい共同組織はなおさしあたって全く血縁的な「原始的共同態」la communauté primitive そのままの姿で現われるのである。もっとも、ひとくちに「原始共同態」といっても、そのうちには、さきにも触れておいたように、たとえばタスマニアやオーストラリアの一部のきわめて低度な土人にみるような単なる原始的「群団」Herdenwesen から、またたとえば、モーガンによって明らかにされたアメリカ・インディアン、イロクオイ族にみるように、いわばそれなりに極度の発達をとげてまさに階級分裂を開始しようとしているような段階に立つ「部族共同態」Stammgemeinschaft にいたるまでの種々な形態が含まれており、かつそれらの間には一連の発展系列が形づくられているのであるが、ここではそのうち、「農業共同体」la commune agricole への移行直前にあったともいうべき前述のイロクオイ族のばあいを例にとって、「共同体」諸形態の歴史的展開にいわば原型を与えることになる「部族共同態」Stammgemeinschaft なるものについて、簡単な説明をおこなっておくこととしたい。(9)——アメリカ・インディアンの一支族であるイロクオイ族は、はじめてキリスト教の伝道師が彼らに接触したころ、五個ないし六個の「部族」Stamm からなる連合体の形をとっていた。各「部族」はそれぞれ二個の「大氏族」Phratrie（あるいは「胞族」Geschlechterbruderschaft）に分かれており、それらは軍事上、宗教上の基本的共同組織を形づくるとともに、相互に母系的族外婚制のいわゆる Heiratskartelle をなしていた。「大氏族」はさらに「トーテム団体」Totemverband の性格をもつ多数の「氏族」Sippe, Geschlechterverband——たとえば、狼・海狸・鷸・亀・毬・熊・鹿・鰻（オノンダガ部族の例）や熊・海狸・亀・鹿・鷸・蒼鷺・鷹（セネカ部族の例）というように——からなっており、この「氏族」はまたそれぞれ数個の「大家族」Grossfamilie（＝Familiensippe）に分かれていた。イロクオイ族のばあい「土地」占取の主体は明らかに「部族」自体であって、各部族はそれぞれ固有の特別地域（ゲルマンの歴史にみる用語をかりれば、マルク）をもっていた。「部族」の成員たちは大小さまざまの「村落」をなしてすみ、各「村落」には集会所（それはいわゆるMännerhausでもあった）を中心に一四ないし二〇のいわゆるlong houseがあり、そのlong houseで各「大家族」の共同生活が行われていた。母系制の必然的な結果として「村落」内には種々のトーテム団体（＝氏族）の成員が混住しており、そのことからしても「氏族」や「大氏族」が自分の特別地域としての土地（＝マルク）をもっていなかったことがわかる。諸個人（というよりは、諸家族）による土地の利用は「部族」全体によって根底的に規制されていて、「土地」の私的所有なるものは未だ見られず、long house付属の庭畑なども、さきにみたように、私的に利用されていたものの、そのばあい私的な占取は利用される限りのことであって、相続されるというようなことはなかった。「氏族」にも「部族」にもすでに世襲の族長その他が現われはじめていたが、彼らはなおいわばその個人的カリスマによって全体から選出されたところの、いわゆるprimus inter pares（同等人中の第一人者）であるに止り、その権能も具体的にはなお「部族共同態」の会議に従属するものに過ぎなかった。

(9) イロクォイ族については上掲の参考書のほか、このばあい、とくに H. Cunow, *a. a. O.*, I, SS. 187–93(高山訳、前掲書、一、二〇三―一〇頁)をみよ。

九　さて「原始共同態」においても、その初期には集団それ自体が基本的な生産力として現われるのであるが、しかし、さきにも示唆しておいたように、その内部における生産諸力のいっそうの発展は、いまや何よりも「分業」の展開として、すなわち個人的な生産諸力の新たな形成と拡充という形をとって進展することになっていく。こうして、生産諸力の発達にともなって、とくに牧畜から定着農耕への移行の過程に、「共同態」をなして生産しつつある諸個人のもとに「生産された労働要具」の私的な蓄積がしだいに増大してくる。しかも、分業関係の自然発生的な性質の結果として、その蓄積は当然に各個人間に不均等に、性別からいえば、とくに男性の手中に集中しはじめる。そして、それとともに、「固有の二元性」ももはや「原始共同態」の内部に眠ったままでいることができなくなり、しだいに古い部族組織の血縁関係の枠を内側から突き破りはじめる。そしてその結果として、もはや単なる原始的な「血縁共同態」ではなく、すぐれて「共同体」Gemeinde, commune とよばれるにふさわしいような生産様式が生れてくることになるのである。このような変革が遂行されるのは、モーガンの有名な表現をかりれば、「野蛮の上段」Oberstufe der Barbarei とよばれる発達段階に相当するのであるが、世界史のいわば曙の時代に重要な文化諸民族が経過したそのような変革過程について、フリードリッヒ・エンゲルスは次のように説明している。[10]「この段階は、生産の進歩において、それ以前のすべての諸段階の総和よりもなお豊かであった。英雄時代のギリシア人、ローマ建設より少しまえのイタリア諸部族、タキトゥス〔時代〕のドイツ人、ヴィーキング時代のノルマン人がこれに属する」。「それはすべての文化諸民族がその英雄時代(Heroenzeit)を経過した時期であり、また鉄刀の、そして鉄犂と鉄斧の時代である。鉄は人間が使用しうるものとなった。……鉄は、いっそう大きい面積の耕作を、広い森林地帯の開墾をもたらし、手工業者に、石やその他知られたどの金属も及ばぬ、堅くて切れ味のよい道具をあたえることとなった」。「牧畜、金属加工、織布、そして農耕の導入とともに事態は変化する。……当時の家族内部における分業では、食糧の生産ならびにそれに必要な労働要具は男性に属し、したがって労働要具の所有権も彼に属していた。……だからまた、当時の慣習に従って、男性は新しい食糧源たる家畜と新しい労働手段〔として次第に姿を現わしつつあった〕奴隷の所有者ともなったのである」。「いまや、家族内における本来の関係は顚倒した。そして、それはもっぱら、家族外における分業が変化したためであった。いままで家族内部における女性の支配を確保していたのと同一の原因が、すなわち、女性が家庭内の仕事のみに携わっているという、まさにその同じ事情がこんどは男性の支配を確保することとなった。……古い血縁的秩序の中にこうして一つの裂目が現われたのである」。このようにして、原始的な「部族共同態」Stammgemeinschaft のまっ只中にもろもろの「家父長制的家族共同態」patriarchalische Hausgemeinschaft が成立し、そしてこの「家父長制」Patriarchalismus の形成と成長をいわば酵母として、土地占取の主体である「共同体」そのものの全構造もまた、いまや「原始共同態」をこえていっそう高度な形態である「共同体」に、さしあたっては家父長制的「部族共同体」(マックス・ヴェーバーのいわゆる Clanschaft ないし Sippschaft) に、[11] 編制替えされることになったのである。

(10) F. Engels, *a. a. O.*, Werke XXI, SS. 34, 58 f., 156 f.(戸原訳、前掲書、三七、七二—三、二一三—四頁)〔追記・戸原訳では Wildheit に「野蛮」、Barbarei に「未開」の訳語があてられていて、本書の訳語とは逆になっている。ただし、通常用いられている訳語をわざわざ訂正すべき理由もないので、訳文はそのままにしておいた。〕エンゲルスからのこの引用文について一言しておけば、このばあいエンゲルスは青銅器時代、したがって古代オリエント世界をほとんど完全に無視し、いわゆる英雄民族としてのインド・ゲルマン族のみを眼中において議論を進めているように思われるが、これはもちろん訂正を必要とする。しかし、「鉄器」のほかに「青銅器」をも視野のうちにとりいれ、かつ農具その他の労働要具について適切な修正を加えるならば、この過渡期に関するきわめて的確な把握であると考えるので、あえて引用しておくこととした。なお、そのほかMax Weber, *Wirtschaftsgeschichte*, SS. 53-4, 60（黒正・青山訳『経済史』上巻、一二一―二、一三七頁）; G・トムソン、池田薫訳『ギリシヤ古代社会研究』上巻、とくに第四章、毎日新聞社版『世界の歴史』一巻「歴史のあけぼの」一四四―二五〇頁、二巻「東洋」五一―三三頁、などを参照。

（11）M. Weber, *Die römische Agrargeschichte*, S. 125 Anmerk. 7. なお、この点をも含めて、「家父長制」Patriarchalismusについては後段で改めて論及するはずであるが、さしあたってとくに、M. Weber, *Wirtschaft u. Gesellschaft*, 4. Aufl., Kapitel IX, 4. Abschnitt, Patriarchale und patrimoniale Herrschaft（ウェーバー、世良晃志郎訳『支配の社会学』I、第九章、第四節「家父長制的支配と家産制的支配」）の冒頭数頁のすばらしい叙述を指示しておきたい。

一〇　さて、このような編制替えの過程に照応して、「共同体」成立のいわば物質的土台をなす「土地」の占取関係そのもののうちにも、一つの決定的な変化が現われてくることを見逃してはならない。すなわち、「共同体」によって「共同に」gemeinschaftlich占取された「土地」のまっ只中に、しかもそれにまさしく対立して、「私的に」privat占取されたもろもろの「土地」が形づくられ始めるということである。もう少し詳しく説明するならば、こうである。新たに成立しつつある「家父長制的家族共同態」にとって基地ともいうべき「宅地」Hof とその周囲の「庭畑地」Wurt, Gartenland が、垣根やその他の形で囲い込まれ、父系制的に相続されて、その「家族」の永続的な私的占取にゆだねられるようになる（私的土地所有の端初的成立！）。このような囲い込み地は、さしあたり、ローマ人の用語に従って「ヘレディウム」heredium とよぶことにするが[12]、こうして、さきに指摘した共同体の「固有の二元性」はこの「ヘレディウム」の出現とともに部族共同態による土地占取の様式のなかにいよいよ姿を現わし、いわば「部族共同体」とよばれる土地所有関係（＝生産関係）のうちに内在化されて、その内的矛盾として現象するようになるのである。マルクスは[13]、このような「ヘレディウム」の私的占取をすでにその内部にはらむにいたった共同組織を、さきにも指摘したように、「農業共同体」la commune agricole と名づけ、これを「原始共同態」の「最終点」であり、またすぐれて「共同体」とよばれるべき構成の「最初の型」であると考えた。そして彼は、一方においてタキトゥスの記述（『ゲルマーニア』第十六章および第二十六章をみよ！）にみえるゲルマン諸部族の生産様式をこのような第一次的「農業共同体」と特徴づけたばかりでなく、他方においては、こうした構成はアジアの各地域、とくにインドでは十九世紀にいたるまで部分的に残存しており、これがアジア社会の久しい不変性と専制王朝のたえまない交代の現象を説明しうる経済的基礎だと考えた、ことは周知のとおりである。

（12）この「ヘレディウム」に関しては、次章でいっそう立ち入った説明を加えるはずであるが、さしあたってH. Cunow, *a. a. O.*, II, SS. 39–48（高山訳、前掲書、三、三五―四六頁）参照。なお、この囲い込みの意味をよりよく理解するためには、とくにFustel de Coulange, *La cité antique*, 1864（フュステル・ドゥ・クーランジュ、田辺貞之助訳『古代都市』上巻、第二編、とくに第六、七章）を一読されたい。これは極めて興味深いものである。

（13）K. Marx, Briefe an Vera Zasulič, Konzept I u. III, *Marx–Engels Archiv*, I および『資本論』第一部、第十二章、第四節、とくに三七五頁以下。これに対する批判を意図した、福田徳三『唯物史観経済史出立点の再吟味』前冊、第五章、をも合わせ参照。

ともあれ、第一次的「農業共同体」の形成とともに、人類社会はいまや最初の階級分化を開始し、そして世界史は「書かれた歴史の時代」に入りこむことになる。このような歴史上における段階的位置を考慮に入れるならば、第一次的「農業共同体」およびそれに含まれている、私的所有の橋頭堡ともいうべき「ヘレディウム」の形成過程を、世界史上の文化諸民族の史実に即して具体的に跡づけることは[14]、――現存の自然諸民族に関する文化人類学や民族学などの豊富な知識の助けをかりて類推を加えるとしても――

恐ろしく困難な仕事であることが容易に推測されうるであろう。それはそれとして、ここでも、そうした過渡期を物語ると思われる一つの事例を示しておくことにしたい。紀元前一五〇〇－一〇〇〇年ごろインドのパンジャブ(五河)地方(現在の西パキスタン)を占拠していたインド・アーリア族はおそらくこのような過渡期を通過しつつあったものと見られているのであるが、彼らの生活様式については、さきにもその名をあげたことのあるリグ・ヴェーダ讃歌のうちに記されているところにしたがって、だいたい次のような事情が想定されている。(15) 以下簡単に紹介してみるが、前述のイロクオイ族のばあいを想起し、それと比較しながら読んでほしい。——インド・ゲルマンの故地からこの地方に侵入してきた彼らアーリアの諸支族もまた幾つかの「部族」(ガナスあるいはジャナスとよばれた)の連合体をなしていた。各部族は「部族長」(ガナパチ)の統率下に部族別に土地を占取し、そうした部族の占取地はヴリジャナとよばれた。「部族」はいくつかの「大氏族」(ヴィス)——ヴィスはその定住地区をも意味する——に分かれ、この「大氏族」はまた数個の「氏族」(サバー)に分かれていた。「氏族」はさらにまた数個の「大家族」を包含し、この「大家族」は、家屋をも意味するダマ(ラテン語のドムスと同系語と考えられている)あるいはグリハの名称をもってよばれた。定住の形式についてみると、一個ないし数個の「氏族」をもって「村落」共同態を形づくったと推定されているから、一つの「村落」は少なくとも数個以上の「家」（ダマ）の集合であったとみてよい。「家」（ダマ）は住居だけでなく、仕事小屋、納屋、家畜の小屋や囲いなどの集合によって構成されており、しかもそれらが殆んどすべてクーランジュのいわゆる「神聖な囲い」によって囲い込まれていたということは、とくに注意する必要があろう。「家」（ダマ）を構成する人々は、「家父」（グリハパチ）とその妻である「家母」（グリハパトニ）を中心に、家父の傍系親で未婚のものが数人、息子たちとその妻子、未婚の娘たちからなる「大家族」であり、共同の経済生活が営まれていた。こうした点からも分かるように、そこにはすでに父系制的に秩序づけられた「家父長制家族」が成立しており、また奴隷もすでにある程度含まれていたが、後述の有名なローマの家父長制家族のばあいに比べてみると、家母の地位が比較的高く、したがって家父の権力は比較的弱かったと思われ、また奴隷も、本来の家族と同権ではないにしても、その一員と見なされて家族共同態のうちに組み入れられていったようである。

(14)　文化人類学や民族学の豊富な成果を秩序づけ、この事実のうちに「ヘレディウム」の発生を跡づけようとした研究としては、何よりも Heinrich Cunow, *Allgemeine Wirtschaftsgeschichte*, Bd. I（高山訳、前掲書、一および二）をあげておきたい。さらに彼は、その Bd. II（高山訳、前掲書、三および四）で、Bd. I の成果にもとづきつつ、文化諸民族（インド、ローマ、ゲルマン、ケルト）の曙の時代を解明しようと試みている。この観点の明確さは、他のいくつかの欠点を補って、この書物をユニークなものとしているといえよう。その他に、ここではいま一つ August Meitzen, *Siedelung und Agrarwesen*, I をあげておく。とくにケルト人に関するその記述を参照。

（15） H. Cunow, *a. a. O.*, II, Kap. I, bes. SS. 18–26（高山訳、前掲書、三、第一章とくに九一―二〇頁）を参照。十九世紀のインドにおけるいわゆる「民主型」村落の問題については後段、章を改めて論ずるはずである。

二　以上述べてきたところは、さしあたって、「共同体」の第一次的構成ともいうべき原始的な「農業共同体」に関することがらであるが、歴史上「共同体」の存在形態は——基本的な「農業共同体」だけについてみても——そうした第一次的構成のみに止るものではない。もっとも、さきにも指摘したように、地理的・自然的な諸条件の相違によって同一の発展段階にある諸「共同体」の間にも形態上無数の偏差が見られるのであるが、この事実はここではしばらく視野の外におくこととしよう。いまわれわれにとっていっそう重要なことは、むしろ、歴史上における「共同体」諸形態の継起的発展の事実である。詳言するならば、「共同体」の内部において生産諸力（＝分業）がいっそうの進展をとげる結果、それにもとづいて土地占取関係においても私的所有の契機がより以上に拡大され、それに伴って、「共同体」のいっそう高度な歴史的諸形態がつぎつぎに展開されてくる、という事実なのである。その基本点を以下簡単に説明してみよう。すでに「ヘレディウム」(宅地および庭畑地)という私的所有の橋頭堡をうちたてた個人的生産諸力の拡充——それは一般に「共同体」内部における分業関係の進展(＝手工業の成立と成長)として現われる——は、その担い手である諸個人の私的活動をますます活発ならしめる他はない。しかしそれは、もちろん、なんらか原始的な集団性(＝共同組織)を根底としてうちたてられている「共同体」関係そのものと結局矛盾するにいたるであろうし、場合によってはそれを解体にみちびく危険をさえ生ずるであろう。とはいうものの、われわれが当面問題としているような生産諸力の発展段階にあっては、そうした個人的生産諸力も、各個人が個々に自立して私的に生産を営みうる(＝小ブルジョア経済の成立)には未だあまりに幼弱である。つまり、彼らの「私的な」生産諸力も活動もなお「共同体」によって「共同態的に」gemeinschaftlich 占取された土地を基盤としてのみ可能とされており、それを離れては独立に存在しえないのである。したがって「共同体」そのものの解体はさしあたって彼ら諸個人の生活の再生産自体を全般的に不可能としてしまうであろう(歴史上独立自由な私的生産者が一般的に成立しうるためにはいわゆる原始的蓄積の時代の到来を待たねばならない！)。このゆえに、そうした幼弱な諸個人の生活の再生産のためには、「共同体」そのものが、ただし事態に適合した何らかの新しい形態において、やはり存続し再生産されていかねばならない。このようにして生産諸力の、したがって諸個人の私的活動の発展の段階に応じて、それぞれ独自な形態と構造をもつ「共同体」が――さらにそれに照応した階級分化の諸形態もまた――つぎつぎに生みだされていくことになるのである。さて、このような「共同体」諸形態の継起的な段階的な発展は、まず「土地」占取関係の基盤における私的所有の拡大とその形態進化という形をとり、さらにそれに照応して、その上にうちたてられた「共同体」の形態と構造における変容として現われてくる。こうしたことはすでに述べたところから容易に推測しうるであろうと思うが、いまこの観点に即してきわめて大づかみにいうならば、研究史上次のような三つの基本形態――それらも現実には当然に無数の偏差をもって現われてくる――が指摘されているといえる。ただし、ここで念のためあらかじめ一言付加しておくならば、それら三者は形態と構造を相互に異にしているとはいえ、すべて「共同体」である以上、いずれも「土地」の「共同態的占取」の土台の上に打ちたてられており、したがって後述するように何らかの形で「共同地」(＝共同マルク)と「共同態規制」をともなって現われるという点では、もちろん三者共通の特徴を具えている。――三つの基本形態は、次のとおりである。まず、(1) アジア的形態。

そこでは土地の占取関係における私的所有の契機はなお「ヘレディウム」といういわば橋頭堡を確保したに止っているのであって、「共同体」の基本形態もまだもっぱら血縁関係にもとづく「部族共同体」である。「共同地」(=共同マルク)はなお全面的に部族の共同占取と規制のもとにおかれている。つぎに、(2) 古典古代的形態。土地の占取関係における私的所有の契機はここでは、ローマ人の表現を借りれば、「ヘレディウム」を基地としてさらに「フンドゥス」(fundus)にまで拡大されており、「共同地」は《ager publicus》としてこれと空間的に並存しかつ対抗しあっている。「共同体」の基本形態もマックス・ヴェーバーのいわゆる Kriegerzunft (戦士ギルド)としての「都市共同体」(=古代都市)となってくる。いま一つ、(3) ゲルマン的形態。土地の占取関係における私的所有の契機は、ゲルマン的表現を用いれば、「フーフェ」Hufe という形をとりつつ、およそ共同体関係の内部で存在しうる極限にまで拡充されており、「共同地」(Allmende)さえも持分化されて私的占取関係のうちに組みこまれている。「共同体」の基本形態もいまや土地占取そのものに密着した「村落共同体」(および「都市=ギルド共同体」)となっている。――だいたい以上の三者を指摘することができるが、これらの基本諸形態について立ち入った検討をおこなうことは後段における重要テーマの一つとなるはずであるから、詳細な説明はその際にゆずらねばならぬ。ここではただ、およそ「共同体」とよばれるところの、近代以前における生産諸様式の基盤を形づくる基礎的生産関係が、一般に再生産されていくその基本的な筋道というか、独自の法則というか、そうした基本事実についてきわめて一般的な説明を行なって、この章を終ることにしたいと思う。

一般に「共同体」とよばれる基礎的生産様式が自己を再生産していく基本的な筋道はおよそ次の通りである。(16) (1) まず、「共同体」を構成するところの諸個人(=家族)が自己の生活をたえず維持していくための基本的な営みは、全体によって「共同態的」に占取された「土地」を基盤に、その只中に形成された「私的占取地」(=私的所有の対象である「土地」)を拠点として生産活動を営み、これによって成員諸個人のそれぞれの生活需要をたえず充していくことである。これが第一の、もっとも基礎的な事実であり、他ならぬ「共同体的土地所有」である。(2) ところで、そうした成員諸個人(=家父長制家族)の私的活動は、それが自然発生的な分業関係の上に立っていることの必然的な結果として、上述のような「共同体」全体の基本的筋道と矛盾し、衝突するであろう。といって、諸個人はなお独立して自由な私的生産を営むには未だあまりに幼弱であるから、「共同体」の外枠(=「共同組織」)はどうしても維持されねばならぬ。そこで成員諸個人の私的活動の恣意性が「共同体」全体によって抑制されることになる。これが第二の基礎的な事実であり、他ならぬ「共同態規制」である。ところで、このような役割を果すところの「共同体」の外枠（＝「共同組織」）が、既述のように、多かれ少なかれ「原始的性格」をその身に帯びたものであることの結果として、右の「共同態規制」も何らか非合理的、伝統主義的な性格の「経済外的強制」außerökonomischer Zwang として立ち現われざるをえない。つまり、「共同体」とよばれる生産関係が自己を再生産していく基本的筋道は、このようにして一定の経済外的な「共同態規制」に媒介されながら進行するのである。

(16)　K. Marx, *Formen, die der kapitalistischen Produktion vorhergehen*, SS. 5-6, 10-2, 18-9, 21-2（飯田訳、前掲書、六―七、一四―六、二六―七、三〇―一頁）その他の諸個所。さらに、この問題について、ぜひ参照されるべきものとして Werner Sombart, *Der moderne Kapitalismus*, 1916, I/1, SS. 29-39 および、ゾムバルトのいわゆる《Bedarfdeckungsprinzip》への的確な批判をも含む Max Weber, *Wirtschaft und Gesellschaft*, 4. Aufl., Zweiter Teil, Kap. II をあげておきたい。

一二　以上のようにして、「共同体」とよばれる生産様式がたえまなく再生産されていく過程においては、物質的土台である「土地」の占取についても、また成員諸個人の私的活動を全体のうちに包みこんでいく「共同態規制」についても、「共同体」自体（＝

共同組織)がまず主体として前面に現われてくることになる。ところでそのばあい、「共同体」の根底を形づくる「共同組織」が多かれ少なかれ「原始共同態」の痕跡を止める原生的集団の性格をもつことはすでに繰り返し述べたとおりであるが、あたかもこのことから「共同体」に関する第三の基礎的事実が帰結する。すなわち、再生産構造としての「共同体」は、決して、資本主義社会の基礎を形づくる「商品流通」のように全社会的な規模における単一の構成として現われるものではありえない(いわゆる集団性!)。むしろ、あたかもその昔エピクロスが構想した諸世界のように、もろもろの「共同体」が大なり小なりの諸部分単位として、そして全社会はそれらの集合体として現われるのである。別の表現をもってすれば、一つ一つの「共同体」がそれぞれ多かれ少なかれ独立した「局地的小宇宙」le microcosme localisé(マルクス)をなしつつ——ジャワの「デッサ」や旧ロシアの「ミール」が「共同体」と同時に「世界」を意味したことを思え——全社会はそうしたあまたの小宇宙の連結体として構成されることになるのである。あるいは、デュルケムの「環節的組織」l'organisation segmentaireというやや奇警な表現方法を想起してもよいであろう。ともかく、経済的基盤がこうした「共同体」という諸単位をもって形づくられているかぎり、社会の全構成(階級分裂の特有な様式をも含めて)は、おのずから諸「共同体」の連結体という形をとってあらわれる他はないのである。[17]

（17）　この関連で「共同体」の成長と分裂、いわゆる「巣別れ」essaimement の事実が問題となってくる。しかし、これは後段「共同体間分業」を取扱うさいに立ち入って論及することにしたい。

このような、社会の「共同体」的構成に固有な法則をとらえる手がかりとして、マックス・ヴェーバーは、「共同体」の内と外、すなわち「内部経済」Binnenwirtschaft と「外部経済」Außenwirtschaft を鋭く対比しつつ、あの有名な「共同体」の構造的二重性の理論を構想したのであった。[18] いま、その要点だけを紹介してみると、ほぼ次のとおりである。（1）まず、「共同体」の内部過程（＝「共同体」内部における成員諸個人の生活）は、さきに見たような基本的筋道をもってたえず再生産され、「共同態規制」を媒介として維持されていく。そしてその規制をうちだしていくところの基本的な原理――基本法則といってもよいだろう――は他ならぬ共同態的「平等」Gleichheit であり、その種々な構造的規定性と現象諸形態は、後段で「共同体」の諸形態に立ち入った検討を加えるさい、重要な論点の一つとなるであろう。ともあれ、この「平等」法則（とわれわれは仮りにいっておこう）は、その経済外的性格からして、通常何らかの宗教的外被を伴った道徳意識として主観的に表出され、いわゆる「共同体意識」の根底を形づくることになるのである。たとえば、あの「恭順」Pietät の意識をおもえ。(2) ところで、このような「共同体」内部における成員諸個人の生活がたえまなく再生産されていく基本的な筋道は、当然に、外部からの侵害や攪乱に対して「共同体」全体によってたえず防衛し維持されていかねばならない。そこで、まず、物質的基礎をなす「土地」が外部に対して排他的に独占(＝封鎖)され、それにもとづく「共同体」成員諸個人の生活の維持が何にもまさる必要事として優先することになる。こうして内と外がはっきりと区別される。ヴェーバーの表現を借りれば、「共同体」は外部に対して「封鎖」schließen されるのである。こうして「共同体」と「共同体」のあいだには、何らか共通の利害が形づくられることはあっても、共同の利害が形づくられることはありえないことになる。したがって、ある一つの「共同体」の成員たちにとっては、その外部にある人々は――したがって当然に他の「共同体」の成員たちもまた――「共同体」による「規制」と「保護」の外側におかれているところの「他所者」Fremde, foreigner となるのであり、場合によっては、潜在的な「敵」とさえ化するであろう(意識における「対内道徳」Binnenmoral と「対外道徳」Außenmoral の構造的二重性)。そのことは、たとえば、古典古代の都市間におこなわれた戦争のあの皆殺し的な激しさや、中世の村落間やギルド間の縄張り争いの烈しさを思いおこすだけでも、ある程度まで了解することができよう。(3) さて全社会が、それぞれこのような構造的二重性をもつところの諸「共同体」の集合体として構成されているばあい、構成単位である諸「共同体」相互の中間に、あたかもかつてエピクロスが神々の住所として想定した「諸世界間の間隙」Intermundien のように、「共同体」の規制力の及ばぬ一種の社会的真空地帯が形づくられることはおのずから明らかであろう。もし、どれかの「共同体」の成員が「追放」ex-communication(いわゆる「村はちぶ」をおもえ！)をうけたとすれば、彼らはまさに文字どおり outlaw としてそうした社会的真空の只中へ孤立無援のまま投げだされるのであり、そこへは「共同体」の規制力が及ばぬと同時に、完全に「共同体」の保護の外におかれることになる。したがって、そこでは多かれ少なかれ homo homini lupus(人は人に対して狼)という状態が現実に形づくられるということができよう。たとえば、インドの不可触賤民(パーリア)や古典古代における戦争捕虜などの運命を想起してみるがよい。しかしこの点に関して、ここではとくに、歴史上このような「共同体」間に存在するいわば社会的真空地帯がいわゆる前期的資本(商業資本および高利貸資本)の成長と活動にとって本来の地盤を形づくってきた、という重要な事実を指摘しておきたいと思う。(19) というのは、いわゆる「資本の原始的蓄積」(したがってその歴史的前提をなす小ブルジョア経済の一般的形成)は何よりもまず、こうした「共同体」組織とそれに必ず随伴する社会的真空地帯の、すなわちそうした経済の構造的二重性の克服をもって始まることとなるのであって、資本主義の発達によって前期的な資本諸形態が消滅に帰するにいたるのも、まさしくそのためなのである。しかし、これについては、後段において別の問題的関連から改めて詳論しなければならない。

(18) Max Weber, *a. a. O.*, 4. Aufl., SS. 201-3; Ders., *Wirtschaftsgeschichte*, SS. 300-15.（黒正・青山訳『経済史』下巻、二三四―五八頁）

(19)『資本論』第一部、九三頁、第三部、三六二―三頁。

第三章　共同体と土地占取の諸形態

一　アジア的形態

一三　歴史上「共同体」のさまざまな諸形態は、すでに示唆しておいたとおり、さしあたって次のような事情によって決定されるものと考えられる。まず、(1)自然的諸条件(すでに述べたような客観的諸条件はもちろん、人種という概念によって言い表わされるところの主観的諸条件をも含めて)の如何によって、無数の偏差を含むきわめて複雑な地域的特殊性が作り出されるのであるが、しかも、(2)そうした複雑な様相を貫いて一定の歴史的な継起的発展諸段階が識別されるということも、すでに述べたとおり、研究史上くりかえし指摘されているところである。第一の点を正面から取扱うことは、ここでの問題の立て方から、当然に割愛しなければならない。以下の叙述においては、第二の点、すなわち「共同体」のさまざまな歴史的諸形態のなかに基本的な発展諸段階を、そうした意味での基本諸形態を識別し確定しようとする主要な諸学説、その紹介が中心テーマとなるであろう。[1] ところで、そのような「共同体」の基本諸形態としては研究史上、アジア的→古典古代的→ゲルマン的(封建的)の三つを設定するのが現在もっとも有力な見解となっている。[2] そこでこの第三章においては、そのような三つの基本形態のそれぞれについて、基礎的な諸特徴を、主要な史実をもって例解しながら、理論的に追究していくことにしたい。

(1) したがってここでは、すべてを民族的特性に還元してしまう見解やまた現在一つの有力な立場となっているいわゆる反進化論的見解にはふれないことにする。というよりも、以下での所論はもともとそうした見解とは異なったものとなっているのである。といっても、決して単純ないわゆる定向的進化を考えているのでないことは、かつて私がいわゆる産業資本形成の社会的系譜を論じたさいと少しも変ってはいない。

(2) この三つの基本形態を明白に指摘したのは、いうまでもなく、Karl Marx, *Formen, die der kapitalistischen Produktion vorhergehen*(飯田貫一訳『資本制生産に先行する諸形態』)である。しかし、こうした三段階の区分は、あるニュアンスの差異や精粗の差を別とすれば、決してマルクスにだけ見出されるものではない。たとえば、Max Weber, *Die römische Agrargeschichte usw.*, SS. 49–54,125–8 などで、マックス・ヴェーバーは「アジア的」共同体にあたるものを Clanschaft(あるいは Sippschaft)とよび、これに対して

「古典古代的」および「ゲルマン的」共同体をGenossenschaftとよびつつ、しかも後の両者をも相互に明確に区別している。ただしヴェーバーにあっては、晩年になると、たとえば*Wirtschaftsgeschichte*の叙述のなかでみられるように、この三区分は失われたとはいいがたいが、かなり輪廓が不明瞭なものとなっていることは否みえない。

さて、すでに述べたところであるが、「共同体」の三つの基本形態とその根本的な特徴を主要な史実のうちに確認するためには、われわれはさしあたって次の二つの基礎視角をつねに正確に保持していることが必要であろう。すなわち、一般的にいえば、さきに述べたような「共同体」に内在する「固有の二元性」の各契機がそれぞれの基本形態においてどのような存在形態をとって現われているか、を具体的に確定することであるが、なかんずく次の二点がおのずから中心的なクリテリアとなってくるのである。(1) 共同体内部にみられる土地の私的な占取関係の進展度。この事実のうちに生産諸力の発展、したがって社会的分業(=生産諸力の分化)の展開度が直接に表出されており、したがって土地の私的占取関係の如何は「共同体」とよばれる一定の生産関係の積極的な側面を形づくっているのである。この点からするならば、「共同体」なるものは社会的分業の体系であり、その特定の歴史的存在形態だとみることができる。(2) それに照応する基本共同態の推転および「共同体」の内部的編制の如何(=とくに血縁関係の弛緩度)。

およそ「共同体」が原始的血縁共同態から系譜をひく一定の原始的な、経済外的な外枠(＝共同組織)をもち、これが「共同体」とよばれる生産関係のいわば消極的側面を形づくっていることは、すでに見たとおりであるが、土地の私的占取関係とそれに照応する成員諸個人の私的活動の進展の結果として、「共同体」のもつこの共同態的側面もまたそれに照応した姿をとって現われ(＝とくに血縁関係の弛緩)、それぞれの段階に応じて基本共同態は、部族→都市→村落、というコースで上向的な推転をとげる。——以下の叙述でわれわれは、この二つの基礎視点をたえず正確に保持することに力めながら、「共同体」の三つの基本形態のそれぞれについて、その主要な特徴を理論的に追究していくこととしよう。まず最初に、「アジア的形態」を問題とする。

一四　共同体の基本形態の第一は、「アジア的形態」と名づけられているものである。この名称は、それがいわゆるアジア的生産様式の基礎を形づくるものであるばかりでなく、さらに幾千年にわたる悠久なアジアの歴史と特殊的に深い関連をもってきたことを示しているが、理論上の正確を期するために、その歴史上の存在が決してアジアの諸国にだけ限られるものではなく、むしろ世界史上どの地域にも見出されうる「農業共同体」の第一段階(＝端初形態)をなしているということを、ここでまずはっきりと指摘しておきたい。したがって、この「アジア的形態」のうちには、世界の各地に現存する自然諸民族のばあいは別としても、世界史上、たとえば西ヨーロッパではケルト民族の旧制度の基礎に見出される共同体や、また有名な南アメリカの旧ペルーにおけるインカ文明の土台を形づくっていた共同体など(3)も、その諸例に属させてさしつかえないものである。ところで、世界史の上でこの「アジア的形態」の共同体が最大の意義を担ったのは、何といっても、オリエント(ティグリス＝エウフラテース両河流域のメソポタミアとナイル河流域のエジプト)をはじめ、黄河下流域地方やインダス河流域地方に建設された古代専制諸国家の基礎構造としてであろう。しかし残念ながらわれわれには、こうした世界史上最古の階級諸国家につき、成立の曙にまで溯って、その土台をなす共同体の基本構造を実証的につきとめることは、いまのところまず不可能とせねばならない。したがって、「アジア的共同体」の基本構造を明らかにするためには、さしあたってはただ次の二つの方法が残されているといえよう。(1) 民族学や文化人類学の莫大な実証的成果に依拠して、現在の自然諸民族のなかにそうしたものに関する基本的諸事実を確認すること(4)、(2) 世界史の上で、古代オリエント諸国家のばあいなどよりずっと後の時代に見出される諸史実、たとえばイギリスやその他の国々の歴史のうちに見出されるケルト民族の旧制度(5)であるとか、アジアの諸国家にずっと後まで残存していた最古の村落制度であるとか、そういった共同体に関する諸事実について検討を試みること、この二つである。

（3）　きわめて興味深いインカの共同体については、さしあたって Heinrich Cunow, *Allgemeine Wirtschaftsgeschichte*, I, SS. 291-310, II, SS. 147-55（ハインリッヒ・クノウ、高山洋吉訳『経済全史』二、一―三五頁、三、一六八―七八頁）だけをあげておく。

（4）　たとえば、そうした試みとして H. Cunow, *a. a. O.*, I（高山訳、前掲書、一および二）をみよ。莫大な民族学上および人類学上の文献については別の機会にゆずらねばならぬが、好個の概説書として、馬淵東一編著『人類の生活』毎日ライブラリー、をあげておきたい。また邦訳されたトムソン、池田薫訳『ギリシヤ古代社会研究』上下巻も、こうした点できわめて興味深いものであることを付言しておく。

（5）　ケルトの旧制度については、さしあたって次の研究をあげておく。P. Vinogradoff, *The Growth of the Manor*, pp. 13-36; F. Seebohm, *The English Village Community*, Chap. VI-VII; A. Meitzen, *Siedelung und Agrarwesen*, I, III. Nationale Siedelung u. Agrarwesen der Kelten; H. Cunow, *a. a. O.*, II, SS. 62-110, 250-61.（高山訳、前掲書、三、六二―一二三頁、四、七―一四頁）

ところで、この講義におけるわれわれの目的は、さきに言及しておいたように、「共同体」に関する基礎諸理論を正確に紹介し説明するにあるのだから、詳細な史実について立ち入った検討を加えることはもちろん割愛しなければならない。むしろ当面、基礎理論の理解をたすけるための例示として、一、二の典型的と思われる史実を瞥見することが必要なのである。そうしたものとして、ここでは、十九世紀の中葉インダス河流域のパンジャブ地方（現在の西パキスタン）に残存していた「農業共同体」の事例をとり、(6)これを手がかりとして説明していくこととしたい。これらのインドの共同体はかつてマルクスによって、(7)「かかる簡単な生産有機体は、アジア的諸国家の絶えざる瓦解と再建、および絶え間なき王朝の交替とは著しい対照をなすところの、アジア的諸社会の不変性の秘密を解くべき鍵を提供する」（傍点――原文）と特徴づけられたもののうち、とくにその原型を構成するものであることを一言しておく。

（6）　ここでの叙述は H. Cunow, *a. a. O.*, II, SS. 26–33（高山訳、前掲書、三、二〇―七頁）によった。これはイギリス人植民地官吏 C. L. Tupper の調査報告 *Punjab Customary Law*（Calcutta, Office of the Superintendant of Government-printing）, 3 vols. に依拠するものである。なお、前掲トムソン、池田訳『ギリシヤ古代社会研究』上巻、一四一―四頁に引例されている東パキスタンのカシ族に関する同様な興味深い事実をも参照。インドの共同体に関して詳細には、B. H. Baden-Powell, *The Land System of British India*, 3 vols., 1892; DO., *The Origin and Growth of Village Communities in India*, 1908 など。なお Max Weber, Hinduismus u. Buddhismus, *Gesammelte Aufsätze zur Religionssoziologie*,

II, SS. 78 ff.(ウェーバー、杉浦宏訳『世界宗教の経済倫理』II、一四三頁以下)のすぐれた叙述は、これらのベイドン＝ポウエルの労作によっている。それから、マルクスが典拠としたことで有名な George Cambell, *The Modern India*, 1852 にみられる問題の個所は、福田徳三博士の『唯物史観出立点の再吟味』前冊のうちに摘録されている。

(7) マルクス『資本論』第一部、三七五―六頁。

一五 インダス河流域のパンジャブ地方は、はるかなヴェーダ時代以来多くの民族の嵐が吹きすぎていった。とくに八世紀以降における回教徒の支配は旧来の土地制度に多くの歪みをのこした。それにもかかわらず、たとえばデーリ州のグルガオン地区やアムリツァル州のグルダスプル地区のような辺境の地域では、生活諸条件が本質的に変化することがなかったために、とくに古いヒンズー教の信仰を固守している諸部族では、部分的に太古の慣習法が古風な名称そのままで十九世紀の中葉まで残存していたことが、イギリス人の植民地官吏によって報告されている。

まずグルガオン地区について見ると、この地方に住むヒンズー諸部族はいずれも幾つかの、ゴーツとよばれる大血縁集団をもって構成されていた。もっとも、このばあいゴーツは、われわれが今まで使用してきた用語法に従えば、「部族」Stamm とすべきか、あるいは「氏族」Sippe とすべきかは必ずしも明らかではないが、こうした血縁集団はたえず小規模なものから大規模なものに成長するし、またときには逆に衰退することもあり、したがって両者の境界はいろいろな意味で流動的であることを考えるならば、そのどちらとするにしても問題の核心に変化はないことがわかる。そこで、ここでは今までの用語法とできるだけ撞着のないようにするために一応「部族」とよんでおくことにしよう。――さて、この大血縁集団ゴーッは、家父長制支配のもとに agnatisch［父系制的］に、すなわち男系制的に編制されていた。子供たちは父のゴーッに止って、その部族の姓をなのる。女子は族外婚制にしたがって他のゴーッの男子に嫁ぐが、そのばあい父のゴーッを去って夫のゴーッに移った。ゴーッはまたしばしば数個の、アルまたはトンバなどと呼ばれる小血縁集団に分かれ、さらにこのアルはいくつかの、ガールあるいはカーンダンとよばれる大家族(＝あるいは同族団)を含んでいた。

さて、土地の「共同占取」の主体をなすものは、大血縁集団ゴーッであり、ゴーッはそれぞれ自己の固有な占取地域をもっていた。ゴーッに属する人々はゴーッの占取地域の内部で、普通は各アルごとに村落をなして居住していたが、ときにゴーッ全体が一個の村落を形づくっていることもあった。この村落およびその直接の周辺はいわゆる「村落マルク」Dorfmark od. innere Mark をなし、各大家族(ないし同族団)はここにそれぞれ一戸の「囲い込まれた」住宅をかまえていたが、この住宅にはなお納屋・厩・車小屋のほか、庭畑(Wurte)やいくばくかの耕地が付属していた。つまり、われわれが仮りに用いてきた語に従えば、すでに「ヘレディウム」(資料では tenement の語が用いられている)が成立しており、しかもそれは明瞭に男系世襲の私的所有地となっていた。ただしそのばあい、土地や家畜その他の重要な動産の処分は、家族全体の同意なしには何びとにも、家父長にも許されていなかった。

ゴーツの占取地域のうち、この「村落マルク」を除外した残余の部分はすべてゴーツ全体の「共同マルク」gemeine Mark od. äußere Mark を形づくっており、シャーミラットあるいはイラーカとよばれていた。このシャーミラットすなわち「共同マルク」の利用がどのような原則に従っておこなわれたかは、グルダスプル地区についてみると、かなり明瞭に看取できる。すなわち、ゴーツ全体(=家長会議)の監視と統制のもとに各大家族(=同族団)の家長は次のような形で平等の権利をもつとされていたという。シャーミラットの一部は各大家族により耕地として占取されたが、それはときおりゴーツ全体の決定にもとづいて各大家族間に分配しなおされた。そのさい、いずれかの大家族(=同族団)が成長の結果その必要量を増大しているばあいには、その大家族は村落全体(=家長会議)の同意をえて新たに開墾することもできた。意見の相違があれば、多数決によって決定された。このばあい、土地分配の原則は各家族の能力と必要に応じて与えるという、マックス・ヴェーバーのいわゆる「実質的平等」materielle Gleichheit に基づいていることは明らかであろう(付図1参照)。実際この「実質的平等」の原則は村落全体の監視のもとに厳守され、必要以上と断定されればその部分が取り上げられたばかりでなく、耕地として分配された土地はあくまで耕地としてだけ利用が許された。シャーミラット内の牧地はゴーツ全員が利用することができたが、森林の伐木は全体の同意を必要とし、しかも古くはただ自家用(たとえば家屋や囲い込みの建築材料、薪、農具製造用など)だけが許され、売却は禁じられていた。ただ、シャーミラット内でも、個人的に植えられた樹木はその個人によって私的に占取されたが、これと関連して、古ゲルマンのマルクにおける Bifangrecht〔先占権。本書一一八頁、一二〇頁注(25)、および一四五頁参照〕に近似した慣習が見出されるのは興味ぶかい。すなわち、各家族は「村落マルク」内の私有地に近接する土地を囲い込み、自己の私有地(=「ヘレディウム」)に付加することができたが、そのばあいにも、囲い込みが小規模なときにだけ自由に行われ、そうでないと成員の多数決にまたねばならなかった。

一六　以上のような原始的な姿の「農業共同体」は、もちろん十九世紀中葉のインドにおいてさえも、きわめて辺境の地域にわずかに残存しているにすぎなかった。むしろ一般には、交替する王朝の政治的支配の影響によってさまざまな偏差の歪みをうけ、さ

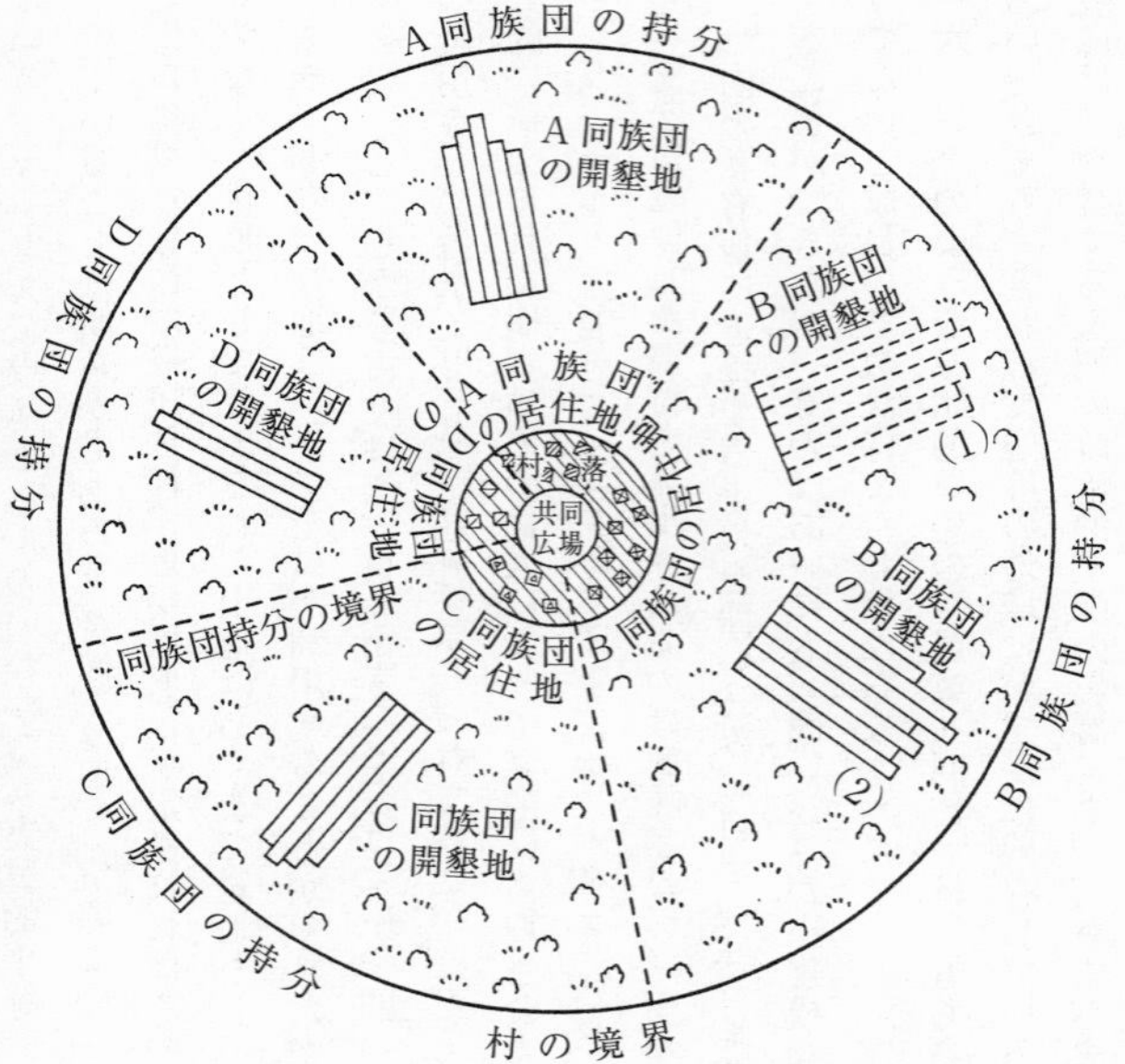

付図1　マダガスカル島におけるタナラ族の村落形態推測図．各大家族(＝同族団)の能力と必要に応じた土地占取と耕地の規模をみよ．
馬淵東一編著『人類の生活』164頁より借用．

まざまな形の階級分化をはらみながら、地方ごとに種々な型を構成していたことはすでに周知のことに属する。そうしたさまざまの型を紹介することはここでは割愛せねばならぬが、ただ、ベイドン＝ポウエルの記述にもとづいて、マックス・ヴェーバーがインドの「農村共同体」の基礎的特徴として掲げているいくつかの事実はきわめて興味ぶかいものであるから、以下簡単に紹介することとしたい[8]。ただし、ここでのわれわれの問題的視点に焦点をあわせるため、原文とやや順序を変更したことをとくに付記しておく。

(一)　もっとも古い時代には土地所有の法的根拠は開墾か、或いは征服に求められていた。

(二)　したがって、部族 Stamm（ときにはその部分体である大氏族 Phratrie）自身がその占取した地域の所有者とみなされ、その防衛にあたった（なお、それと同時に、村落マルク内部においては私有の「庭畑地」Wurthen がひろく成立していたことをも、ヴェーバーは他の個所で指摘している[9]）。

(三)　ところで、古い時代の村落には（土地があり余っており、かつ、大氏族団が存続していた結果として）、ヨーロッパ的意味での、すなわち「フーフェ」の構成部分をなす「総有地」Allmende および「総有権」Allmendrecht なるものはなく、また発生する必然性もなかった。

(四)　村落全体の共同耕作（volle Feldgemeinschaft すなわち Agrarkommunismus〔農

業共産主義」)は、原始的な(歴史学的に溯りうる限りでの——引用者)農業制度でもなかったし、またその後のインドの農業制度の基礎ともなっていない。

なお、この最後の点については、ヴェーバーは他の個所で、[10]「原始的」primär なものと想定される「村落共同体」Dorfgemeinde が後の時代にも部分的に確認されうることを指摘し、かつそれに関連して、次のように注記している。すなわち「インドの村落における耕地分配の様式は、ドイツにおけるような Gewanne(耕区)と Streifen(地条)の形での Gemengelage(混在耕地制)をなしてはいなかった。各家族の持分は地味の差に応じて耕地帯の各所に分散していることもあったが(輪作もときに行われていた)、全体として面積を測定し比較しえないような大きな地積のかたまりをなしていた。各家族の所有する犂の数とそれによって耕作しうる土地ということが標準とされたのである。さしあたって土地があり余っており、測定もしなかったのである。……また生活水準(Nahrung)を平等にするために耕地の新たな分配もおこなわれた」。

(8) Max Weber, Hinduismus und Buddhismus, *Gesammelte Aufsätze zur Religionssoziologie*, II, S. 79.(杉浦訳『世界宗教の経済倫理』Ⅱ、一四四頁)

(9) A. *a. O.*, II, S. 93 f.(杉浦訳、前掲書、一五九頁以下);M. Weber, *Wirtschaftsgeschichte*, S. 37.(黒正・青山訳『経済史』上巻、九二頁)

(10) M. Weber, *Gesammelte Aufsätze zur Religionssoziologie*, II, S. 80 u. Anmerk. 4.(杉浦訳、前掲書、一四六頁、一七二頁注六一)

一七　以上述べてきたような諸事実を念頭におきながら、「アジア的」農業共同体の基礎的特徴に関する学説を整理し紹介してみると、およそ次のようになると思われる。(11)(1)「アジア的共同体」では、部族あるいはその部分体である血縁集団が土地の共同占取の主体となっている。すなわち、「部族」Stamm 組織が共同体の支柱を構成する基本共同態をなしており、したがって、「アジア的形態」の共同体はすぐれて「部族」共同体であると特徴づけることができよう。もちろん、こうした「部族」共同体の内部にも村落や家族などの従属的共同態が形づくられており、なかんずく家父長制「家族共同態」Hausgemeinschaft が単なる原始的な血縁共同態のばあいに比していっそう重要性を増してきた結果、「部族」共同体の内部構成そのものも、たとえば「部族の形にまで拡大された家族、相互の婚姻によって結ばれた一連の家族」(12)というような、家父長制大家族(ないし同族団)の連繫体ともいうべき様相を示すにいたっているが、それにもかかわらず、依然として「アジア的共同体」がすぐれて「部族共同体」であることは記憶に止めなければならない。(2)ところで、部族共同体によって共同に占取された土地(部族マルク)のまっ只中には、いまや各家族によって永続的に私的に占取される土地、すなわち「ヘレディウム」(「宅地および庭畑地」Hof und Wurt)がすでに広く形づくられている。そしてこれはすでに、単なる原始的な家族内の原生的分業をこえた生産諸力(とくに手工業)のある程度の発達を前提し、したがって家父長制家族の一段と明瞭な形成に対応しているというべきであろう。(3) しかし、それにもかかわらず、「アジア的形態」の共同体においては「土地」の永続的な私的占取(私的所有)はまだ「ヘレディウム」という形で、わずかに橋頭堡を形づくっているに止り、「富」の基本形態である「土地」の主要部分は「共同マルク」として直接「部族」共同体自身による「共同占取」(＝部族的共同所有)のもとにおかれている。各家族はたかだかそれの個別的利用(＝一時的な私的占有)を許されているに過ぎない。この事実は、多かれ少なかれなお重要性をもっている共同労働(大家族＝同族団による共同耕作・開墾から灌漑設備の構築にいたるまでの村落的・部族的な共同労働)におそらく関連をもっていると考えられるが、ともかく「富」の基本形態である「土地」の私的所有はまだ「ヘレディウム」の形で、部族的「共同所有」の大海のなかからわずかに頭をもたげているに止り、「土地」の主要部分は、耕地であれ牧地その他であれ、すべてなお「共同所有」の深みのうちに沈んでいるのであって、ここから「アジア的共同体」における「所有の欠如」の相貌が生ずるのである。(4) このことはまた、共同体の成員諸個人に対する部族的「共同態規制」

の**圧倒的な強さ**をも意味する。すなわち、個々人はきわめて強い規制力をもって共同体に従属させられており、「共同体に対して自立的となることはない」(マルクス)のである。これは一方では「アジア的共同体」の強靭な持続性の基礎をなすとともに、他方では特殊**アジア的**な階級分化、いわゆる「普遍的隷従制」allgemeine Sklaverei 展開の起点ともなるのである(たとえば古代ヘレニズム世界における《idia》や後代におけるロシアの《mir》などを想起せよ)。それにしても、「アジア的形態」の共同体においては「ヘレディウム」の確立を基礎として、単なる「〔部族的〕血縁関係に拘束されない自由人」(マルクス)間の生産関係の端緒がすでに形成されていることを看過すべきではない。

(11) さきに掲げた諸文献、とくに K. Marx, *Formen usw.*, SS. 7, 21, 30(飯田訳、前掲書、八、三〇、四四頁)の他、Ders., Briefe an Vera Zasulič. Konzept I u. III, *a. a. O.*; K. Marx u. F. Engels, *Die Deutsche Ideologie*, Werke III, SS. 22, 61 f.(古在由重訳『ドイツ・イデオロギー』二六、九二―三頁); Max Weber, Der Streit um den Charakter der altgermanischen Sozialverfassung in der deutschen Literatur des letzten Jahrzehnts, *Gesammelte Aufsätze zur Sozialund Wirtschaftsgeschichte* などを参照。

(12) 一見家族が基体であり、部族がそれから派生する構成体であるかのような外観を呈してくる。批評の余地はあるにしても、この点をもっとも鋭く衝いたものは、Max Weber,

Wirtschaft u. Gesellschaft, 4. Aufl., Kapitel IX, 4. Abschnitt, Patriarchale und patrimoniale Herrschaft(世良晃志郎訳『支配の社会学』I、第九章、第四節)であろうが、この点については後段で別の問題的関連において取扱うこととする。

この最後に指摘した点、すなわち「ヘレディウム」の確立によって部族共同体内部の純血縁的編制が突き破られ、「血縁に拘束されない自由人」間の社会関係(ヴェーバー的に表現すればVergesellschaftung〔社会関係化〕)が形成されはじめているということは、ある点で、「共同体」の発展史上「アジア的形態」の占める位置、その段階規定(＝すなわち原始的共同態に対する進歩としかもそこにみられるいわゆる停滞性)を端的に示しているということもできる。インドの農業共同体の内部にみられる分業関係は『資本論』の叙述によって有名となっているが(13)、この分業状態などはその事実を示す典型的一例ということができよう。——前述したインドの村落内部では(14)、本来の「部族」成員である村民のほかに、いわゆる「村落手工業者」などが一定の「庭畑地」Wurtないしいくばくかの「耕地」を与えられて定住しており、村民たちのためにそれぞれいわゆる「賃仕事」を行なっている。すなわち、「部族」外の手工業者たちのために「村落」内部でヘレディウムが与えられることによって、純粋な血縁関係がすでに明瞭に突き破られ始めている。しかも、そうした手工業者たちは、なお、村落全体のためのいわゆる「村抱え」(ヴェーバー的にいえばデーミウルギー Demiurgie)として、部族共同体の編制と規制のなかにがっちりと組みこまれているのである。ちなみに、インドの村落における「村抱え」としては、こうした鍛冶工・大工・陶工・銀細工師などの手工業者のほか、理髪師・洗濯師から僧侶・教師・諸種の役人などまで見出されることは周知のとおりである。このような共同体内部における分業関係の一定の比率と存続を規定する「法則」は、『資本論』にしたがえば、「如何ともしがたい自然法則の権威をもって作用しており」、こうして「自足的共同体がたえず同じ形態で再生産され」ていくことは「アジア的諸社会の不変性」(傍点――原文)の基礎を形づくるものとされている。このことは、さしあたって、次の二つの事実を意味するであろう。(1)「アジア的形態」の共同体もまたすでにその成立の条件として一定程度の共同体内分業の存在を前提している。(2)しかし、「アジア的形態」の共同体は、それがいつまでも存続するためには、この共同体内分業が一定程度以上に進展することを何らかの様式で押し止めねばならない。――インドの村落にあっては、とくにカーストという形に固定化された「部族間分業」inter-ethnische Arbeitsteilung と結びあって、共同体内分業が不変の比率と形態にまで化石化されたといわれるのである。なお、これと関連して問題となってくるのは、アジア的専制諸国家のうちで顕著な展開をみる「部族間分業」(たとえば古代エジプトをみよ!)

であるが、これは実は共同体内分業と全然別個の法則性に従うものであり、したがって後段別の関連で「共同体間分業」を考察する際に詳しく取扱ってみたいと思う。

(13)『資本論』第一部、九三―六頁、トムソン、池田訳、前掲書、下巻、一一―二頁。なお、Henry Maine, *The Village Communities in the East and West*, p. 125 f. を参照。

(14) とくに Max Weber, *G. A. zur Religionssoziologie*, II, S. 93 f.（杉浦訳『世界宗教の経済倫理』Ⅱ、一五九―六〇、一七八―八〇頁）; Ders., *Wirtschaftsgeschichte*, S. 36 f.（黒正・青山訳『経済史』上巻、九二―三頁）を参照。

二 古典古代的形態

一八 さて、共同体の基本形態として第二にとりあげねばならぬのは、言うまでもなく、いわゆる「古典古代的形態」である。この形態の共同体もまた世界史上、さまざまなニュアンスの差異を伴いつつ、種々な時代の種々な地域にわたって見出されるであろうが、とくに「古典古代的」の名称をもってよばれるゆえんは、もっぱら、それが古代地中海周辺地域、とくにギリシア、ローマにおける奴隷制社会の基礎を形づくるものであったと考えられているからに他ならない。ところで、「古典古代的形態」の共同体のばあい、基本共同態をなすものは、さきにも指摘したとおり「都市」であって、「古代は都市とその小領域から出発したが中世は農村から出発した」(マルクス)などといわれているのもそのために他ならぬ。しかしまた他面において、研究史上この「古典古代的」共同体はおよそ「農業共同体」の第二の基本形態とも考えられていることは、われわれがすでに見たとおりである。この二つの命題は一見相互に撞着するように思われる。われわれは、まずこの点について若干の説明を加えることから、共同体の「古典古代的形態」に関する叙述を始めることとしよう。

まず、きわめて思いきった言いかたをしてみると、論点は次のようになるといってよい。「古代は都市とその小領域から出発した」といわれるが、それは、中世封建社会が「草深い田舎から」生れでたのと異なって、古代の奴隷制社会が、最初から、なんらか現在われわれが常識的に思い浮かべるような姿の「都市」文明として出発した、などということを、決して意味しているのではないのである。もしそのような意味ならば、地中海地域の古代奴隷制社会もまた当然に「草深い田舎から生れでた」といわなければならない。それでは、「古代は都市とその小領域から出発した」ということは、いったいどのような意味に理解されるべきであろうか。――(1)古代奴隷制社会の典型的な社会構成がいわゆる「都市」国家(ギリシア史にいわゆるポリス、ローマではキーウィタース)であったことは周知のとおりであるが、この「都市」(=ポリス)は最初一定の小領域内に住む諸「部族」Stamm の連合体を土台として、いわゆる「集住」(=シュノイキスモス)によって、その凝集点に漸次に形成されたものであった。ともかく、「都市」(=ポリス)の成立には一般に諸「部族」の形づくる「農業共同体」の存在があらかじめ前提されていたのであり、事実、征服された「都市」はときに「農村」に解体(=ディオイキスモス)されたばかりでなく、古典古代を通じて、「農村」のままで「都市」の姿をとることのなかったもの(たとえば初期のスパルタ!)もまた、きわめてひろく存在したもののようである。それはそれとして、このように「都市」(=ポリス)形成の一般的な土台を形づくった「農業共同体」は、それぞれいちおう「部族」共同体とよばれるべきものであり、前述したような古い血縁集団としての編制の面影をもちろん幾分か止めていた。とはいえ、その内部においては、原始的な血縁の紐帯や呪術的な規制はすでにいちじるしく弛緩し、さらにまた、集住による「都市」(=ポリス)の形成を可能ならしめるような積極的な諸要因の萌芽――たとえば戦闘隊形における定住様式――をも内にはらんでいたのであって、その意味で、これらの「農業共同体」はすでに「半=都市的」(ヴェーバー)であったともいわれるのである。ともかく、このように、「都市」形成の一般的土台となるべき「農業共同体」がすでに何らかアジア的な「部族」共同体と質的に異なったものとなっているのでなければ、「集住」によって「共同体」としての「都市」を形成することなどとうてい不可能であったといわねばならない。これは第一の重要な点である。(1)　(2)「集住」による「都市共同体」(＝ポリス)の形成とその後における展開は、大づかみにいえば、次のような段階をへて進行した。まず、一般的な土台をなす「農業共同体」(＝部族)の内部に、「王」(＝バシレウス、レークス)をも含めて、「貴族」(＝エウパトリダイ、パトリキー)が形づくられる。彼らは比較的大規模な土地および労働力(＝奴隷)の所有者として、みずから完全に武装しうるところの「戦士」Krieger である。これらの「貴族」たちが自己の所有地から離れて一定の、防塞を施されかつ通例市場開催地でもあるところの中心地点――いわゆるアクロポリスおよびその周辺――に「集住」して「都市」(＝ポリス、ウルブス)を形づくり、そのうち一定の発達をとげたものはやがて王制を廃して共和制をしくようになる。いわゆる「貴族都市」Geschlechterstadt である。そのばあい「貴族」たちは本来の市民(Vollbürger)、ヴェーバーの表現をかりれば、Aktivbürger［能動的市民］として「都市共同体」(＝ポリス、キーウィタース)の中核を形づくり、これに対して都市内の手工業者たちや周辺農村の農民たち――いわゆる「被護民」(＝クリエンテース)の地位にあるものをも含めて――は「平民」(＝デーモイ、プレーブス)として従属的な、いわば Passivbürger［受動的市民］の状態におかれていた。ところで、ギリシアの主要都市やローマはそののちさらにいわゆる民主化の過程を経て「平民都市」Plebejerstadt へと変貌していくが、[2] この民主化なるものの基本内容は、「農村」(＝デーモス)に住む「農民」(＝デーモス)たちが、都市内の手工業者たちと手を携え、みずから完全武装の戦士――いわゆる「重装歩兵」Hopliten(＝ホプラ・パレコメノイ)――として、貴族と同じ Aktivbürger の地位に上昇していく過程に他ならなかった(中世都市における民主化過程の基本内容との相似と差異!)。こうした簡単な事実だけからでも推測できるように、古典古代の「都市共同体」(＝ポリス)なるものは、それが成長しきった暁においても、周辺一定地域内の農村を不可欠の土台として、それと一体となってのみ成立可能だったのであり、したがってその内部構成においてはあくまでも農業と土地占取の関係が「共同体」の基本を決定していたということができよう[3](中世都市との相似と差異!)。――以下の叙述では、「農業共同体」の第二形態としての「古典古代的形態」を論ずるさい、しばしば何の断わりもなしに「都市」(＝ポリス)に関する種々な史実が示されるであろうが、それは以上の諸点を念頭においた上のことであることを、あらかじめここで記憶に止めておいていただきたい。

(1) Max Weber, *Wirtschaft u. Gesellschaft*, 4. Aufl., SS. 744 f., 752 f., 776 f.(ウェーバー、世良晃志郎訳『都市の類型学』四一―五、八一―六、一八二―五頁)、トムソン、池田訳

『ギリシヤ古代社会研究』下巻、五九―七二頁、などをみよ。――なお、以上の点に関連して一言しておくと、「アジア的」共同体の基盤の上にきずかれた諸社会にはおよそ何らかの意味で「都市」とよびうるものが全然見出されなかった、などというのでは決してない。たとえば、古代エジプトのノモスの構成を想起すべきである。いや、それどころか、古代オリエントの専制諸国家はむしろ通例「都市文明」と特徴づけられてさえいるのである。しかし、それらのアジア的な諸「都市」は、すでに、マックス・ヴェーバーの鋭い指摘があるように、むしろアジア的な「部族」共同体の何らかの形における転化形態(たとえば単純な雑居)にすぎないのであって、決してそれ自体が独自の「共同体」を形づくるものではなかった。周知のようにヴェーバーは、「共同体」としての「都市」は西洋に特徴的なものであって、オリエントにはたかだかその萌芽をみるにすぎない、としているが、これは一定の留保をもってすれば十分傾聴に値いする見方といえよう。いま一つ、次のようなマルクスの指摘をみよ。「古典古代の歴史は都市の歴史であり、しかも土地所有と農業に基礎をおく諸都市の歴史である。アジアの歴史は都市と農村との何らの対立をも含まぬ一種の統一である(本来の大都市はそこでは、本来の経済的構造にのっかっている諸侯の設営地にすぎぬと見ることができる)」。K. Marx, *Formen usw.*, S. 15 f.(飯田訳、前掲書、二一頁)

(2)　なお古典古代を通じて、「都市」(＝ポリス)を形成しながら、しかも「王制」の段階に、あるいはまた「貴族制」の段階に止って、それ以上の発展をとげることのなかったものも見出されることを付言しておく。これは、アジア的なるものの残存の程度如何に関連しているのではないかと思われる。ただし、ローマの帝政に関する問題はこれと全く別個の観点から論じられねばならない。

(3) Max Weber, *a. a. O.*, SS. 777 f., 780–2.(世良訳『都市の類型学』一八五―七、一九六―二〇七頁)なお前注(1)に引用したマルクスの語をかさねて参照せよ。

以下数項にわたって、われわれは、古代都市ローマの史実を中心とし、ギリシア諸都市その他の史実をもってそれを補いながら、「古典古代的」共同体の基本的諸特徴を理論的に追究していくこととしたい[4]。

(4) 以下の叙述に関しては、K. Marx, *a. a. O.*; Max Weber, *a. a. O.*; H. Cunow, *a. a. O.* II, SS. 36–61(高山訳、前掲書、三、三二―六一頁)のほか、さしあたって次の諸書を参照されたい。August Meitzen, *Siedelung u. Agrarwesen*, I, SS. 246–71; Max Weber, *Die römische Agrargeschichte usw.*, Kap. II–III; Ders., Agrarverhältnisse im Altertnm, *Gesammelte Aufsätze zur Soz.-u. Wirtschaftsgeschichte*(ウェーバー、渡辺金一・弓削達訳『古代社会経済史』); Ders., *Wirtschaftsgeschichte*, SS. 270 ff.(黒正・青山訳『経済史』下巻、一七三頁以下); Max Kaser, *Römische Rechtsgeschichte*, I. Teil; 村川堅太郎「古典古代」『歴史学研究』一三三号、一一―二二頁、井上智勇『ローマ経済史研究』。英語の書物では Tenny Frank, *Economic History of Rome*, Second Ed. と Michael Rostovzeff, *Histo-*

ry of the Ancient World, II(Rome)。そのうち前者は非常に興味ぶかい、すぐれたものであるが、やや解釈過剰の感がないでもない(たとえば、イギリス近代史とのアナロギーの過度な強調)。ギリシアについては村川堅太郎、前掲論文、およびトムソン、池田訳『ギリシヤ古代社会研究』上下巻、をあげておく。

一九　ローマの原住民ローマーニー(以下ローマ人とよんでおく)は北方からイタリア半島に移住してきたインド・ゲルマン系のイタリア族に属するラテン族の一部であって、おそらく紀元前七世紀の中葉エトルーリア王権の支配下に糾合されて都市ローマを建設し、さらに六世紀の末葉から五世紀前半のころには王制を打ち倒して独立の共和制「都市」国家を形成したと考えられている。さて、都市建設前におけるローマ人の生活状態はもちろん詳細かつ正確には知りがたいが、他のイタリア諸族のばあいと同様、「氏族」ごとに「村落」を形づくりつつ(いわゆるGaudörfer〔中核村落〕)「部族」全体がすでに定住の状態に入っており、そうした数多くの「村落」(＝パグス)の中央には通常防塞を施した「ブルク」(＝オッピドゥム、これはギリシアのアクロポリスにあたる)が形成されていたと推測されている。土地占取の主体である基本共同態はこのばあい、後の史実からみて、おそらく「村落」を形づくる個々の「氏族」(＝ゲーンス)ではなく、一層大規模な、むしろいくつかの「村落」をその中に包含する「部族」共同体(＝トリブス)であったとみるべきであろう。あるいは建国の伝説から、また後代の都市ローマの内部構成からみて、前述のイロクオイ族やインドのアーリア族のばあいと同じように、部族(=トリブス)→大氏族(=クーリア)→氏族(=ゲーンス)という姿をとっていたとも推測されている。ところで、こうしたローマ人の最古の共同体は、もはや単なる無階級の原始共同態でなかったことはもちろん、さらにすすんで、既述のような「アジア的」形態を特徴づける血縁的構成の基本的骨格をさえすでに喪失しつつあったもののようである。すなわち、古い「部族」共同体の外観と残滓を長く残しながらも、すでに早くから、内部における呪術的な規制を伴う血縁的紐帯はいちじるしく弛緩し(エジプトのノモスの構成と比較せよ!)、ヴェーバーの表現をかりればmagistratisch[行政官的、治安官的]な編制をとっていたというのである。この点は土地占取の様式や家族形態のうちにも特異な形をとって現われてくるが、それについては後述することとしよう。ともかく、このような呪術的=血縁制的規制の弛緩によって、「都市」(=キーウィタース)といういっそう大規模な「共同体」の形成、そうした「部族」間の連合を妨害するような内部的条件がすでに基本的に除去されていたのである。ところで、こうした内部構成の変化ばかりでなく、彼らの定住形態がまた特異な姿をとっていたことにも注意しなければならない。というのは、「氏族」ごとに形づくられた「村落」(=パグス)は、しばしばいわゆる

Pfahldorf[5]［杜上城柵村落。木板で補強された土壁に囲まれた土地に列状に杭を打ち、その上に住居を設け、下部では家畜を飼育した。現在の北イタリア・ポー川流域に多く見られた］の形をとっていたばかりでなく、少なくとも、さきにも指摘したように、諸「村落」（＝パグス）の中央には防塞を施された、「部族」全成員がいつでもたてこもることのできる「ブルク」（＝オッピドゥム）が形成されていたとみられるのであって、このことはローマ人の最古の共同体が、もはや単なる血縁的「部族」組織ではなく、むしろ積極的に、いわば常時戦闘態勢にある「戦う農民たち」の緊急の必要に応じて内部的に編制替えされていたことを物語るであろう。こうして都市建設前におけるローマ人の基本共同態（＝トリブス）――そのうちにはいくつかの「村落」（＝パグス）を含む――は、もとよりそれ自体一個の「農業共同体」を構成しながら、しかも「アジア的」形態とはいちじるしく異なった「戦士共同体」kriegerisch organisierte Gemeinde（マルクス）ともいうべきものとして、すでに「最初から……Ackerbürgerstadt［農耕民都市］に転成しうる傾向」を内に含むところのいわば「半＝都市的な性格」halbstädtischer Charakter（ヴェーバー）を具えており[6]、そうした単純に原始的とはいいがたい「第二次的構成」la formation secondaire（マルクス）となっていたということができるのである。なお、こうした点は、単にローマだけではなく、ひろく古典古代における「都市」国家（＝ポリス）形成の基体となった

「農業共同体」一般について多かれ少なかれいいうるのではないかと思われる[7]。

(5) Pfahldörfer については、詳細には A. Meitzen, *a. a. O.*, I, SS. 237 ff. を参照。

(6) Max Weber, *Die römische Agrargeschichte usw.*, SS. 49–52; トムソン、池田訳『ギリシャ古代社会研究』上巻、七八—八八頁。

(7) この点については M. Weber, *Wirtschaft u. Gesellschaft*, 4. Aufl., SS. 774 ff.(世良訳『都市の類型学』一七五頁以下)やトムソン、前掲書、上巻、とくに第三—四章、下巻、とくに第十章などの興味深い叙述を参照。

さて、古典古代における奴隷制的「都市」国家(=ポリス)がそもそものはじめ、爛熟期に到達したオリエント専制諸国家のいわば辺境地方のなかから、その文化的(=生産力的)遺産をゆたかに継承して出現したものであることは後段でふれるであろうが、ともかくそのことから、研究史上次のような重要な事実が理論的に想定されていることは見逃すことができない。すなわち、いま述べた「半=都市的」な共同体は前述の「アジア的形態」に比べて一層高度な生産力段階にたったところの、「歴史的発展の所産」としての「農業共同体」であって、したがって先行の発展段階として何らかの——世界史の複雑きわまる絡み合いのなかにあって、はげしい歪みをうけている(いわゆる同時性の問題!)にしても——「アジア的形態」の共同体の存在をすでに前提している。すなわち、一定の歴史的条件のもとに、そうした「アジア的形態」から抜けでて「半＝都市的」ともいうべき新たな形態に再編制されるにいたった共同体だというのであって、ギリシア史については、すでにある程度まで史実による裏付けがあたえられているといえよう。(8) 基礎的な立場は異なっているにもせよ、あるいはマルクスが「第二次的構成」la formation secondaire といい、あるいはヴェーバーが「人為的な発生」künstliche Entstehung(9) というのも、なによりもまず、この事実を指しているというべきであろう。ただ当面われわれの考察の中心となっている都市建設前のローマについては、そうした「半＝都市的」な農業共同体の発生に関する具体的史実はほとんど知りがたいのであるが、そこにみられる「部族」共同体的な遺制、しかもそれが時代とともに急速に消失していくという事実からして、当然に少なくともラティウムにおける定住以前には、ローマ人を含めてイタリア諸族もなんらかの姿における「アジア的共同体」として血縁制的に編制されていたとの想定をうけいれるほかはないのである。(10)

(8)　必ずしも問題の立て方が完璧とは思えないが、この点を史実に即して執拗に追究しているのは他ならぬトムソンである。前掲書、同個所をみよ。なお、村川堅太郎「原始ギリシヤ人の共同体的性格」『西洋史学』一二号、太田秀通「ホメロスにおける英雄について」『歴史学研究』一五五号、同「英雄時代のアカイア人について」同誌一七八号、を参照。

(9) M. Weber, *Die römische Agrargeschichte*, S. 119.

(10) ヴェーバーは A. a. O., S. 126 では、ローマ人がラティウムにおける定住の瞬間にアジア的形態から抜けでたというマイツェン説を祖述しているが、これは後になって捨てられている。初期ローマ人の共同体については、なお、トムソン、前掲書、下巻、七八―八八頁を参照。

ところで、以上の想定が正しいものとしたばあい、古い「部族」共同体における呪術的＝血縁制的な規制力を弛緩させ、あるいはその絆を断ちきらせ、「共同体」内部の構成を常時戦闘態勢にあるような農民のいわば「戦士共同体」(マルクス)に編制替えさせるにいたった基本的な事情は、いったい、どんなものであったのか。これに関してマルクスは、さしあたり、次のような事実を指摘している。[11]

(一)「部族」を構成する「諸個人の土地(Eigentum)の、事実上共同労働を通じてのみ利用される――たとえばオリエントの灌漑にみるように――ことがしだいに少なくなり、歴史的な移動、移住が部族の純粋に原生的な性格をしだいに破壊し、部族は……見知らぬ土地を占取しつつ根本的に新しい労働条件のもとに入りこんで、個々人のエネルギーをいっそう発展させるようになる――そしてその共同的性格は外部にむかって消極的な統一(negative Einheit)として現われ、また現われざるをえなくなる――が、まさにその度合に応じて、各個人が土地――個別的な Parzelle（割地）――の私的所有者となる諸条件もまた増大してくる」（傍点――原文）。

(二)「部族」組織がこのような諸条件のもとにあるばあいには、「共同組織の遭遇しうる諸困難は……ただ他の共同組織から由来するもののみとなる。したがって戦争が……生存の客観的条件を占取しあるいは防衛するために共同体全体に対して要請される重要な課題、つまり重要な共同労働となってくる。諸家族から構成された共同体は何よりも戦闘隊形に――軍事組織として編制され、そしてこのことがまた土地所有者としての各家族の生存のための諸条件の一つとなる。都市における集住がこの軍事編制の基礎をなす」。そして、共同体成員たちの「余剰時間はまさしく戦闘という労働などとして共同体に帰属」させられることになる(12)。

以上の指摘はきわめて興味深いものであるが、おそらく「移動」と「戦闘」の二点に要約して差支えないであろうと思う。ただしかし、この要約には一言付け加えておく必要がある。すなわち、このばあい、もし「移動」と「戦闘」という二要因を他の歴史的諸要因との具体的関連から切りはなして孤立的に取扱うならば、大きな誤謬を生むだろうということである。「移動」といい「戦闘」といっても、単にそうした事実だけならば、われわれがすでに一瞥した「原始共同態」においてさえ重要な意義をもっており、それによっていち早く種々な形態上の偏差を生みだしていること（たとえば牧畜部族と農耕部族の分化）は、先史学や文化人類学の成果がすでに十分に教えているところであって、「移動」や「戦闘」は単にそれ自体としてはなんら「共同体」発展の基本要因とはなしえないのである。「アジア的形態」の共同体という一定の生産関係が上向的発展をとげるためには、他の諸形態の共同体のばあいとひとしく、むしろその内部にはらまれている生産諸力（＝分業関係）の展開こそが何よりもまず基礎的な意味をもつのであって、「移動」も「戦闘」もこの基礎要因に結びついたばあいにのみはじめて発展の推進者として現われうるのである。そのことは、右の引用文のうちにもすでに示唆されているところであるが、なお次項でやや具体的に示されるであろう。ただ、ここで「移動」や「戦闘」という要因にある力点をおいて叙述した理由は、「アジア的共同体の崩壊は純外部的な性格をもった諸影響なしには……ほとんど不可能である(13)」といわれるほどに頑強な、いわゆる「アジア的停滞性」の問題にいちおうの注意を喚起しておきたかったからにほかならぬ。

（11） K. Marx, *Formen, die der kapitalistischen Produktion vorhergehen*, SS. 9-10.（飯田訳、前掲書、一二―三頁）

（12） なお、これは後段で社会構成としての「都市国家」を論ずるさいに正面から扱うべきなのであろうが、ついでに一言しておくと、こうした点に関連してマックス・ヴェーバーは次のような興味深い見解を述べている。すなわち、古典古代における「都市」共同体（その一般的な土台をなす「半＝都市的」な農業共同体をも含めて）はもともとオリエント専制諸国家の政治的支配に抗して、辺境地方において、下から形づくられていった「防衛組織」Wehrverfassungだったのであり（ヘロドトスの『歴史』の構成をおもえ！）、この性格こそが古典古代における特殊＝西洋的な「共同体としての都市」を成立させた決定的要因の一つだ、と彼はいうのである。M. Weber, *Wirtschaftsgeschichte*, SS. 273-7（黒正・青山訳『経済史』下巻、一七八―八四頁）; Ders., *Wirtschaft u. Gesellschaft*, 4. Aufl., S. 764 u. a.（世良訳『都市の類型学』一四〇―二頁、その他）; Ders., *Die römische Agrargeschichte*, S. 126. これは後段で問題となるはずの、「抵抗の組織」と「支配の手段」という「共同体」の二重性格とも関連してくるので念頭に置いてほしい。

(13)　K. Marx, *Formen usw.*, SS. 32-3.（飯田訳、前掲書、四四―八頁）

二〇　ローマ人はすでに定住当時から鉄器時代に入っており、その諸「村落」（＝パグス）に鉄鍛冶工その他の手工業者が少なくも混住していたことはすでに考古学の成果が示すとおりであるが、さらにエトルーリア王制の支配下に商業を媒介としてオリエントの高度な生産諸力が伝えられ、手工業者の種類と数はいっそう増大したものと考えられている。(14) それらの手工業者たちが、さきにわれわれが「部族」（＝トリブス）とよんでおいたところの原初的「農業共同体」に対してどのような関係に立つものであったかは、もちろん明らかとはいいがたい。ただ「平民」(＝プレーブス)とよばれて後年ローマ史上一つの主導的な役割を果すことになる市民層の起源が——これまた不明の点がきわめて多いが——ある程度までそれを推測させてくれる。「平民」(＝プレーブス)がそもそも、中心的「戦士氏族」(＝支配「部族」)の周辺にあって、何らかの形でそれに従属するいわゆる「客人部族」(＝従属「部族」)であったのかどうかは、必ずしも明瞭でないが、少なくともそうした「客人部族」がその重要部分を形づくっていたことは、比較史的見地からして推定にかたくないと思われる。ともかく「平民」(＝プレーブス)はもともと「貴族」(＝パトリキー)——初期の Vollbürger——の「氏族」(＝ゲーンス)には属せず、その周辺に別個の、多かれ少なかれ弛緩した血縁集団(伝説にしたがえば単なる「群集」)をなして生活していた一層地位の低い人々であった。ところで、われわれの注意をひくのは、こうした「平民」(＝プレーブス)のうちには、農民のほかに、手工業者や商人が含まれていたということなのである。彼らの一部は各「村落」(＝パグス)内部に混住していたでもあろうし、また早期の「手工業組合」(＝コレギア)の存在から推してあるいは独自の「職業氏族」を形づくっていたかもしれない。[15] ところで、ローマ史においても、[16] 共同体の占取地を外敵から防衛するという、そうしたいわば「共同労働としての戦闘」

の必要から、こうした人々も「都市」共同体内部に Passivbürger である「平民」(=プレーブス)として編入され、かつその地位はしだいに高まっていった。紀元前五世紀末ないし四世紀初め頃のものとされるセルウィウス法には、周知のように市民たちが戦時に「百人隊」(=ケントゥーリア)に編制されるべきことを規定しているが、そのさい数多い「百人隊」のうちにあって、二種類の「手工業者」(=ファブリー)——大工と鍛冶工——がそれぞれ一隊を形づくるようになっている。このような「都市」共同体内部における手工業者の比重の増大は、おそらく王制の廃止と共和制の成立のころに一つの転回点にまで到達していたといえるのではなかろうか。[17] というのは、そののち、いわゆる「重装歩兵民主制」Hoplitendemokratie への移行によって「平民」(=プレーブス)の市民としての政治的地位が決定的に高まる(したがって後に述べるように土地所有者としての資格が強化される)とともに、いまや手工業労働が奴隷、解放奴隷、寄留者などの「卑しい仕事」としてむしろ「有害な労働」と考えられるようになるからである。しかし、それまでは、ともかくも共同体内部における「手工業者」の政治的地位は高かったのであって、[18] このことはわれわれの問題的視点にとって十分な注意に値いするものと思われる。すなわち、このような形で「古典古代的」共同体はその内部に、「アジア的」形態のばあいに比べて、はるかに高度な社会的分業(=生産諸力の分化)を包含している

――これはアジア的形態のいわゆる「都市」においてみられる「部族間分業」(その一つの極致はカースト制!)とは厳密に区別されるべきである――のであって、「アジア的」形態に比べての段階的優越は明瞭であろう。このような進化が可能であったのは、おそらく、原始ローマ人の共同体(＝トリブス)の内部編制において血縁制的規制がすでに著しく弛緩していたことによるものであろうが、またこの「共同体内分業」の進展がそうした血縁制的規制の弛緩をいっそう決定的なものにしたことももちろんである。こうして、「古典古代的」形態の共同体内部における編制は古い血縁制的なものに代えて地縁制的なもの(たとえばローマのトリブス＝クーリアエ＝ゲンテース制をみよ)に急速に移行していくのである。ともあれ、このような事情の変化にともなって、古典古代的「都市」共同体は前述のアジア的「部族」共同体から決定的に区別されるような諸特徴をおびてくるようになる。

(14) たとえば、井上智勇、前掲書、一六三―四、一七三―五、一七八―八五頁。

(15) 以上の諸点に関して、ギリシアにおける対応諸事情については、何よりも、トムソン、池田訳、前掲書、上巻、一〇頁、一〇〇頁以下、一六六頁以下、二四八頁以下、下巻、二七頁、三七頁以下、四二頁以下、六三頁以下、を参照。

(16) K. Marx, *Formen usw.*, SS. 9 f., 12.(飯田訳、前掲書、一一頁以下)――この点をする

どく強調しているのは、他ならぬヴェーバーである。Vgl. M. Weber, Agrarverhältnisse im Altertum, *Gesammelte Aufsätze zur Soz.-u. Wirtschaftsgesch.*, SS. 211 ff.（渡辺・弓削訳『古代社会経済史』三八四頁以下）

(17) この頃からしばらくのあいだローマの外国貿易は衰退の様相を示しており、史家はこれを解釈して「文化の発展が停滞し、したがって工業ないし商業の発展も停止して、ローマは農業経済を主とするにいたった」、つまり経済活動の停滞、ないし自然経済への後退と考えている。井上智勇、前掲書、七八頁、**T. Frank**, *op. cit.*, p. 36. この見方は、たしかに現象の一面をつたえているが、他面「共同体内分業」、それを基盤とする手工業の発達を見落している嫌いはないであろうか。そうした手工業の発達を前提とするのでなければ、それから一世紀のちにおけるあの強力無比なローマ重装歩兵の「方陣」は、その形成の生産的基礎をもたなかったことになるからである。たとえば、十五世紀のイギリスのいわゆる経済的衰退と対比せよ。

(18) 村川堅太郎、前掲論文、一五頁以下、一九頁以下。トムソン、前掲書、下巻、六七―七二頁。――なお、ギリシア「都市」国家の形成に関連して、この分業の意義を決定的に強調しているのは他ならぬエンゲルスである。**F. Engels**, *Der Ursprung der Familie, des Privateigentums und des Staates*, Werke XXI, SS. 111-4（戸原四郎訳、『家族・私有財産・国家の起源』岩波文庫、一四九―五五頁）をみよ。

さしあたって、指摘しなければならぬのは、まず次の事実であろう。すなわち、上述のような分業関係(=生産諸力)の拡充とそれを対象的に表現する労働要具——武器をも含めて——の家族内蓄積の増大に照応して、家族内部における「家父長制支配」patriarchale Herrschaft は、古い「アジア的」形態にみられなかったような強烈なものとなり、その物質的基盤である「ヘレディウム」(=宅地および庭畑地)の「私有制」もいっそう強固なものとなっている。ローマの家族形態は、すでに歴史時代に入るころには、古い血縁制的関係のいちじるしい弛緩を表現して、基本的には「小家族制」(=単婚家族Einzelfamilie)に移行しつつあり、多かれ少なかれ残存する「氏族制」ないし「大家族制」(=同族組織)の遺制もその後の発展過程のうちにしだいに消失してゆく方向にあったといわれているが、しかしまた同時に、他面においては、古い patrimonial(=家族主義的)な温情も消失して、家族内部における「家父」paterfamilias の権力、すなわち「家長権」patria potestas は異常なまでに強烈なものとなったのであった。ローマ史の初期には「家父」がその妻子に対しても「奴隷」に対すると同様生殺与奪の権利をもっていたことは人の知るところであるが、実際ローマ人の「ファミリア」familia なるものはこの強烈な「家長権」のもとに、たんに狭義の「家族」ばかりでなく、ひろく「奴隷」famulus をも包含するものであり(したがって「アジア的」形態のばあいのように

「奴隷」が狭義の「家族」に同化されていくことはない！）、こうした性格が、そこから古典古代に独自な「奴隷制経営」（ローマのラティフンディウムやまたギリシアのエルガステーリオン〔奴隷労働による鉱工業の仕事場〕）――ロードベルトゥスのいわゆる「オイコス経済」Oikenwirtschaft――が展開されてくる根源となるのである。[19] それはそうとして、このようなローマ人の「家父長制家族」が私的かつ個別的に永続占取するところの「宅地および庭畑地」Hof und Wurt こそが、いうところの「ヘレディウム」heredium に他ならなかった。[20] しかも、共同体内部における血縁制的規制のいちじるしい弛緩という事実にまさしく照応して、この「ヘレディウム」は、すぐれてローマ「市民」――ひろく古典古代的「共同体」の成員――という資格のいわば物的象徴として、前述の「アジア的」形態における「宅地および庭畑地」に比して、ある意味ではるかに重要な意味を賦与されるにいたった。このことはすでに研究史がわれわれに教えているところだといえよう。[21] あのローマ建国の王ロームルスがそのはじめローマの各市民に「ビーナ・ユーゲラ」（二エイカー〔約〇・八ヘクタール＝約八反〕ずつ）の土地を「ヘレディウム」として分けあたえたという伝説はおそらくこの事実を反映しているというべきであろうが、この「ヘレディウム」に対する個別的占取の「私的」性格もまた、アジア的形態のばあいに比して、いっそう強烈なものになっていたようである。すなわち、伝説はさらに、次代の王ヌマが誰びとであれ「ヘレディウム」の境界を示す標石をうごかすものは直ちに打ち殺さるべしと命じた、としているが、この境界を守護する神テルミヌスはローマ人にあっては実に最高神ユピテルと同一視されさえしていたといわれる。

(19) これは後段でも指摘するはずであるが、前述したようなアジア的な「普遍的隷従制」allgemeine Sklaverei(マルクス)の基礎とこの古典古代的な「奴隷制」の基礎の間にみられる明確な差異に注意せよ。

(20) 「ヘレディウム」に関するこうした見方に対しては、もとより異説がないわけではない。それをも含めて「ヘレディウム」に関するいちおうの研究史については、たとえばH. Cunow, *a. a. O.*, II, SS. 39–44(高山訳、前掲書、三、三五—四一頁)をみよ。

(21) 「このばあい共同体の組織はその成員たちが勤労的土地所有者、Parzellenbauer たることに基礎をおいているが、また同時に後者の自立性は共同体成員としての相互関係、すなわち共同の必要に対する ager publicus[公有地]の確保という事実に基礎をもっている。このばあい土地占取のための前提は共同体の成員たることであるが、しかしまた共同体の成員として各人は土地の私的所有者たるのである。彼は私的所有の対象たる土地に関係するとき、まさに同時に共同体の成員としての自己の存在に関係するのである」。K. Marx, *Formen usw.*, SS. 10–1, 13–4.(飯田訳、前掲書、一三—四、一七—八頁)なお、この点については後段で、別の観点から、ふれるであろう。

二一　血縁制的規制の決定的な弛緩、そして「ヘレディウム」の明確な形成とそれに照応する成員諸個人の私的活動のいちじるしい高まりは、当然に、「古典古代的」共同体の内部における土地占取関係を「アジア的」形態のばあいと著しく異なったものとせずにはいなかった。それでは、とくに「アジア的」形態と比べたばあい、「古典古代的」共同体における土地占取の基本的特質はどのようなものであったのか。ここでもまた、ローマに関する史実を中心として見ていくことにしよう。——初期のローマに見られる、あるいは当時歴史的傾向として生成の過程にあった土地占取関係のいちじるしい特徴としては、何よりもまず次の点が指摘されねばならないであろう。(22) すなわち、「共同体」の全占取地は、二種の、占取形態を画然と異にする「土地」ager に分かれていた。詳言すれば、(1) 市民としての各「家長」paterfamilias によって私的かつ個別的に占取されているところの「私有地」ager privatus、あるいは、個々の経営に即していえば、「フンドゥス」fundus、(2)「共同体」全体によって共同に占取され、かつ「共同体」自体の所有(ゲルマン的な「総有」Gesamteigentum との区別の必要!)のもとにおかれているところの「公有地」ager publicus あるいは ager Romanus〔ローマの領土〕、このような二つの、しかも相互に対立し合う二つの部分に分かれていた。「私有地」あるいは「フンドゥス」の中核ないし基地をなすものは前述の「ヘレディウム」(＝宅地および庭畑地)であり、狭義の「都市」(=ウルブス)はそうした「ヘレディウム」の集合体として現われる。「公有地」ager publicus はこの「都市」(=ウルブス)の周辺にひろがる「共同マルク」であり、とくに、後段で立ち入って説明するように、無主のまま(このばあい「共同体」自身の所有地として)放置されている森林や荒蕪地である。もっとも、こうした点だけをみるならば、むしろ、さきにみたインドの「部族」共同体のばあいとの相似がいちおう浮び上がってくるかも知れない。しかし、ローマの「公有地」ager publicus は、インド村落の「共同マルク」と比較したばあい、何よりも「部族」共同体的な「血縁制的規制」からすでに基本的に解放されていたという点で、決定的に異なっていた。そしてその結果として、周知のように、歴史時代のローマにあっては各市民はこの「公有地」ager publicus に対して平等にいわゆる「先占」occupatio の権利をもち、その一部を必要と能力に応じて「私的に」占取することができたのである。初期にはなお「犂の下に」置いているかぎりでそれを囲い込みかつ私的に使用することができるにすぎなかったが、それもしだいに完全な私有へと移行した。ともあれ、このような先占によって形成されていく「私有地」ager privatus(すなわち前述の「ヘレディウム」にこの「先占地」ager occupatorius を加えたもの)がローマ人のいわゆる「フンドゥス」fundus にほかならず、都市ローマの全領域は、このような仕方で、およそ二つの部分に、つまり「私有地」と「公有地」に分けられることになった。しかも、「私有地」は先占によってたえず「公有地」を侵蝕していく。しかしまた、「公有地」は「共同労働としての戦闘」によって、たんに防衛されるだけでなく、たえず新たに占取され追加されていくであろう。こうして「古典古代的」共同体のばあい、古い血縁制による原始的紐帯の意義はすでに基本的に失われていた。とはいえ、「共同体」は——正確にいえば成員諸個人から区別された「共同態」それ自体が——まだ「共同労働としての戦闘」によって占取され防衛される「公有地」ager publicusという形で現実の姿をとって存在していたのであり、したがってまた、成員諸個人はそうした「共同労働としての戦闘」を通じて、少なくともそのいわば半身を「共同体」自体のなかにまだ深く没入させていたということができるであろう。(23)

(22)　K. Marx, *Formen usw.*, SS. 10–2（飯田訳、前掲書、一二—六頁）; Max Weber, *Die römische Agrargeschichte*, SS. 81 ff., 119 ff.; Ders., Agrarverhältnisse im Altertum, G. A. *zur Soz.- u. Wirtschaftsgeschichte*, SS. 191, 197 ff.（渡辺・弓削訳『古代社会経済史』三四四—五頁、三五六頁以下）を参照。

(23)　K. Marx, *a. a. O.*, SS. 12, 17.（飯田訳、前掲書、六、一三頁）「ローマのばあいこのager publicusは私的〔土地〕所有者と並ぶ、国家の特殊な経済的定在として現われる」。また「彼らの余剰時間はまさしく共同体に、すなわち戦闘としての労働などに帰属する」。この点は、のち「ゲルマン的」形態の共同体を検討するさいに、比較史的に重要な意味をもつことになるであろう。

このような独自な土地占取の様式は、ヴェーバーの想定にしたがえば[24]、およそ次のような道をへて成立し展開したものと思われる。まず、集住地としての「都市」(＝ウルブス)がまだ建設されず、ローマ人の定住がなお「村落」の形で行われていたころから、彼らの形づくる基本共同態——ヴェーバーはこれを「氏族」(＝ゲーンス)とよんでいるが、われわれの用語法では「部族」(＝トリブス)——は、その内部において血縁制的関係の規制力が弛緩し、土地占取の様式についてもすでに上述のような基礎的諸特徴を帯びはじめていたとみられる。すなわち、さきに西北インドの原始的村落の事例を紹介したさい、すでにそこに「共同マルク」に対する「先占権」(ゲルマン的な用語法にしたがえば《Bifang-Recht》[25])の萌芽がみられることを指摘しておいたが、ローマ人のばあい、血縁制的規制力の弱化にまさしく比例して、この「先占権」がいちじるしく前面に立ち現われていた、というのである。もちろん、「共同マルク」に対する血縁制的規制や古い利用方法の残滓も見られたにちがいない。しかし、それらはしだいに消滅していく方向にあった。そして、ある段階、おそらくは共同の集住地としての「都市」がしだいに形成されていく或る段階で、各基本共同態(＝トリブス)の「共同マルク」が——一部を「共同牧地」ager compascuus として残すほかは——すべて一個の「都市」(＝キーウィタース)、ローマの「公有地」ager publicus として「一括され」in einen Topf geworfen、こうして「形式上すべての市民に対して自由な放牧と自由な占取を無制限にゆるすという法制上の平等が作りだされた」ものと推定される。さらに、そのばあい、「平民」(＝プレーブス)は最初おそらく「ヘレディウム」だけを私的に占取しうるに過ぎなかったのが、そうした過程で「公有地」ager publicus に対する「先占権」をも獲得するにいたったのかと思われる。そして、このような土地占取関係が成立した結果、ひとの知るように、ローマ市民のうち、貴族であれ平民であれ、富裕な者たちが、すなわち、大規模な《familia pecuniaque》(奴隷と貨幣)をもつ家長たちがその実力に応じて「私有地」をどしどし集積しはじめることになる。その進行につれて市民たちの間にはいちじるしい貧富の差を生じ、ついに紀元前二世紀後半グラックス兄弟の土地改革運動の勃発となるが、その問題はここではもちろん割愛しなければならない。それはそうとして、血縁制的規制から解放された活動的な市民たちのこのさかんな「先占」の結果として、「公有地」がしだいに狭少となり、それに伴って、「共同労働としての戦闘」によって「土地」を新たに占取し、「公有地」をたえず補充し拡大していくことが当然に必要となってくる。周知のように、「平民」(=プレーブス)の政治的地位が上昇し、いわゆる「重装歩兵民主制」**Hoplitendemokratie** が確立するとともに、「都市」国家ローマはいちじるしく侵略的性格を帯びてくるが、それは第一次的にはまさしくこうした「土地」獲得の必要から由来するものであったといわねばなるまい。事実、ローマは一般に征服した「都市」の領土のうちほぼ三分の二は原住民の手に残し、三分の一は奪取して、これを自己の「公有地」としたといわれているが、《**ager publicus**》や《**ager Romanus**》という語がしだいに、征服によって奪取した土地を意味するようになっていったのもこのためであろう。

(24) Max Weber, *Die römische Agrargeschichte*, SS. 125–9; Ders., Agrarverhältnisse im Altertum, G. A. *zur Soz.- u. Wirtschaftsgeschichte*, SS. 197 ff., 219 ff.(渡辺・弓削訳『古代社会経済史』三五六頁以下、三九七頁以下)

(25) ヴェーバーは、通常これを《Bifang-Recht》というゲルマン的用語によって表現しているが、またしばしば近代イギリスの史実と類比しつつ、《Einhegungs-Recht》[囲い込み権]あるいは《Squatter-Recht》[公有地占拠権]ともよんでいる。

二二 さて、以上述べてきたような基礎的史実にもとづき、またとくに、前述の「アジア的形態」との比較を念頭におきながら、いま一度「古典古代的形態」の共同体にみられる歴史的特質を理論的に整理しなおしておくこととしよう。

まず、「アジア的」と「古典古代的」、この両種の「共同体」のあいだには明らかに一つの共通の特質が見られることを指摘しなければなるまい。それは、両者いずれにおいても「共同態規制」をささえる「平等」の原理が、換言すれば、「共同体」における「土地」占取の様式を規定し、したがって「共同体」およびその全成員の生活の再生産を特有な仕方で媒介するところの「平等」法則が、ともにひとしく「実質的平等」materielle Gleichheit という姿をとっていたということである。すなわち、いずれにおいても「共同体」の成員である各家長(＝家父長制家族)はそれぞれの家族経済の能力と必要に応じて、「ヘレディウム」のほかに、「共同マルク」の一部をも私的に占取する。ところで、このような共通の特質にもかかわらず、両者のあいだに決定的な相違が存したことも見落してはなるまい。(1)「アジア的形態」においては血縁(＝部族)集団がなお基本的関係を形づくっているのに対して、「古典古代的形態」においては、そうした血縁制的関係の規制力はすでに弱化して従属的なものとなり、それにかわって「戦士共同体」Kriegerisch organisierte Gemeinde(マルクス)あるいは「戦士ギルド」Kriegerzunft(ヴェーバー)という集団形成が基本的関係として前面に現われるにいたったことは、すでに述べたとおりであるが、この事実は両種の「共同体」のあいだに決定的な構成上の相違をつくりだしている。「アジア的形態」のばあいには、私的個人はきわめて幼弱で、まだ「部族」的な血縁制的関係のなかにいわば埋没しており、したがって、血縁制的「共同組織が実体(Substanz)であって、個々人はそれからの偶発的現象(Akzidenzen)であるか、あるいはそれの純粋に原生的な構成部分に過ぎない」[26]ものとして現われるのに対して、「古典古代的形態」では、私的諸個人がすでに共同態に対立していちおう確立されており、したがって「共同体は、一面において自由かつ平等な私的(土地)所有者たちのあいだの相互関係」[27a](傍点――引用者)として現われるようなものとなっている。(2) このような構成上の相違にはもちろん「土地」占取の様式における相違が対応している。すなわち、「アジア的形態」においては、わずかに「ヘレディウム」だけが永続的な私的占取(=私的所有)の対象となるに止って、残余の「土地」はすべて「共同マルク」として血縁集団(=部族)の共同占取と規制のもとにおかれ、その一部が私的に占取されるばあいにも私的所有(=確実に永続的な私的占取)に移行することはない(たとえば、「土地」の割り替え、さらにはアジア的な「王土」思想などを想起すべきである)。これに比べて、「古典古代的形態」においては、私的占取の契機は明確かつ格段に前進をとげている。すなわち、「ヘレディウム」のもつ私的所有の性格がいっそう明確となったばかりでなく、そうした「土地」の私的所有はさらに強力に拡大され、いわゆる「先占権」によって「公有地」ager publicus の一部をそのうちに収めて「私有地」としての「フンドゥス」fundus を形づくる。この「フンドゥス」は、しばしば「戦士持分」Kriegerlose とよばれているように、戦士としての市民（＝「公有地」の防衛と獲得のために「共同労働としての戦闘」に参加する共同体成員）の私的自立の物質的基礎であり、彼および彼の家族の生活はこの土台の上でおこなわれる。このような「フンドゥス」という形で「土地」の私的所有が周辺にむかって強力に拡大されるということに、まさしく照応して、「古典古代的」形態では「共同マルク」もまた「アジア的形態」といちじるしく異なった相貌を呈するようになる。すなわち、「フンドゥス」を引き去った残余の「共同マルク」は、いまや「公有地」ager publicus という姿をとって、戦士共同体としての「都市」（＝キーウィタース）の共同占取と共同管理のもとにおかれるようになる。こうして「公有地」ager publicus は、共同体全体の共同需要をみたし、さらに戦士持分としての「フンドゥス」の不足を補うという仕方で、共同体存立の不可欠の土台を形づくる。全市民（＝共同体成員）はそれぞれ戦士としてたえずこの「公有地」ager publicus の防衛と新たな占取にあたらねばならないが、逆にまたこの「共同労働としての戦闘」への参加が各市民に対して「フンドゥス」の私的占取の正当性を保証するのである。このようにして「古典古代的形態」の共同体は、まさしく互いに対抗し合い、しかも互いに不可欠なものとして補充しあうところの二種の「土地」占取形態、すなわち、「公有地」と「私有地」、この両者の緊張関係の上に成立していたということができるであろう。(27b)

(26) K. Marx, *Formen usw.*, S. 9.(飯田訳、前掲書、一三頁)

(27a) A. *a.* O., S. 10.(飯田訳、一三頁)

(27b) 「――Hufen-Land(「フンドゥス」を指す――引用者)は共同体の存在によって保証され、さらに共同体はその成員たちの余剰労働たる兵役等によって保証されているのである」。A. *a.* O., SS. 12.(飯田訳、一六頁)

おわりに、「古典古代的」形態の共同体の特質について、なお一、二のことがらを付加しておきたい。それは、さしあたって、以上両種の「共同体」のあいだに見られる上述のような構成上の相違が、それぞれの基礎の上で進行する階級分化の様相を、たがいにきわめて異なったものたらしめるということに関連している。「アジア的形態」のばあい、私的個人の成長度がいかにも幼弱であるために、「農業共同体」それ自体がただちにいわゆる「普遍的隷従制」allgemeine Sklaverei の基盤に転化しうることはすでに述べたとおりであるが、これに対して「古典古代的形態」のばあいには、その構成が典型的に近く、したがって成員諸個人の私的自立性が高度であればあるほど、そうした

「普遍的隷従制」への転化の可能性は閉されてくる。それは何よりも、「公有地」の防衛と占取のためには、自由な私的諸個人の「共同労働としての戦闘」が、そうした成員諸個人間の「自由な共同関係」を不可欠な必要事とするからであって[28]、いわゆる「古代民主制」の形成はまさしくそのことを表現している。その結果として、「古典古代的形態」の共同体の基礎の上における「奴隷制」の展開は、すでに示唆しておいたとおり、アジア的な「普遍的隷従制」とは全く異なって、むしろ基本的にいわゆる「オイコス経営」(＝強大な家父長権力の下における奴隷労働の集積)の姿をとっておこなわれるのであり、したがって、「古典古代的形態」のもとにあっては、そうした階級分化が進行するとともに、「共同体」(＝都市)はもっぱら「奴隷所有者としての私的土地所有者」(＝市民)によって構成されるところの支配階級の組織という相貌を呈するようになるのである。ところでまた、こうした特質は「古典古代的形態」のもとにおける共同体内分業の限界を形づくることにもなる。すなわち、「奴隷制」がある程度展開しはじめるやいなや、さきにも指摘したように、手工業労働、いや手工業経営者自体さえも市民にふさわしからぬ卑賤な、むしろ有害なものとされ、「共同体成員」(＝市民)ではない奴隷、解放奴隷、寄留者たちの手にゆだねられることになるからである。この点に比較して、後述する「ゲルマン的形態」の共同体は、中世都市における手工業ギルド(＝市民としての手工業者）のゆたかな形成にみられるように、共同体内分業におけるいっそう高度な段階と可能性を内包していたということができよう。

（28）戦闘のための「自由な共同関係」の必要が「都市」共同体内部における民主化にいかに大きく貢献していたかを、たえず指摘するのはヴェーバーである。たとえば、Max Weber, *Wirtschaftsgeschichte*, S. 283 f.（黒正・青山訳『経済史』下巻、二〇三―五頁）を参照。なお、この点は後段で「ゲルマン的形態」との比較をおこなうさいに、重要な意義をもつことになる。

三　ゲルマン的形態

二三　「農業共同体」の第三の、つまり最後の基本形態は、すでにしばしば示唆しておいたように、「ゲルマン的」とよばれるところのものである。ところで、さきにみた「アジア的」のばあいと同様、この「ゲルマン的」共同体という名称も現在かなり広く用いられるようになっているが、その用語法には実はかなり注意を要する点があるのではないかと思われるので、さしあたって次の二点をあらかじめ指摘しておくこととしたい。（1）以下の叙述で「ゲルマン的」というばあい、それは、何らか「人種」としてのゲルマン民族に特有なもの(ドイツ人のいわゆるVolkstümlichkeit[「民族性」]!)というようなことを、決して意味するのではない。中世ヨーロッパの封建社会において、その基礎過程の主要な民族的担い手となったのは周知のようにゲルマン諸部族であったが、そうしたゲルマン諸部族のうちにとくに典型的な姿が見出されるために「ゲルマン的」とよぶまでであって、必要ならば「封建的」形態あるいは「封建的」共同体というふうに言いかえてもよいし、また場合によってはその方が意味がはっきりすることもあろう。それはともかく、このような用語法にしたがうばあい、たとえばわが国の封建社会の基礎過程を形づくる「共同体」について、もし中世ヨーロッパの「共同体」と同一の基本的特質が実証されうるとすれば、それも「ゲルマン的」形態とよんで一向さしつかえないわけである。(2)このように、以下の叙述では、共同体の「ゲルマン的」形態という用語を、さきの「アジア的」および「古典古代的」なそれと対比しかつ区別しつつ、いわば一個の範疇的表現として厳密な意味に使用することになるが、こうした用語法にしたがうばあい、当然に次のことが帰結してくる。すなわち、歴史上ゲルマン民族が形成するところの「共同体」であっても、そのなかにはこうした厳密な意味での「ゲルマン的」形態とは考えがたい事例も見出されるということである。たとえば、後にもふれるように、カエサルの『ガリア戦記』やタキトゥスの『ゲルマーニア』に述べられているような段階でのゲルマン諸部族の「共同体」は、とうてい以上のような意味での「ゲルマン的」形態とは考えがたい(そこでは形式的平等の原理はまだ現われていない!)。むしろ、そうしたものとしては、少なくともメロヴィンガー期のフランク(『レックス・サリカ』をおもえ!)やそれ以後のゲルマン諸部族にみられる「共同体」を念頭におくのが、研究史のうえからみて正当なのではあるまいか。また、こうした点に関してしばしば引き合いに出されるマルクスの見解も、仔細に検討するならば、このような用語法に一致していると思われる。(1)——このような諸点をまずもって十分に考慮にいれた上で、以下の叙述でも、「ゲルマン的」共同体の基本的諸特徴というべきものを理論的に整理していくこととしたい。(2)

(1) この問題については、K. Marx, *Formen, die der kapitalistischen Produktion vorhergehen*(飯田訳『諸形態』)の「ゲルマン的」共同体に関する叙述と比較しながら、同じ著者の後期の Briefe an Vera Zasulič, Konzept I u. III, *Marx-Engels Archiv*, I, SS. 335-7 を熟読してほしい。たとえば、後者の次のような一節をみよ。「タキトゥスが記しているように、このいっそう原始的な共同態(カエサル段階のそれを指すのであって、マルクスはこれを農業共同体成立以前のものと考えていた——引用者)は、ゲルマンの土地にあっても、自然な発展によって農業共同体(la commune agricole)に転形しました。しかし、この時以後は、そうしたものもわれわれの視野から失われてしまいます。よくは分からないが、絶えまない戦争と移住という環境のなかで亡びてしまったのでしょう。……しかし、いっそう重要なことは、その『農業共同体』が、それを出発点として形づくられるにいたった新しい共同体(la nouvelle commune)のなかに痕跡を止めていることです。……森林、牧野、荒蕪地などはなお共同所有であるが、耕地は耕作農民の私的所有に属するようになったこの新しい共同体は、ゲルマン人の手によってすべての征服地にもちこまれました。それは原型からうけついだ特質によって、中世を通じて自由と民衆生活のただ一つの原動力となったのです」。なお、これに関して、F. Engels, *Der Ursprung der Familie, des Privateigentums und des Staates*, SS. 131-40, 145-51(戸原訳『家族・私有財産・国家の起源』岩波文庫、一七九―九三、二〇〇―八頁)をも参照。

(2)　以下の叙述につき参照すべき文献としては、前掲のマルクスやヴェーバーの手になる基礎的諸文献(なかでもK. Marx, *Formen, die der kapitalistischen Produktion vorhergehen*〔飯田訳『諸形態』〕は重要である)のほか、さしあたって次のもののみをあげておく。Max Weber, Der Streit um den Charakter der altgermanischen Sozialverfassung in der deutschen Literatur des letzten Jahrzehnts, *G. A. zur Soz.- und WG.*; G. L. v. Maurer, *Einleitung zur Geschichte der Mark-, Hof-, Dorf- und Stadtverfassung*; Heinrich Cunow, *Allgemeine Wirtschaftsgeschichte*, II(高山訳『経済全史』三―四); G. von Below,

Geschichte der deutschen Landwirtschaft des Mittelalters, hrsg. v. Lütge（ゲオルク・フォン・ベロウ、堀米庸三訳『独逸中世農業史』）；Rudolf Kötzschke, *Allgemeine Wirtschaftsgeschichte des Mittelalters*, Handbuch d. WG.；Ders., *Grundzüge der deutschen Wirtschaftsgeschichte bis zum 17. Jahrhundert*；August Meitzen, *Siedelung und Agrarwesen*, I u. IV（Flurkarten）；Alfons Dopsch, *Wirtschaftliche und soziale Grundlagen der europäischen Kulturentwicklung*, 2 Bde.；Marc Bloch, *Les caractères originaux de l'histoire rurale française*（マルク・ブロック、飯沼・河野・坂本・服部・吉田訳『フランス農村史の基本性格』）；Sir John Clapham, *A Concise Economic History of Britain, from the Earliest Times to A. D. 1750*；Paul Vinogradoff, *The Growth of the Manor*；Frederick Seebohm, *The English Village Community*；Heinrich Mitteis, *Deutsche Rechtsgeschichte, ein Studienbuch*（ハインリッヒ・ミッタイス、世良晃志郎訳『ドイツ法制史概説』）；Richard Schröder u. Eberhard Frh. v. Künsberg, *Lehrbuch der Rechtsgeschichte*；Otto Gierke, *Das deutsche Genossenschaftsrecht*, 3 Bde.；高橋幸八郎『市民革命の構造』、小松芳喬『封建英国とその崩壊過程』など。

二四　さて、中世初頭の西ヨーロッパにおける「ゲルマン的」共同体形成の端緒は、そうした土台の上にきずかれていく封建社会全般のばあいと同様、しばしば「ローマ的なものとゲルマン的なものの綜合」として説明されてきた。そのこと自体はもちろん誤謬とはいいえないが、いま少し、いわば立体的にとらえる必要があるのではないかと思われる。現在における実証的研究の成果に照してみれば、およそ次のように考えるべきではなかろうか。(3) (1) まず、帝政末期ローマの版図内において、「都市」(＝キーウィタース)および「奴隷制所領」(＝ラティフンディウム)の支配下に「下から」抵抗の組織として新しい「共同体」の萌芽が形づくられはじめる。しかし、こうした「ゲルマン的」共同体の萌芽は自由には展開しえず、またたえずその成果を「上から」つみとられていく。(2) ついで、ローマの版図内におけるゲルマン諸部族の定住地ではじめて紛うかたなき「ゲルマン的」共同体の形成がおこなわれ、それがやがてとくにフランク諸部族のもとにおける「ゲルマン的」共同体の典型的な展開となって現われてくる。(4) ついでながら、そのばあい、フランク王国の中心部をなすライン河下流地方および現在の北フランス一帯が、一方においては、豊かな農業生産を土台にローマ社会の遺産である手工業、とくに鉄工業が凝集されていった地域であり、他方においては、旧来の「都市」および「奴隷制所領」(＝ラティフンディウム)の支配力がもっとも弱い地域であったことを、想起しておく必要がある。(5) (3) このような「ゲルマン的」共同体が、フランク王国の形成と拡大にともなって、広大な征服地の各所に伝播された。この新しい「共同体」を基盤とし、かつその内部から生みだされていく階級構成を基軸として(メロヴィンガー時代史のうえで問題の「レーウデース」〔一六八頁編者注参照〕の成長をおもえ！）ヨーロッパ封建社会の全構造が築きあげられることとなったのである(6)。

（3） 以下の点については、さしあたって A. Dopsch, *Wirtschaftliche und soziale Grundlagen der europäischen Kulturentwicklung*（以下 *Grundlagen* と略す）, I, 1.-5. Abschnitt; R. Kötzschke, *Allgemeine Wirtschaftsgeschichte des Mittelalters*（*A. W. M.* と略す）, SS. 9, 25, 30 f., 98 ff., 213 ff.; Ders., *Grundzüge der deutschen Wirtschaftsgeschichte bis zum 17. Jahrhundert*（*Grundzüge* と略す）, SS. 77 ff., 89 ff.; Theodor Mayer, *Deutsche Wirtschaftsgeschichte des Mittelalters*, Wissenschaft u. Bildung, SS. 25-31 などを参照。——有名なロマニストとゲルマニストの対立を含む論争史については、とりあえず G. v. Below, Das kurze Leben einer vielgenannte Theorie, *Probleme der Wirtschaftsgeschichte* をみよ。「ゲルマン的」共同体形成の基本線を、古ゲルマンのそれの単なる自己発展としてとらえ、ローマからの遺産をむしろ副次的なものと考えようとするいわゆるゲルマニストの見解には、私はどちらかといえば賛成しない。マックス・ヴェーバーは、前掲の Max Weber, Der Streit um den Charakter der altgermanischen Sozialverfassung usw., G. A. *zur Soz.- u. WG.* のなかでは、一見古ゲルマン的制度からの単純な自己発展を考えているようにみえるが、他の諸論考にみえる彼の見解からすれば、必ずしもそうとはいいがたい。むしろ、全体としては、すぐれてローマ的なものとゲルマン的なものの高次の綜合を考

えているというべきであろう。

（4） Karl Rübel, *Die Franken, ihr Eroberungs- und Siedlungssystem im deutschen Volkslande*, III. Abschnitt, 3. u. 5. Kapitel で、リューベルは「ゲルマン的」共同体の起源をサリー系フランク族に特有な独自のものとして捉えようとしているが、この見解は示唆されるところ多く、興味ぶかいけれども、やはりとうてい承服することはできない。

（5） R. Kötzschke, A. W. M., SS. 24–5, 102–4; Th. Mayer, *a. a. O.*, S. 19 f.; F. W. Walbank, Trade and Industry under the Later Roman Empire in the West, *The Cambridge Economic History of Europe*, II. イギリスについては簡単ながら Sir J. Clapham, *op. cit.*, pp. 22 ff., 55 ff. をみよ。

（6）「封建制はゲルマンの地から既成のものとしてもちこまれたのではない。征服者の側からいえば、征服そのもののあいだにおける兵制の軍隊組織のうちにその起源をもっていた。そして征服後にこの軍隊組織が、征服された国々にすでに存在していた生産諸力の影響によって、はじめて本来の封建制に発展したのである。どれほどまでこの形態が生産諸力によって制約されていたかは、古代ローマのなごりをとどめる別な諸形態をつらぬこうという試みが失敗におわったのをみればわかる」。K. Marx u. F. Engels, *Die Deutsche Ideologie*, I. Feuerbach, Werke III, SS. 64–5.（マルクス＝エンゲルス、古在由重訳『ドイツ・イデオロギー』岩波文庫、九七―八頁）

ほぼ以上のような経過で歴史の舞台に現われるにいたった、この新しい「ゲルマン的」形態の共同体は、さきに設定したクリテリアに照してみるとき、どのような基本的特質をもつものだったというべきであろうか。われわれは、まず、次の点を指摘することからはじめようと思う。――そうした「ゲルマン的」形態の共同体にあっては、古い「部族」的＝血縁制的な関係は、すでにはじめからなんら決定的な意義をもっていなかった。ローマの「都市」および「奴隷制所領」の支配下でいわゆるコローヌスのあいだに形づくられてくる「抵抗の組織」[7]については、その点がいちおう明らかなので、ひとまず省略することとしよう。ところで、ゲルマン諸部族、とくにフランク諸部族のばあい、事実はいったいどうであったのか。研究史が乏しい史実のなかから教えるところによると、カロリンガー期ともなれば、旧来の「氏族」Sippe 制は、もちろんなおなんらかの形で残存しているとはいえ、その規制力はいちじるしく衰えており、その外側には「氏族に属さない人々」Ungesippten の数がますます増大しつつあった。そして、古い「氏族制」にかわって、彼らのあいだには、ギルドとよばれる第二次的な「誓約共同態」Schwurbrüderschaft――いわゆる「古ギルド」――がいたるところ新たに形づくられるような状態となっていた。土地占取の独自な基本関係としての「ゲルマン的」共同体がローマの生産力遺産を継承しつつ姿を現わしたのは、まさにこうした一般的雰囲気のうちにおいてなのであって、[8] そこでは当然に古い血縁制的関係の規制力も基本的意義を失ってしまっていたのである。このような意味で「ゲルマン的」形態の共同体は、「古典古代的」形態のそれと同様、「人為的な発生」(ヴェーバー)の結果であり、「歴史的所産」としての「第二次的構成」(マルクス)とされるのであるが、しかもそれは、ひとしく「第二次的構成」でありながら、「古典古代的」形態とははっきりと異なった歴史的特質を打ち出していたのである。

(7)　簡単には R. Kötzschke, A. W. M., S. 213 f.; Ders., *Grundzüge*, S. 52 f. をみよ。

(8)　R. Kötzschke, A. W. M., SS. 209 f., 213 f. ――なお、この点は後段で論及するはずの都市＝ギルド共同体との関連において、記憶しておいてほしいが、そのいわゆる「ギルド制度」とここでいう「古ギルド」とはいちおうはっきりと区別しておかねばならない。

二五　さきに見た「アジア的」および「古典古代的」な諸形態と比較してみるとき、「ゲルマン的」形態の「農業共同体」は、およそ次のような基本的特質をそなえていたということができよう。

(一)　まず注意しなければならぬのは、「ゲルマン的」形態のばあい基本共同態はいまや「村落」――定住形態としての「村落制」Dorfsiedlung というよりは、いま少しひろく、土地占取者の隣人集団という意味での「村落」Nachbarschaftsgemeinschaft[9]

――となり、したがって、共同体はすぐれて「村落」共同体の姿をとるにいたった、ということである。すなわち、「ゲルマン的」共同体においては、土地の共同占取および成員の私的活動に対する共同態規制（ヴェーバー的に表現すれば「共同態の封鎖化」Schliessung der Gemeinschaft）の主体は、もはや古い「部族」的血縁組織や「半＝都市」的戦闘組織などではなく、土地占取者の隣人集団である「村落」になっている。このことは、たとえば、すでにメロヴィンガー期の代表的部族法典『レックス・サリカ』[10]において、一方では、一定の形式のもとに「氏族」Sippe からの自由な離脱をみとめつつ（第六十章）[11]、しかも他方では、外来者を村民（＝共同体成員）として承認するばあい、「隣人」vicini たちの全員一致の合意が必要とされている（第四十五章）[12]ことなどに明瞭に現われているといってよい。事実、カロリンガー期ともなれば、「土地」――富の包括的基盤である「土地」――の私的占取関係はすでに究極において、「氏族」Sippe によってでなく、「村落共同体」Dorfgemeinde によって規制されており、たとえば、相続権者を欠くばあいなどには、結局「村落」内の「隣人」の手に帰属すべきことになっていたとされている[13]。このような「村落」共同体内部における私的な土地占取関係およびそれに対する共同態規制の形態と様式については、後段で項を改めて論ずることとしよう。ただここで、いまひとつ、そのような共同態規制を遂行するために、「村長」

Thunginus od. Centenarius（後の表現では Schultheiß）や「村役人」Ratbürgen（後の表現では Schöffen）などの村落自治機関がその当時すでに確立されていたことを指摘しておきたい。(14)

（9）　ここでいう「村落」とは、定住形態としての「村落制」Dorfsiedlung, nucleated village というような厳密な意味でなく、むしろ種々な偏差、とくに「散居制」Einzelhofsiedlung をも含めての余裕ある用語法として理解してほしい。ヴェーバーの用語法にしたがえば Nachbarschaftsgemeinschaft としての「村落」Dorfgemeinde である。Vgl. M. Weber, *Wirtschaft und Gesellschaft*, 4. Aufl., SS. 215-8.

（10）　*Lex Salica*. 久保正幡氏の邦訳『サリカ法典』があるので、以下その頁数を示すことにする。――『レックス・サリカ』は、いうまでもなく、ゲルマン諸部族法典の一つであり、『レックス・リブアリア』(これも久保氏の邦訳『リブアリア法典』がある)とともに、フランク族のものとしてしられている。その成立はとくに古く、だいたい五世紀末ないし六世紀と推定されているばかりでなく、フランク族の主流をなしたサリー系フランク人のものであるがゆえに、われわれの観点から重要な意味をもつのである。久保訳『サリカ法典』付録をみよ。

（11）　久保訳『サリカ法典』一〇二頁。なおこの点に関連して、中世西ヨーロッパの農村では、早くから村民間の血縁制的関係がかなり稀薄になっていたのではないかと思われる。この事実は、わが国の事情と対比して、とくに注目に値いするといえよう。

（12） 同書、六八頁以下。――なお当時のフランスの史料にみえる《voisins》〔隣人〕、およびのちのドイツの史料にみえる《Nachbaren》〔隣人〕という表現に注意。M. Bloch, *op.* cit., p. 172; A. Dopsch, *Grundlagen*, I, S. 365.

（13） このいわゆる《Vicinenrecht》〔隣人権、隣地占有権〕については、とくにA. Dopsch, *Grundlagen*, I, SS. 364 ff.; Ders., *Die Wirtschaftsentwicklung der Karolingerzeit*, I, SS. 380 ff. を参照。ギールケの見解に対するドープシュの批判は、をも含めて、きわめて興味ぶかいものである。

（14） ミッタイス、世良訳『ドイツ法制史概説』一〇三頁以下、H. Cunow, *a. a. O.*, II, S. 355 f.（高山訳、前掲書、四、一二四頁以下）、イギリスについてはP. Vinogradoff, *op. cit.*, pp. 135-49 などをみよ。――以上のような「村落」共同体は現実にはいわゆる古典型荘園制（Villikationsverfassung）のもとではHofverband（manor）の、またその解体後はKirchenspiel（parish）などの支配機構と絡み合いつつ、複雑な形をとって現われるが、しかもその基本的性格は、のち原始的蓄積の過程で「共同体」自体が崩壊するにいたるまで、一貫して維持されていたといわなければならない。

㈡ つぎに「ゲルマン的」共同体のばあい、このような「村落」を構成する個々の「家族」共同態もまた、共同体そのものの歴史的性格に照応して、独自の姿をとっていた。一般に「ゲルマン的」家族は、「古典古代的」なそれとともに、基本的にはすでに

「家父長制小家族」patriarchalische Kleinfamilie od. Einzelfamilie の姿をとっていたと考えられており、その点で前述の「アジア的」な「家父長制大家族」patriarchalische Grossfamilie od. Familiensippe ないしは「同族団」(たとえば Gehöferschaft) と顕著な対照をなすとされている。[15] しかも「ゲルマン的」家族が、ひとしく「小家族」でありながら、「古典古代的」なそれと基本的に異なった様相を帯びていたことも否みがたい。何よりもまず、「ゲルマン的」家族においては「家長権」Munt, munus の家族に対する支配力が、ローマの「家長権」patria potestas に比べて、不徹底なものとなったばかりでなく、その支配の様式も異なったものとなっていた。すなわち、「ゲルマン的」家族のばあいには、家長の「保護の権力」Schutz*gewalt* にはすでに「保護の義務」Schutz*pflicht* も伴っており、したがって家族の各成員は、家長権(Munt)に服しながらも、古典古代のばあいとは異なって、身分上においても、また「財産」(「土地」をも含めて)の私的占取についても、家長に対してある程度まで相対的に独立した地位(＝すなわち私的個人同士の関係)をもつようになっていたのである。[16] ところで、このことに関連して看過しがたい重要性をもつのは次の事実であろう。すなわち、近代以前における「家父長制家族」は、われわれが今まで考察してきたどの形態の共同体のばあいにも、外部からの非血縁者をも吸収しつつ、ヴェーバーの表現をかりれば、「オイコス経済」

Oikenwirtschaft の方向に(さらにそれをこえて「家産制的支配」patrimoniale Herrschaft の方向に)拡大されていき、そこに最広義において「家父長制奴隷」patriarchalische Sklaverei ともいうべきものが形づくられてくる。そればかりでなく、どの形態の共同体のばあいにも、さまざまな不均等発展を伴いつつ、それぞれの階級分化の出発点を形づくることになるのである。(17)「ゲルマン的」家族ももちろんその例外ではない。ところで、「ゲルマン的」形態のばあいには、そうした家長権の支配下にある非血縁者たちは、史料の中でひとしく servus[従僕]とか famulus[家僕](→familia)の名称をもって現われてくるにもせよ、そこに見出される支配関係は右にみたような「ゲルマン的」家族における「家長権」Munt の特質に照応して、「古典古代的」な「奴隷制」とはかなり質の異なったものとなっていたのではないか。このことは注意を要するように思われる。すなわち、「ゲルマン的」共同体にあっては、そうしたいわゆる「家父長制奴隷」もまた「家長権」の支配から身分的にも(とくに結婚に関する教会の介入をおもえ!)また財産の私的占取についてもある程度まで相対的に独立した地位を与えられていたようであり、事実彼らが一般に「土地」を賦与されて、しだいに明白な農奴の身分に上昇していく傾向にあったことは、すでに研究史の教えるとおりである。(18)

(15) ただ、ローマとゲルマン両者のあいだには規模の相違がかなりあったのではないかと思われる。なお、ここで念のために指摘しておくが、「大家族制」あるいは「小家族制」というのは何よりもまず「家長権」の支配の範囲の問題であって、単なる同居あるいは別居の事実ではない。さらにまた、現実の「ゲルマン的」共同体が例外的に「大家族」を包含しているばあいが全然ないなどというのでもない。ただ、そうしたものは多かれ少なかれ偏差として取扱うべきだというのみなのである。

(16) エールリッヒ、川島武宜・三藤正訳『権利能力論』三八頁以下、六四頁以下。R. Kötzschke, A. W. M., S. 197 f. その他、M. Weber, *Wirtschaftsgeschichte*, SS. 57–9（黒正・青山訳『経済史』上巻、一二九―一三六頁）; Ders., *Wirtschaft u. Gesellschaft*, 4. Aufl., S. 753 f.（世良訳『都市の類型学』八九―九一頁）などを参照。

(17) 「資本の原始的蓄積期」における産業資本形成の出発点もまた、他ならぬ「家族的協業」であり、しかも、そこにおいても、経過的に非血縁者の「家長権」の下における「奴隷化」の事実がみられることも、ついでながら、ここで想起すべきである。拙著『近代欧洲経済史序説』上の二、二六四頁以下、『大塚久雄著作集』第二巻、二四五頁以下、参照。

(18) R. Kötzschke, A. W. M., SS. 197 f., 209; エールリッヒ、前掲書、四二頁以下。とくに、イギリスについては、ポスタンの最近の研究 M. M. Postan, *The Famulus*, Ec. H. R., Supplement, I をみよ。なお、この点に関連して、ヴェーバーの興味ある比較史的考察 M. Weber, Agrarverhältnisse im Altertum, G. A. *zur Soz.- u. WG.*, SS. 203 ff.（渡辺・弓削訳

『古代社会経済史』三六六頁以下)を参照。

㈢ このような「家族」共同態の特質は、すでに示唆しておいたように、「村落」共同体内部における成員諸個人の相対的自立とその私的活動の度合が、前述の他の共同体諸形態のばあいに比べて、いっそう進展していることを意味している。こう言ってさしつかえないであろう。(19) これは、もちろん、「ゲルマン的」共同体内部における手工業生産力の発達とそれに照応する「共同体内分業」の展開および存在形態の問題に関連してくるのであるが、それについては後段で項を改めて論及することにしたい。それはそれとして、以上みたような「ゲルマン的」共同体の特質は、「土地」占取の様式にも固有な形態を明瞭に打ちだしている。いや、むしろ、そうした「土地」制度においてこそ、われわれは「ゲルマン的」共同体の基本的特徴を明確にとらえることができるのである。

(19) K. Marx, *Formen usw.*, S. 18 f.(飯田訳、前掲書、二五頁以下)では、なかんずくこの点が強調されている。

二六 「ゲルマン的」共同体においては、「村落」全体によって「共同に」(=「共同態的に」gemeinschaftlich)占取された「土地」は、その内部においてさらに各共同体成員(=各農民「家族」の家長)によって一応残るくまなくすべて「私的に」(=gesellschaftlich)占取され、所有され、相続されるのであって、すでにこの点において他の共同体諸形態のばあいと明確に区別されている。とはいうものの、こうした「土地」の「私的占取」はもちろん近代におけるような完全に個別的で自由な私的所有ではなく、共同体全体による一定の「共同態規制」のもとにおかれているばかりでなく、その一極にはいわゆる「総有」Gesamteigentum の関係（＝「ゲルマン的」形態における「共同地」Allmende）をさえ含んでいるのであって、歴史上「フーフェ」《Hufe》（＝mansus, virgate）[20]とよばれてきたものがそれである。換言するならば、こうした「フーフェ」という形態のもとに、各共同体成員は「村落」Nachbarschaft の支配下にある「土地」を残るくまなく私的に占取したのである。

（20）この「フーフェ」Hufe 制度については、さしあたって、Max Weber, *Wirtschaftsgeschichte*, SS. 19–26（黒正・青山訳『経済史』上巻、五八—七四頁）; R. Kötzschke, A. W. M., SS. 259–75; A. Dopsch, *Grundlagen*, I, 5. Abschnitt などをみよ。

「フーフェ」、詳言するならば、「フーフェ」という特有な形態のもとに、「ゲルマン的」共同体の成員である各村民が「私的に」占取するところの「土地」は、およそ次のように互いに明白に区別された三つの部分からなっていた（付図2を参照）。

㈠「村落」Nachbarschaft の中心には通常一個ないしそれ以上の集落（＝「村」Dorf）が形づくられており、各村民はそのなかにそれぞれ自己の「住宅」Haus および

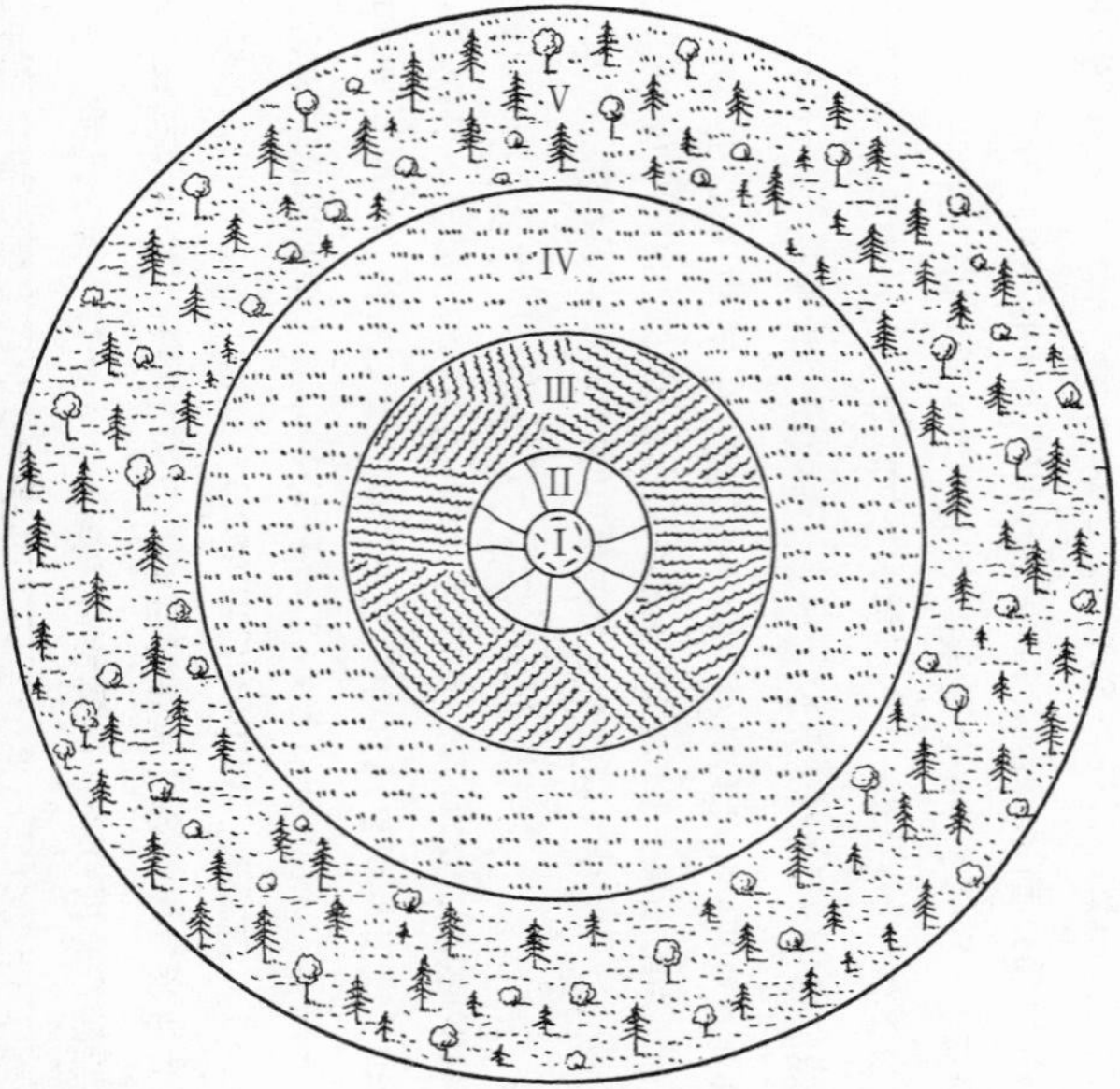

付図 2　ゲルマン的村落共同体における土地占取の様式 ――その理想図(I–II は宅地および庭畑地，III は共同耕地，IV–V は共同地)
Max Weber, *Wirtschaftsgeschichte*, S. 21 より借用.

「宅地」Hofと、そしてその近傍に多少とも「庭畑地」Wurt, Gartenをもっている。[21]この「宅地および庭畑地」Hof und Wurt（＝「ヘレディウム」）は、すでにしばしば指摘しておいたとおり、私的かつ個別的に占取されて、いわゆる《Sondereigentum》〔特定の者に紐付けられた財産・土地〕を形づくる。さらにまた、このような《Sondereigentum》のいわば延長として「共同地」Allmendeなどにもしばしば「囲い込み地」Bifangがつくりだされたが、こうした個別的な「囲い込み地」を作りうる権利が前章でも述べた《Bifang-Recht》にほかならない。[22]

（二）　このような「宅地および庭畑地」Hof und Wurtをめぐって、その周辺には「共同耕地」Ackerland, common fieldが広がっており、村民たちの「耕地」はこの「共同耕地」の各所に多数の小地片をなして散在した。換言するならば、彼らは「共同耕地」の諸所に分散する小地片を、自己の「耕地」として、一定の共同態規制をうけつつ私的に占取したのである。このように「村落」の「共同耕地」が「庭畑地」や「共同地」とは別に、はっきりと独立した姿をとること（＝耕地と共同地への「共同マルク」の明確な分化）自体が、すでに他の共同体諸形態にはみられぬ「ゲルマン的」形態に特有な事実と思われるが、さらにこの「共同耕地」がまた、すでにしばしば示唆したように、特有な「耕地形態」Flurformenを示していることをも、ここで指摘しておかねばならない。[23] すなわち「共同耕地」は通常三〇個ないし六〇個、あるいはそれ以上のいわゆる「耕区」Gewann(＝cultura, furlong, shot, quartier)に分かれていて、各村民(＝家族経済)はこの各「耕区」にいくばくかの大きさの、たとえば一エイカー(＝モルゲン)ないし二分の一エイカーというような「耕地片」を私的に占取し、この各「耕区」に分散している耕地片の総体が彼の所有する「耕地」を形づくる。これがいわゆる「混在耕地制」Gemengelageである(単なる耕地の分裂や耕地片の散在の事実と区別しなければならない)。他面、それぞれの「耕区」についてみると、その内部では各村民(＝家族経済)の占取する耕地片の大きさは「平等に」――もちろん地積だけでなく形状や位置や地味をも考慮にいれて――配分されており、かつ耕作や収穫その他、利用のあらゆる面にわたって、きびしい「耕区強制」Flurzwang(＝「共同態規制」)の耕地に対する現われ)のもとに置かれている。このような仕方で、各村民(＝家族経済)が私的に占取する「耕地」は、たとえば三〇モルゲン(＝Tagwerk)あるいは三〇エイカー、ないしはその半ばというふうに、均等に標準化されており、そのうちたとえば三〇モルゲン(＝エイカー)というような大きさの「耕地」を占取する標準的な村民は(Voll-) Hüfner, virgater[日本近世の本百姓(本役を負担する高持百姓)に相当]、その半ばを占取する村民はHalbhüfner, half-virgater[半役に相当]などとよばれた。なお、このほかにはるかに小規模な「耕地」を、しかも多くは「耕区」の枠外で(ときには「庭畑地」のみを)私的に占取する村民たちも存在した。彼らは「小屋住」cottar, Häusler, Kossäten などとよばれ、その数は時を経るにつれてますます増大していくのであるが、その意義については後段で別の問題的関連において述べることとしよう。

㈢「共同耕地」の周辺にはさらに「村落」所属の「共同地」Allmende, common, Communal がひろびろと広がっていた。ところで「ゲルマン的」形態のばあい、「共同地」は古典古代の、たとえばローマの「公有地」ager publicus とまったく異なって、もはや純粋に共有の、私的占取の観点からみれば完全に「無主の」土地などではなかった(「ゲルマン的」形態において完全に「無主の」土地はいわゆる loca publica であり、これは「上から」私的に占取されてしだいに王有地に転化する)。というのは、「ゲルマン的」形態のばあい、各村民(＝家族経済)は慣習にしたがって「共同地」に対し、たとえば Vollhüfner は Halbhüfner の二倍というふうに、自己の「耕地」の大きさに比例した一定の大きさの共同使用権(たとえば一定量の木材の伐採、一定数の家畜の放牧など)をもっていたのであり、これがいわゆる「共同権」Allmendrecht, stint である。この「ゲルマン的」形態の「共同権」は時代を経るにつれてますます個別的な、いわゆる eigentumsartig な性格をましくわえてくる。ともかく、「ゲルマン的」形態の共同体においては、こうして「共同地」もまた一定の大きさの共同権という「持分」の形で私的占取の対象となっていたのであり、「総有」Gesamteigentumとよばれる所有関係にほかならない(ローマの「公有地」との区別の必要!)。これを再生産の観点からみるならば、「ゲルマン的」形態における「総有地」は、ローマの「公有地」ager publicusがなお「私有地」ager privatusと対抗しあい補充しあっているのと全く異なって、すでに、各村民(=「家族」)の経済的基盤をなす「庭畑地」および「耕地」の「共同態的付属物」anex communal(マルクス)の地位にまで押し下げられていたのである。(24) なかんずく、それを象徴するものとして、「ゲルマン的」共同体に独自な労働手段である「水車」とその「用水」の地位をおもうべきである。(25)

(21) ただし、これはDorf[村]あるいはWeiler(小村)についてであって、Einzelhof(散居制)のばあいにはもちろん各所に分散していた。

(22) この「囲い込み地」Bifangの形成は、一方では後述するように「耕区制」の成立を媒介し、他方では各家族経済間の不均等発展を助長することによって、封建的な階級分化の進行を媒介した。それのみでなく、時代をへるにつれて全く新たな歴史的意義を獲得するようになることは、改めていうまでもない。

(23) 「ゲルマン的」共同体特有の「耕地形態」については前掲の参考文献、とくにA.

Meitzen, *a. a. O.*, I, SS. 83–122 や F. Seebohm, *op. cit.*, Chap. I–II(とくに p. 3 および p. 26 の付図は重要)などにみられる古典的説明のほか、C. S. and C. S. Orwin, *Open Fields*, pp. 30–62 にみえる詳密な記述を参照。邦訳文献としては前掲のもののほか、とくに松田智雄「古典型グルンドヘルシャフト」『立教経済学研究』六の二。

(24) K. Marx, Briefe an Vera Zasulič, Konzept I u. III, *Marx-Engels Archiv*, I ――「ゲルマンのばあいには ager publicus(Allmende のこと――引用者)はむしろ個人的 Eigentum(所有地)の補充としてあらわれる。……個別的な Eigentum が共同体によって媒介されているのではなく、共同体および Gemeindeeigentum(共同地)の定在が媒介されたものとして、すなわち、独立の諸主体のつながりあった関係として現われている。各農家はそれ自身生産の独立した中心をなしており(工業は純粋に婦人の家庭的副業をなす)、根本において経済上の自給自足がたもたれている。……〔ゲルマン的形態においては〕共同体は、一方即自的には言語・血縁等の共同態として個々の Eigentümer(土地所有者)に対し前提されているが、他方定在としてはただ事実上共同目的のための集会としてのみ実存する。そして、共同の狩猟地、放牧地などとして共同体が特殊的な経済的実存をもつ限りにおいても、それは個々の個人的 Eigentümer 自体によって利用されるのである。……事実上個人的 Eigentümer の共同の Eigentum であって、彼らの結合体の共同の Eigentum ではないのである」。K. Marx, *Formen usw.*, SS. 16 ff.(飯田訳、前掲書、一二一―六頁)――なお、こうした「村落」の「共同地」Allmende のほかに、いくつかの「村落」がさらに共通の「共同地」Mark を持ち、一個の「マルク共同体」Markgenossenschaft を形づくっているようなばあいも見出される。しかし、イギリスでは、そうしたものはあまり重要な意味をもたなかったようである。「マルク」については F. Engels, *Die Mark*; A. Meitzen, *a. a. O.*, I, SS. 122-61; R. Kötzschke, A. W. M., SS. 215 ff., 362 ff.; A. Dopsch, *Grundlagen*, I, SS. 350 f., 363 ff. などをみよ。

(25)「水車」については、Sir J. Clapham, *op. cit.*, pp. 66 ff., 154 ff. などの簡単ながらきわめて興味深い指摘のほか、とくに Marc Bloch, Avènement et conquêtes du moulin à eau, *Annals d'histoire écon. et soc.*, No. 36, 1935 をみよ。

さて、各村民(＝家長)が以上のようなそれぞれ異なった様式で私的に占取するところの三種の「土地」、すなわち、「宅地および庭畑地」「耕地」「総有地持分」の総和がいうところの「フーフェ」にほかならない(前掲の付図2を参照)。各村民(＝家長)はこの「フーフェ」一個を私的に占取することによって、慣習的に標準的な村民(＝共同体成員)としての資格を与えられたばかりでなく、また一個の「フーフェ」はそうした標準的な村民の一家族(26)(＝家族経済)の生活を支えうる一単位とみなされていたのである(terra unius familiae!)。この点はきわめて大切なので、いま少し立ち入って説明しておくこととしよう。さきにも指摘しておいたように、Vollhüfner はたとえば三〇モルゲンの

「総有地」を保有し、またそれに応じて「耕地」を、Halbhüfner はその半ばの「耕地」を保有し、またそれに応じて「総有地」に対しても前者は後者の二倍の具体的内容をもつ「共同権」を与えられていたのであるが、このことだけからでも分かるように、「フーフェ」は決して単なる不特定な量の「土地」の集積ではなく、一フーフェ、二フーフェ……と数えられるような特定の大きさのものであり（ローマの「フンドゥス」との差異！）、もちろん、時代的にまた地方的に種々な変化や偏差はあったにしても、一般に村民（＝「村落」共同体の成員）間の私的な土地占取関係における「占取の単位」Besitzeinheit をなしていたといってあやまりではない(27)。ところで、このことを他の面からみれば、次のようになるであろう。すなわち、「ゲルマン的」共同体においては、標準的成員である各村民（＝家族経済）に対して原理上それぞれ一「フーフェ」ずつの「土地」が「平等」に分配されており、そこには、およそ「共同体」の基本的事実ともいうべき「平等」法則の作用していることが明らかに看取できるであろう。しかも、ひとしく「平等」法則が作用しているのでありながら、その「平等」の原理的内容は前述の「アジア的」形態や「古典古代的」形態のばあいとすでに著しく異なっていることも看過すべきではない。すなわち、「ゲルマン的」形態の共同体においては、他の諸形態のばあいのように各成員家族（＝家族経済）の必要と能力という実質に応じて「土地」を私的に要求しまた与えられるというのではなくて、そうした実質の如何にいちおう関わりなく、「形式的」formalに一定単位の「土地」、すなわち一「フーフェ」が成員である各村民(＝家長)に割当てられるという形をとっていたのである。「ゲルマン的」共同体においては、基本的法則ともいうべき「平等」原理はもはや古い「実質的平等」materielle Gleichheitではなく、「形式的平等」formale Gleichheitという新しい姿に推転していたということができるであろう。しかも、そのことを可能ならしめた基礎が、「ゲルマン的」形態に独自な「耕地」形態である「耕区制」Gewannsystem, furlong system[28]にあったということも容易に了解しうるはずだと思う(前掲の付図2を参照)。

(26) このことに関連して、研究史上次の事実が指摘されていることは興味ぶかい。すなわち、通説にしたがえば、フランク時代にはWergeldすなわち殺人の贖罪金の額は、原則として一フーフェに相当するものであったとされているが(久保正幡「フランク時代の家族共同体と自由分権の発展」『法学協会雑誌』五四の一、七九頁、八一頁注四二)、これは「フーフェ」の性格を説明するとともに、当時の貨幣および貨幣経済の「共同態的制約」を生き生きと示して興味がふかい。

(27) 「フーフェ」は時代を経るにつれて、しだいに小単位に分裂していく傾向にあった。しかし、その分裂の仕方にも土地「占取の単位」としての一定の性格的な特徴がみられた。たとえば、「フーフェ」制成立の初期に重要であった Grosshufe は 4 Hufen（イギリスの hide は 4 virgates）であり、またその後 1 Hufe の二分の一、四分の一という単位があらわれた（たとえばイギリスの bovate は 1/2 virgate であるように）。——なお、ローマの「フンドゥス」は、このような「土地占取の単位」という性格を全然もっていなかった。大規模に集積された「フンドゥス」は「ラティフンディウム」latifundium とよばれるが、決して幾フンドゥスというように計算されることはなかったのである（井上智勇『ローマ経済史研究』一頁以下）。

（28）「平等」原理に関する以上のような分析については、何よりもまず、マックス・ヴェーバーのこの上もなく鋭利な所論を参照しなければならない。Max Weber, Der Streit um den Charakter der altgermanischen Sozialverfassung usw., G. A. *zur Soz.- u. WG.*, SS. 546-56 をみよ。

二七　以上のようにして、われわれは、「ゲルマン的」共同体の基本法則ともいうべきものが他ならぬ「土地」占取における「形式的平等」の原理であり、しかもそれが何よりも「耕区制」を基礎とし、そのうちに具体化されているという事実を、おそらく承認しなければならないであろう。[29] ところで、研究史の上で「ゲルマン的」共同体独自の「耕地形態」といえば、「耕区制」のほかに、いやしばしばそれ以上に、「三圃制」Dreifeldersystem, three-field system とか、「地条制」Streifensystem, scattered strip systemが強調されていることは周知のとおりである。それにもかかわらず、私はここで、とくに「耕区制」を中心として「ゲルマン的」共同体の特質を理解しようとする学説を、あえて最も納得的なものとして紹介するという立場をとった。その理由の説明をもかねて、以下なお二、三の点につき少し立ち入って分析をおこなっておきたいと思う。

(29) この点を誰人にもまして強調しているのはマイツェンおよびその衣鉢をうけついだマックス・ヴェーバーである。August Meitzen, *ebenda*; Max Weber, *ebenda*; Ders., *Wirtschaftsgeschichte*, S. 22 f.(黒正・青山訳『経済史』上巻、六三―五頁)をみよ。なお、この点ではシーボームの見解も同じ系列に属するように思われる。Frederick Seebohm, *ibid.* とくに、さきにも指摘しておいた同書の付図を参照。

(一) まず、もっとも典型的と思われる「ゲルマン的」形態の「共同耕地」のばあい、各「耕区」内に存する村民たちの「耕地」片が、それぞれほぼ一モルゲン(＝エイカー)――ドイツでは1 Tageswerk(一日仕事の意)ともよばれていた――ないし半モルゲンずつのいわば短冊形の「地条」Streife, strip, parcelをなして、互いにきわめてmechanischに並列しつつ、整然たる姿をとっていることは周知のことがらに属する。しかしこれと並んで、ひとしく「ゲルマン的」形態の「共同耕地」とよばれるべきものでありながら、いま一つそれほど整然たる姿をなしていない型のかなり広い分布もまた古くから知られている。そうした型にあっては、「耕区」内にある各村民の「耕地」片はかなり不規則な方形をなしており、その面積も決して一定ではない。大きさが、通常の「地条」(＝一モルゲン)とそうとう食いちがっていることがきわめて多いばかりでなく、一村落の「共同耕地」内でさえしばしば「耕区」によって異なっている。ただ「耕区内では」、各標準的村民の「耕地片」が、「互いに等しい大きさをもっている」(マイツェン)という事実だけが一貫して見出されるのである。(30) こうした「耕地片」がいわゆる《Lagemorgen》あるいは《Flurmorgen》なのである。そこで、われわれも、こうした型の「耕区」を「ラーゲモルゲン制」とよんでおくこととしよう(マルク・ブロックのいわゆる「不規則開放耕地制」champs ouverts et irreguliers はだいたいこれに相当するのではないかと思われる)。さて、以上二つの型の「耕区制」のうち、整然たる地条をもつ前者が「有輪ゲルマン犂」deutscher Pflug, caruca の使用と深い関連をもっているという事実は古くはマイツェンによって指摘され、新しくはマルク・ブロックやオーウィンたちによって強調されているところであって、われわれもいちおうその見解を承認すべきではないかと思われる。(31) ところで、そのばあい、もっとも大切なのは、いずれの型の「耕区制」においても「ゲルマン的」共同体特有の「形式的平等」の原理がともに生き生きと具体化されているということであって、このことからして、かつてマイツェンは、低度な鋤《aratrum》の使用に照応する「ラーゲモルゲン制」を「ゲルマン的」共同体における「耕区制」Gewannsystem(＝「混在耕地制」Gemengelage)のいっそう原初的な形態と想定したのであった[32]。われわれはこのマイツェンの想定をかなり確率のたかいものとは思うのであるが、その当否についての結論はここではさしひかえることとしよう。それはともかく、われわれが世界史的観点から技術史的系譜を全くことにした諸地域(たとえば上述のようなヨーロッパと水田耕作のわが国)における「農業共同体」の発展段階を批判的に比較しようとするばあい、このマイツェンの見解は大きな示唆をあたえるのではあるまいか。なぜなら、この立場にたって推論をすすめるならば、「ゲルマン的」共同体、したがってそれに特有な「耕地形態」を史実のうちに検出しうる鍵は、なによりもまず、「形式的平等」の原理を具現するところの「耕区制」——たといそれが「ラーゲモルゲン制」の姿をとっていようとも——が何らかの形で存在するか否かという問題となってくるからである。

(30) A. Meitzen, *Siedelung u. Agrarwesen*, I, SS. 101-6とくにS. 104に掲げられている興味ぶかい付表Fig. 16 u. 17をみよ。なお、マイツェンの指摘するように、このばあい《Flur》あるいは《Lage》は「耕区」Gewannを意味している。

(31) A. Meitzen, *a. a. O.*, I, SS. 85 ff.; Marc Bloch, *Les caractères originaux de l'histoire*

rurale française, p. 51 et suiv.（飯沼他訳、前掲書、七六頁以下）; C. S. and C. S. Orwin, *Open Fields*, Second Ed., pp. 30–2, 39–53. ――ただし、この見解には比較史的見地からかなり強い批判が提起されている。トムソン、池田訳、前掲書、下巻、三六二―四頁。

(32) A. Meitzen, *a. a. O.*, I, SS. 106 f., 112 f. ――マックス・ヴェーバーは、このマイツェンの見解に賛意を表しながらも、彼の論旨がなおやや不明瞭だとして、次のような説明をつけ加えている。「〔ラーゲモルゲン制のうちにゲルマン的特徴がすでに見出されるということについての〕決定的な指標となるものは、次のことがらである。すなわち、重点がおかれているのは耕区よりもむしろ個々人の持分であって、耕区はそうした半日の犂耕を要するような諸地片から構成されているということである。これはおそらく、クナップが前提したような仕方で、しかし平等の維持を考慮しつつ出来上がったものと考えるべきであろう」と。M. Weber, Der Streit usw., *G. A. zur Soz.-u.* WG., S. 550 Anmerk. 1. なお、いわゆる「開放耕地制」open field system（ここでいう「耕区制」）の起源に関する研究史については、さしあたって、小松芳喬、前掲書所収、第二論文「開放耕地制度の起源」を参照。

(二)　つぎに、「ゲルマン的」共同体の耕地形態といえば必ず紋切型にあげられるものに、いわゆる「三圃制」Dreifelderwirtschaft, three-field system があるが、この問題についても、ここでどうしても一言ふれておかねばならぬ。すなわち、もっとも典型的とされる「ゲルマン的」共同体においては、村落の「共同耕地」は通常大きく三つの

「耕圃」Felder, fields, saisons に区分されていて（さらに各「耕圃」はそれぞれたとえば一〇個ないし二〇個というような同数の「耕区」を含む）、それに基づいて、「共同放牧」la vaine Pâture collective をも交えながら、三年を一循環期とする輪作と休閑がおこなわれていたことは周知のことに属するが、「三圃制」というのはこうした農耕様式ないしその基礎をなす土地制度に他ならない。それでは、以上のように「耕区制」を基軸として「ゲルマン的」共同体の基本的特質をとらえようとする見解にたつとき、この「三圃制」はどのように位置づけられるべきであろうか。――「三圃制」が中世ヨーロッパの「ゲルマン的」共同体にみられる種々な耕地形態のうちもっとも典型的なものであることは恐らく言いえて誤りのないところであろう。また、中世ヨーロッパにおける農耕の発達を単にそれだけとして孤立させて考察したばあい、それはたしかに農業生産力（したがって生産諸力）の一定度の発展を表示するものとして、共同体の「ゲルマン的」形態との何らか本質的な結びつきをいちおう承認しなければならないと思われる。[33]
しかしここでも視角をかえて、世界史的な視野から技術史的系譜を異にする他の諸地域のばあいと批判的に比較してみるならば、「三圃制」なるものは、一定の生産力の段階を表示しながら、しかもヨーロッパの風土、つまり「大地」とそれとじかに結びつく労働対象の特殊性に由来するところの、中世ヨーロッパに特有な、牧畜と結合した畑作農業にもとづく特殊事情にすぎぬといって、おそらく差支えないであろう(たとえば、モンスーン地帯の集約的な水田耕作のばあいにはこうした農耕様式が成立しがたいのではあるまいか)。それのみでなく、同じヨーロッパの内部でも「三圃制」の普及度は必ずしも通常想像されているほど大きいものではなかったようである。「耕区制」そのものに関する種々の偏差は別としても、なおそのほかに、ひろく「二圃制」Zweifelder-wirtschaft, two-field system やさらにおよそ「耕圃」への区分を欠く単なる「耕区制」(=「一圃制」)さえ見出されることは、すでに研究史の教えているとおりである。[34] ということは、「三圃制」をはなれても、また、およそ「耕圃」への区分を欠くばあいにも「耕区制」が原理上存在しうることを意味している。しかも、およそ「耕区制」が存在するかぎり、「ゲルマン的」共同体の基本法則である「形式的平等」の原理は耕地制度のうえに具体化されることが可能であるし、またそうした「耕区制」が見出されるかぎり、われわれはそこに「ゲルマン的」形態の共同体の存在を承認しなければならなくなるわけである。つまり、われわれは次のようにいわなければなるまい。すなわち、「ゲルマン的」(=封建的)共同体の基本法則を土地制度に即して理論的に追究していくばあい、特殊「ゲルマン的」な生産関係を具現するものはやはり「耕区制」であって、「三圃制」ではない。いいかえれば、生産関係の側面からみるとき、「三圃制」は要するにおよそ「ゲルマン的」共同体の特殊中世ヨーロッパ的な外被にすぎぬのであって、その本質的な、不可欠な要因とはとうてい見なしがたいのではあるまいか、と。

(33) このばあいにも、われわれは「三圃制」もまたゲルマンがローマから継承した生産力的遺産であるという事実を承認しなければならないであろう。Vgl. R. Kötzschke, *A. W. M.*, S. 267 f. これをタキトゥス段階におけるゲルマン諸部族のいわゆる「穀草式農耕」Feldgraswirtschaft と対比せよ。

(34) この点については、前掲の諸文献のほか、さしあたり R. Kötzschke, *A. W. M.*, S. 267 f.; H. L. Gray, *English Field System.* 邦文としては高村象平『経済史随想』所収、第八論文「三圃農法の起源」などをみよ。

㈢ おわりに、いま一つ、「ゲルマン的」共同体を特徴づける「形式的平等」の原理は、何故に、耕地形態の上でとくに「耕区制」という形をとって現われねばならないのか、という問題が残されている。これに対しては、当時の開墾および土地測量の技術的水準からして耕地の配分上「形式的平等」の原理を貫徹しようとすれば、「耕区制」に帰結するよりほかはなかったとする説明がある。[35] この説明は決して誤りとはいいえない。しかし、いっそう根本的に考えるならば、問題はさらに溯って、そもそもそうした「形式的平等」の原理自体がいったいどのような歴史的条件のなかで発生することになったのか、ということの解明に向けられなければならなくなってくる。そこで、われわれは次項でその点も理論的にいま少し追求しておきたいと思う。

（35）　A. Meitzen, *ebenda;* C. S. and C. S. Orwin, *ibid.* ただしマイツェンの見解は、次項でみるように、いっそう深いものを含んでいる。

二八　さて、以上のように「ゲルマン的」共同体の基本法則を集中的に表現しているともいうべき「耕区制」、およびこれまた「形式的平等」の原理の具体化にほかならぬ「共同地」の「総有制」は、いったい歴史上いつごろ、またどのようにして発生したのであろうか。この問題に関する研究史の一般的説明はここでは当然割愛することとし[36]、さしあたって、その理論的解明を目指す学説の紹介に力を注がねばならない。ところで、そうした学説のうちきわめて有力なものとしてマックス・ヴェーバーの著名な見解があるので、以下それを簡単に紹介しつつ、ある程度の批判を加えてみたいと思う。ヴェーバーによれば[37]、「耕区制」の成立はおそらくその端緒を四世紀に発し、『レックス・サリカ』の段階にはすでにその骨組ができ上がっていた。そして彼は、その原因を何よりもまず、かつては「土地に余裕がある」superest ager（タキトゥス）という状態であったのに、農業がいっそう発達した結果、その「土地」がいまや「狭少」knappとなり、たがいに《Bifangrecht》（先占権）を主張しあう村民（＝共同体成員）たちのあいだで自然発生的に新たな協定が取り結ばれるにいたった、という事実に求めるのである。この説明は、彼以前にも先例のある(たとえばマイツェン)すぐれた見解であり、ただそのこと自体としては何らの誤りをも含んでいないというべきであろう。しかし、比較史的見地からいっそう深く考察してみるとき、なお十分に納得しがたい点が存することも否定しがたい。というのは、こうである。たとえば古典古代、とくに前述したようなローマの「都市」共同体のばあいには、「先占」の進行によって「公有地」ager publicus が狭少となったとき、市民(＝共同体成員)たちは外にむかって「土地」掠取のための侵略戦争を開始するのがつねであった。このことだけからでも分かるように、歴史上土地の狭少化の事実は、それだけでは、必ずしもつねに共同体成員間に土地獲得のための競争(つまり先占権の主張と衝突)をよびおこし、その結果として、自然発生的に新たな協定としての「耕区制」の成立へみちびくものとは限らないのである。これを他面からみれば、歴史上「耕区制」が成立するためには、単なる土地の狭少化の事実だけではなく、それとともに、むしろそれに先立って、かつてリューベルが指摘したように[38]、土地の「人口収容力」Bevölkerungskapazität の上昇が、換言するならば、そうした一定度の農業生産の発達(したがって局地内における生産諸力と社会的分業の発達)が前提されているといわなければならない。こうした点でもわれわれは、「耕区制」の起源そのものを帝政末期のローマ版図内の農村に求め、それが遺産としてゲルマンに伝えられ、かついっそうの発展をとげたとする見解に[39]、十分な理論的関心をはらうべきではないかと思うのである。事実ヴェーバー自身もまた、他の諸労作においては、ローマ帝政期の発達した生産諸力、とくに手工業生産諸力の遺産が、それに照応する社会諸関係を伴いつつ、中世ヨーロッパの「村落」へ、さらにそれを介して中世「都市」へ継承かつ発展させられていったという事実を、この上もなく強調しつづけているのだからである[40]。

（36）　小松芳喬、前掲論文、を参照。

（37）　M. Weber, Der Streit um den Charakter usw., G. A. *zur Soz.-u.* WG., SS. 548 ff. なおこの点に関連して、A. Meitzen, *a. a. O.*, I, SS. 131-68, insbesondre SS. 151 ff.; A. Dopsch, *Grundlagen*, I, SS. 233, 255, 341 ff., 367 ff. を参照。

（38）　Karl Rübel, *Die Franken, ihr Eroberungs- und Siedlungssystem im deutschen Volkslande*, S. 235 f. をみよ。ただし、この点は、他の問題的関連においては、実はヴェーバーもまたたえず強調しているところなのである。

（39）　R. Kötzschke, A. W. M., SS. 255 f., 260; A. Dopsch, *Grundlagen*, I, SS. 255 f., 388 ff. などを参照。

（40）　M. Weber, *Wirtschaftsgeschichte*, SS. 118, 135（黒正・青山訳『経済史』上巻、二五三―六、二八二頁）; Ders., Agrarverhältnisse im Altertum, *G. A. zur Soz.-u. WG.*, SS. 253

-'78.（渡辺・弓削訳『古代社会経済史』四五八－五〇二頁）――「ゲルマン的」共同体の成立は、いっそう具体的に社会構成の歴史の問題としてみるならば、いわば封建革命の過程（旧ローマ諸都市の支配の打倒とフランクの旧血縁貴族層の没落）を推進する抵抗の組織としての、また旧ローマ社会の生産諸力の遺産をうけつぎつつ、新たな階級分化と社会構成をそのうちから生みだしていく基礎としての、「新しい共同体」la nouvelle commune の形成と展開の過程としてとらえられねばならない。たとえば、『レックス・サリカ』の意気軒昂たるいわゆる「第一種序文」の末尾（久保訳『サリカ法典』二九頁）をみよ。ただし、これらについては後段別の関連で問題点を追究していくこととしたい。

最後に、以上述べたような「耕区制」の成立事情に関連させつつ、われわれはここで、他ならぬ「ゲルマン的」形態の共同体が他の共同体諸形態に比べて生産力（＝生産諸力）のいっそう高い発展段階に照応するものであり、したがって「共同体内分業」の歴史的に独自な質と量を表示するものであったということについて、いちおうの理論的な把握を試みておきたいと思う。「ゲルマン的」共同体は、再生産構造の観点から眺めるとき、もっとも端緒的な段階においてさえ、すでに単なる自給自足の「自然経済」などではなく、むしろ最初から、ある範囲の局地内的商品交換をさえ伴いつつ、そうした局地的「貨幣経済」によって補充されていたように思われる。このことは、なお多くの実証的研究をまって史実的裏付けを与えられねばならないが、すでにすぐれた史家たちによって理論的にも実証的にもある程度の根拠をもって想定されているところである。[41] それはそれとして、「ゲルマン的」共同体を内から支えているところの「共同体内分業」(＝局地内分業)は、一般的にいえばもちろん「デーミウルギー」Demiurgie(＝村抱え)とよばれるべき形態に属するものでありながら、やはりそこには「ゲルマン的」形態に固有なものがあったと考えねばならない。研究史の現状に即していえば、「ゲルマン的」形態の「農業共同体」(したがって荘園)の内部には、すでに初発から、一定の種類の「手工業者」fabri, Schmiede, wrights がだいたい次のような形で包含されていた。[42]

(1) まず、文字どおり「村抱え」(＝デーミウルギー)の形をとる水車屋、鍛冶屋、それに大工(とくに車大工)などの手工業者たちで、彼らはしだいに「村落」内のいわば特権層を形づくるようになっていく(「アジア的」形態のデーミウルギーとの相似と差異)。つぎに、家父長制「奴隷」の姿をとる手工業者たち(いわゆる「荘園手工業者」Hof-handwerker はその転化形態)で、彼らもしだいに「小屋住」などの形に上昇していき、それとともに「村落」内の手工業者の数も種類も増大していく。たとえば、鍛冶屋、馬具屋、大工、車大工、靴屋、パン屋、魚屋、織布工など。

(2) ところで、「ゲルマン的」共同体にとくに特徴的と思われるのは、そうした「村落」内の手工業者たちのうちに、一般の人々に対して製品を「自由に」(必ずしも身分上の自由を意味しない)販売する者が少なからず存在したということである。換言するならば、「村落」共同体内部にそうした意味での「自由な」手工業者たちの存在しうる余地が十分にあったということである。このことは、中世都市(＝ギルド制)の成立に関連して、ベロウの鋭利な指摘以来ほぼ定説となっているといってよい[43]。そしてこうした「自由な」手工業者たちは、経営のうえからみれば、おそらく半農半工で、一定範囲の局地内ではじめは主として「賃仕事」Lohnwerk をおこなっていたものと思われる。さらに、これに境を接して、いわゆる「巡歴手工業者」の群があり、たえず移動しつつ諸「村落」の需要を補っていた。そのあるもの(たとえば鍛冶屋、製塩業者など)は特殊な「手工業村落」をも形づくっていたが、こうした形はしだいに消失していったとみてよかろう[44]。「ゲルマン的」共同体には、このような形で、局地内においていちおう「自由に」その製品を一般の人々に販売するような手工業者たちが初発から包含されていた。少なくとも、そうしたものを包含しうるような可能性が与えられていたといってよかろう。そうした手工業者たちは、むろんまだ真の小ブルジョアという性質のものではなかった。といって、「たがいに結合して独自な団体を形づくることもなく」(ケーチュケ)、「ゲルマン的」形態の共同体に独自な、一種の広義での「デーミウルギー」(＝村抱え)を作りだしていたということができるであろう。ところで、このような「共同体内分業」の歴史的に独自な存在形態には、もちろん、前述したような「ゲルマン的」共同体に固有な構造的特質が対応していたといわねばならない。ということは、すなわち、共同体成員(＝村民)たちの私的独立性と私的活動力のいっそうの進展という事実にほかならぬ。あるいは、マルクスの表現を借りるならば、「ゲルマン的」形態においては、「共同体」がもはや私的諸個人をおしつつむ一個の「結合体」Verein としてではなく、個々の私的個人間の単なる「結合関係」Vereinigung として現われているという事実にほかならぬ。(45)かつてローマにおいては手工業労働は「奴隷」にふさわしい、「共同体成員」にとってはむしろ有害なものとされていた。ところで、「ゲルマン的」中世においては、これとまさしく正反対に、個々の手工業者たちがしだいに私的独立性を獲得して、「中世都市」とその「ギルド制度」という独自の「名誉ある」、かつ歴史上最高度の社会的分業を内包するところの「共同体」を形づくるようになっていくのである。さらに進んでは、「村落」共同体の基盤の上に、その内部から真の小ブルジョア的(したがってブルジョア的)商品＝貨幣経済を展開することによって、ついに「共同体」一般を終局的に揚棄する(資本の原始的蓄積過程！)にいたるであろう。そしてこのような「ゲルマン的」共同体に独自な歴史的規定性は、いうまでもなく、以上述べたような共同体内部における成員（＝村民）間の私的（＝gesellschaftlich）な関係と彼らの私的活動性の決定的な成長に由来するものにほかならなかったといえる。

（41） たとえば、前掲の『レックス・サリカ』や『レックス・リブアリア』において、貨幣計算が、もとより共同態的に規制されつつも、また逆にその規制の内容を全面的に覆いつくしている事実を想うべきである。

（42） 高村象平、前掲書所収、第六論文「村の鍛冶屋」、R. Kötzschke, A. W. M., SS. 278–86; Ders., *Grundzüge*, S. 100 f.; J. Kulischer, *Allgemeine Wirtschaftsgeschichte*, I, SS. 65–77 のほか、A. Dopsch, *Grundlagen*, II, SS. 424 ff. などをみよ。

（43） G. v. Below, *Probleme der Wirtschaftsgeschichte*（とくに V. Die Motiv der Zunftbildung）や Ders., *Territorium und Stadt*（とくに Die historische Stellung des Lohnwerks）所収の諸論文を参照。

（44） たとえば、Sir J. Clapham, *op. cit.*, pp. 65 ff. の簡潔な指摘などをみよ。

（45） K. Marx, *Formen usw.*, S. 16.（飯田訳、前掲書、一二二頁）

［一三二頁「レーウデース」への編者注］メロヴィング朝の王の従士。それがカロリング朝以降にいかなる意味で、王に対する忠実誓約＝契約関係に入る封建領主層となったのか、さらに、西欧中世封建制の共同体的・社会的な基礎は何であったのかについてロマニストとゲルマニストの論争があった。

II

生産力における東洋と西洋——西欧封建農民の特質——

いわゆる「封建的」の科学的反省

「共同体」をどう問題とするか

内と外の倫理的構造

マックス・ヴェーバーのアジア社会観
——とくに彼の共同体理論について——

アジアから見た文化比較の基準

生産力における東洋と西洋

——西欧封建農民の特質——

一

いまや崩壊の過程にあるわが国アンシャン・レジームの経済的社会構成が、封建的絶対主義と特徴づけらるべきものであったことは、今日ある意味では常識的となっているであろう。もとより、厳密に考えてみると、こうした規定にはなお多くの異論があるには違いないと思う。が、ともかく、こうした歴史的規定が、外側から与えられることによって、しかもそれが農地問題と絡み合っていることによって、わが国農民のおかれてきた社会関係がまだ決して近代的なものではなく、むしろ封建的なものであるという事実が、公然とかつ深く反省され始めていることは否むべくもないであろう。このことは確かに喜ぶべき現象である。というのは、こうした点がなお深く反省され、分析されるのでなければ、わが国経済の近代的＝民主的な再建はとうてい不可能だと思われるからである。

従来におけるわが国の経済的社会構成が封建的絶対主義であり、それの基盤をなすところの農民層とそれをとりまく生産諸関係がなお封建的であったといわれるばあい、いわゆる巨視的な方法の観点からすれば、それは全く正しいものであると筆者は考えている。しかしながら、いっそう正確に、かついわゆる微視的な観点からするならば、遥かに立入った具体的諸規定がこの一般的規定に付加されねばならぬであろう。たとえば、現在までのわが国の経済的社会構成がはたして単なる封建的絶対主義にすぎないものであるのか。たとえば、非自生的な系譜をもつにせよ、ともかく相当に巨大な規模において展開されてきたところの独占的産業資本と、それに対応して形成されてきたプロレタリアートの存在といったものを、いったいどういうふうに理解するか、というような問題である。けれども、こうした点は本稿では論ずるつもりはない。筆者がここで問題としたいのは次のような点である。まず、わが国の農民層およびそれをとりまく生産諸関係がはたして西欧、とくに十六、七世紀のイギリスにおける封建的絶対王制下の農民層とひとしなみに論ずることができるものであるかどうか。両者の間には歴史的性格のなんらか本質的な相違が見出されるのではあるまいか、ということ、次に、これと全く照応することなのであるが、基盤をなすこうした農民層の歴史的性格の相違からして同じく封建的絶対主義とよばれるものでありながら、西欧、とくに十六、七世紀のイギリスのそれとわが国のそれの間にはなんらかの決定的な歴史的性格の相違が存在するのではあるまいか、ということがそれである。

いま少し問題を具体的にしてみるならば、こうである。十六、七世紀のイギリスにおける封建的絶対主義は、いわば構造的にみて極めて脆弱であり、早熟ともいいうるほどのあわただしい崩壊過程のなかから近代的な資本主義社会が極めて順調に生誕するにいたったのに対比して、わが国のそれがほとんど対蹠的とよばれうるほどの性格を示してきたことは周知のとおりである。わが国の封建的絶対主義が構造的にはおそろしく頑強であり、ほとんど自生的に近代的＝民主的な社会へ移行しうる可能性をもたなかったとさえ思われることは、現下におけるいわゆる民主化が極めてたどたどしい足取りのものであり、そこには外部からの強力な援護があるにもかかわらず、おそろしく頑強な阻止的諸要因が到るところ民主化の進行を阻んでいることを冷静に観察するほどの人にとっては、ほとんど自明のことであろうと思う。こうした両者の間における社会構成上の歴史的性格の相違は、その基盤をなす農民層の歴史的性格の相違に全く対応しているように思われる。十六、七世紀におけるイギリス絶対主義の社会的基盤のなかで、決定的な重要性をもっていた農民上層(「ヨウマンリー」yeomanry)とこれと密接に絡み合う中小地主層(「ジェントリー」gentry)が示した社会的性格を想起してみるがよい。ヨウマンリーおよびジェントリーは十五世紀以来、テューダー絶対王制の成立を推進してきた社会層であるが、それがいち早く自己の中から産業資本家層を広汎に分出させつつ、近代的=民主的な社会的性格を帯びることによって、十七世紀前半のうちにその封建的絶対主義を揚棄しようとする態度をあらわにし、ピュウリタン革命、王政復古および名誉革命を経て形成されたあのイギリス近代社会の主体的担い手として立ち現われるにいたった。いわば、こうした農民上層ないしはそれと深く絡み合う中小地主層こそが、イギリスにおける近代社会形成の主体的形成者の中核だったのである。これに対比して、わが国の農民上層および中小地主層の示してきた歴史的性格はどうであろうか。いちおう外面的な解放をたとい経たとしても、真に近代的な民主的レジーム形成の推進的主体たるにふさわしい歴史的性格を示しているのかどうか。ほとんど縷説の要がないであろう。そして、この点こそイギリス絶対王制のいわば「開かれた」性格と、わが国のそれの「閉じられた」性格との相違を決定した基本的な要因であったように思われる。

それでは、両者の間におけるこうした歴史的性格の相違はどの点に歴史的=社会的な根拠を見出すことができるであろうか。これは現下の緊要問題たる経済再建の具体的方途を考えるばあい、決定的に重要な意義をもってくることはいうまでもなかろう。筆者は本稿で、この点に関して少しく考察してみたいのである。それは、もとより、あらゆる方面から正確に追究してゆかねばならないが、ここではただ、この問題にいくらかのヒントを与えうるであろうと思われる二、三の事実を指摘してみることに止めたい。

二

十六、七世紀のイギリス農民とわが国農民の歴史的性格の相違が因って来たるところを尋ねようとするとき、まず想起されるのは十六、七世紀のイギリス農民が、構成的には封建的支配の下におかれていたとはいえ、実質的にみて、すでに建国当時のアメリカ合衆国を除けば、近代史上その比をみないほどの独立かつ自由な自営農民の相貌を呈していたということである。大ざっぱにいって、ヨウマンリーこそこうしたイギリスの独立・自由な自営農民の上層で、かつその前衛をなすものであって、自己のなかから近代の産業資本家層を広汎に生み出しつつ、そうした歴史的規定性からして、十七世紀前半には封建的絶対主義を決定的に揚棄しようとする明白な態度を示すにいたった。この点は確かにわが国農民と際立って異なった特質ということができる。そしてこの特質のゆえにこそ、イギリスの絶対王制はいわゆる「開かれた」性格をもったのであった。しかし、われわれの問題はいま少しく深くに遡るのである。わが国の農民が封建的絶対王制下にあって、しかも一方では独占的産業資本が巨大な規模で形成されるという段階においてすら、極めて高率な封建的地代を負担し、かつ前期的な商業資本・高利貸資本によって吸着されつつ、徳川封建制下とあまり変化をみないほどの貧窮のうちに停滞していたのに対比して、十六、七世紀のイギリス農民があのような洋々たる進展を遂げえたのは、どのような客観的条件によって可能とされたのであったか。そうした問題である。そのような客観的条件として従来しばしば指摘されたところは「当該封建社会の内部的構造の堅固さ如何」ということであった。このことは抽象的にみれば、全く正しいのであるが、それが具体的に何を意味するかはまだ必ずしも明瞭でないように思われる。そこで筆者は、この点の解明にいくらかでも寄与しようとする意図から、遡ってイギリス封建農民の姿を、わが国農民のそれに対比しつつ、少しく考察してみたいと思う。

イギリスの封建社会は、十一世紀のノーマン・コンクェストをもって本格的に確立され、その基礎たるマナー制度は十三世紀にいたって頂点に達するのであるが、こうした時期のイギリス農民の姿を現在のわが国農民のそれに比べてみたばあい、一驚に値いするほどの相違が種々存在することを発見するのである。あの典型的マナーにおける農民が土地を耕作するために、すでに数頭の牡牛によって牽かれた重い犂(プラウ)を用い、そのために犂隊(プラウ・ティーム)を構成していたということもその一つである。しかし、いまいっそう驚かされるのは、フル・ヴィレン(full villein)とよばれる標準的な農民が一般に三〇エイカーを占有し、それを耕作していたということである。一エイカーの大きさに現代のものとある程度の開きがあるにしても、わが国の農民の経営規模を考えてみたばあい、その巨大なのに驚かされるであろう。実際農民が一戸当り一〇町歩にも余るほどの巨大な面積をみずから耕作していたということは、わが国と比べてみて、両者の農業経営の様式に、なにか大きな「質」的な相違があることを推測させる。もとより、中世イギリスのマナーにはこうした三〇エイカーを占有するフル・ヴィレンのほかに、その半分を占有するハーフ・ヴィレンもいたし、さらに二、三エイカーから五、六エイカーを占有するにすぎないコッター(小屋住農)とよばれる下層農民も見られ、しかもこのコッターの数は全農民のなかで相当に大きな比率を占めていたようである。もちろん、このことは十分に注意されねばならない。しかし、このことを考慮に入れても、やはりいまいったような問題が出てくるのである。というのは、このコッターたちは五、六エイカーをも占有しながら、しかも自分の耕地だけではほとんど生計を立てえないほどで、そのために通例は、なんらかの兼業ないし副業によって生計を立てるか、あるいは領主や比較的豊かな農民の下に雇われて、生計を補充しなければならなかった。一—二町歩の経営規模でもって、しかもこのような事情のもとにおかれていたということは、わが国農民のばあいと対比してみるとき、さきに述べたような経営様式上の「質」的相違の存在が一そうはっきりと推測されてくるのである。

それは一言にしていえば、イギリス封建農民のばあい、その耕作面積はそうとうに大規模であったにもかかわらず、経営が極めて粗放だったということである。つまり、そうとう大きな面積を耕作しながら、しかもそこからあげられる収穫は、わが国の事情に対比してみると、ちょっと想像できないくらい小さいものだったということである。農業経済学上の用語を借りるならば、その土地の生産性がわれわれには極めて意外なほど低かったということである。しかもこの事情は、十四世紀末以降のマナーの崩壊過程を経て、独立かつ自由な自営農民層が広汎に形成され、テューダー絶対王制が樹立されるにいたった後においても、依然として変っていない。いや、かえってますますはっきりした形をとってきているように思われる。イギリスでは中世以来、肥料としては羊の糞がもっぱら用いられていたにすぎないということは周知の事実であるが、絶対王制成立の後においても、わが国に見られるようなあの前期的高利貸的性格をもつ肥料商なるものはまず見出されない。少なくとも、それが無視されてよいほどの微小なものであったことは疑いをいれない。このことだけでも、イギリスでは、絶対王制下になってもなお土地の生産性が極めて低かったことを十分に推測しうるであろう。しかし、そうしたイギリス封建農業における土地生産性の低さを一そう端的に物語るのは、穀物の播種量に対する収量の比率がおそろしく低かったということである。たとえば、一ブッシェルの小麦が播かれたばあい、収穫される小麦の量は一般にせいぜいのところ数ブッシェルである、十数ブッシェルなどとはとうてい考えられない有様であった。もっとも、こうした収量の低さは、西欧封建農民一般に通ずる事情であって、たとえばフランス革命前夜、北仏ピカルディーの地域では収量が播種量の一〇倍を僅かにこえていたのであるが、しかも、このピカルディーは当時のフランスにおいて、例外的に土地肥沃な地域であったといわれている。ともあれ、これほどの土地生産性の低さはわが国農民の意識をもって考えたばあい、ほとんどばかばかしいほどのものであることは明らかであろう。

さて、イギリス封建農民の農業経営にあっては土地生産性がこのように低かったという事実を確認して、これをとくにわが国における農業生産力の事情から類推してみたばあい、おそらく、イギリス封建農民は極めて貧窮であったと推測するのが自然ではなかろうか。事実、イギリスの歴史家の記述のなかにも封建農民の貧窮が指摘されていることはしばしばである。しかし、それがイギリス近代社会の生活水準からする評価であることは決して看過することを許されない。われわれにとってはむしろ、アジアの諸国、たとえばわが国農民に比べてみて、彼らがかなり富裕であったことに注意することが肝要ではないかと思う。このイギリス封建農民の富裕さは、テューダー絶対王制が成立し、農民層が事実上独立かつ自由な自営農民の相貌を帯びはじめるにいたって、むしろ紛れもなく顕著となってくる。十五世紀後半から十六、七世紀にかけての種々な文献のなかには、イギリス農民、ことにヨウマン層の富裕さを讃えた言葉が特徴的にあらわれてくるようになる。たとえば、有名なフラーの次のような表現を想え。「ヨウマンは身に纏うものは手織の衣服だが、黄金で支払い、ボタンは錫、ポケットには銀をしのばせている……。家にあれば他所者や貧民に物惜しみをしない。もてなしの女神が死んだとき、ケントのヨウマンのところで息を引取ったなどという者もある」。こういった言葉は、当時のイギリスでは決して例外的な表現ではなかったのである。さらにつづいて次の語がでてくる。「戦のときは徒士で従軍するが、逸る心はつねに意気の駒に打ちのって何人にも奴隷とならず、自分の国王(プリンス)にのみ臣事する。潔白と独立はおのずから勇猛心を生むものだが、さもないと勇気をもつのにさえ命令をうけねばならぬ」。もっとも、こうした記述が事実を正確に伝えているかどうかは疑わしいとする、いちおう慎重な批判もありうるであろう。しかしながら、多くの歴史的諸事実を広く見わたしつつ、それを整合的な歴史像へと再構成して行くばあい、このイギリス農民の富裕さはとうてい否み難い。つまり、われわれの問題は、ヨウマンたちの富裕さを讃えた当時の諸記録が偽りであったのではないかと疑いつづけることではなくて、むしろあの驚くべき土地生産性の低さと、このほとんど近代史上無比ともみられる農民層、とくにヨウマンたちの富裕さが、どのようにして矛盾なく結び合わされていたかということであろう。

われわれがすでにもっている農業経済学上の知識からすれば、この問題の解決は比較的容易なようである。ヨウマンたちの農業経営、とりわけ農耕労働においては、土地の生産性が極めて低かったにもかかわらず、その労働の生産性は極めて高かった。すなわち、一定面積における収量は極めて少なかったにもかかわらず、投下された労働の量に対して、収量はいちじるしく高い比率を保っていたのである。周知のように、労働の生産性と土地の生産性は、もちろん両者互いに平行して進むばあいもありうるが、一定の条件の下においては、鋭く反比例するようないわゆる鋏状的乖離の関係に立つばあいもありうるのである。すなわち、農耕が過度に労働集約的となり、一定の面積から過大な収量をあげるために惜し気もなく人間労働が注ぎ込まれるようになると、一定の投下労働量に対する収量はかえって減少し、労働の生産性は極めて低く押し下げられたまま停滞することになる。これと反対に、農耕が極めて粗放であり、土地の生産性が低くても、場合によっては、かえって、そのために、労働の生産性がぐいぐいと高められていく可能性も存在する。イギリス封建農民、ことにヨウマンのばあいは、それがまさしく現実に現われた事例ということができるのではないか。この推論は、わが国農民層の事情と対比してみたばあい、十分に成りたつと思われる。たとえば、絶対王制成立期の文献における次のような言葉を、わが国農民層の事情に対比しつつ、想い浮べてみるがよい。「イングランドは他国より豊饒であって、その肥沃なること、他に比をみない。こうして、この国の民衆は、過労に悩まされず、耕作の心配で苦しむことなく牛を飼ったというあの〔イスラエルの〕族長たちのように自由に息づいている」(サー・ジョン・フォーテスキュー、傍点——引用者)。過労に悩まされずに、豊かな収穫があったということに注目していただきたい。これこそがイギリス封建農民の独立・自由な性格を生み出し、彼らにあの「開かれた」歴史的姿勢をとらしめるにいたった客体的条件と見ることができないであろうか。フォーテスキューはまた次のようにも言っている。「さらに、この国には土地所有者が多く、たいていの村にはナイト、エスクワイヤー、フランクリンがいて相当の産を成している。またフリー・ホウルダーやヨウマンもいて、ヨウマンのなかには一〇〇ポンドも支出できる者もあり、ナイトやエスクワイヤーの収入になると五〇〇マークを下らない」と。

こうした労働の生産性の高さ、そこから流れ出る余剰生産物と農民の豊かさ、それから結果するところのものは何であろうか。働けど働けどではなく、まことに散文的な表現ではあるが、働けば働くほど自己の人間的生活を豊かならしめることができる、という独立自由への可能性である。

そして、こうした客体的条件が存在するばあいにのみ、あの近代的人間類型を直接に指向するところの勤労、節約などの生産力的性格の諸徳性が形づくられることになる。われわれはすでに十五世紀のうちに、イギリス封建農民の間で、こうした生産力的性格の諸徳性が芽生えてくるのをはっきりと看取することができる。そして、こうして客体的諸条件にしっかりと足場をもちつつ、イギリス農民、なかんずくヨウマン層を近代的人間類型――これこそが近代生産力形成の最大の要因である――に教育したところのものこそ、ピュウリタニズムの宗教的雰囲気であったといってよい。ともあれ、土地の生産性が極めて高く、そのためにかえって労働の生産性が極めて低く押し下げられているとき、こうした性格をもつ歴史形成の主体的要因が新たに作り出されていく可能性が極小であることは、論ずるまでもないであろう。

三

以上述べてきたところからして、西欧封建農民とわが国農民のそれぞれが営むところの農耕の間には、極めて顕著な生産力の「質」の相違が存在することは明らかであろう。すなわち、前者においては土地の生産性が低いために労働の生産性が高く、後者においては土地の生産性が極めて高いために労働の生産性が停滞しつづけている、ということである。そして、これが両者の封建的絶対主義の構成上の「質」の相違を決定したところの、もちろん唯一ではないが、極めて重要な要因であったことも十分に推測できる。こうしたイギリスとわが国、いっそう大ざっぱにいえば、西洋と東洋の農業生産力——読者はそれが農業とは限らず生産力一般の問題であることに気づかれるであろう——における「質」の相違は、いったい、世界史のどの段階で、どういう事情から生れてきたものなのであろうか。この問題はいうまでもなくおそろしく難解なものであり、軽々には論じ難い。しかし、信頼すべき一人の学者の推測するところによれば、この相違はすでに世界史の最初の頁から見られたもののようである。といえば、西洋では、牧畜が原初から大きな比重をもち、そしてあのマルクゲノッセンシャフトを成立せしめるような畑作農業が特徴をなしていたこと、これに対比して、東洋とくにモンスーン地帯では、原初から、低度な農具を用いつつ人間労働を濫費するにいたるような、「水田」耕作へといきなり移行していること、を読者は想起されるであろうが、実はそういうことなのである。おそらく、生産力の「質」における西洋と東洋の乖離はそのように古いものであり、場合によっては一つの宿命とさえ考えられかねないほどのものかと思われる。なぜ、このような乖離が生ずるにいたったのか。そこには、地理的諸条件が極めて大きい圧力をもって伸しかかっていることも、もとより否定できないであろう。しかし私は、いかに巨大な力であろうとも、地理的条件がなんらか絶対に動かしえない大宿命を構成しているというような見解に対しては、もちろん賛意を表することはできない。東洋における地理的条件は労働の生産性と、したがって真実の意味における生産諸力の進展にとって、まことに都合の悪いものではあったろうが、生産諸力の主体的条件の確立、すなわち民衆の示す人間類型の近代化によって克服しうるものであろうと考えている。ともあれ、土地の生産性極めて高く、労働の生産性極めて低く、したがって真実の意味における生産諸力の進展を極めて遅々とした状態に停滞せしめるところのあの集約農耕が、わが国の勤労民衆を原初から制約し、さらにまた、生産諸関係と経済的社会構成の段階的進展をも歪形化しつつ、特異なシンクレティズム［混交、習合。ここでは古い社会的・文化的諸要素が、新しい経済システムと融合することを指す］的姿容を与えてきた、といえるのではなかろうか。わが国経済再建の基本的な困難さがそもそもこうした歴史的規定性に基礎をおいていることは、はっきりと認識されねばなるまい。つまり、生産力においてわが国農民が十重二十重に絡みつかれてきたところのこのアジア的宿命を、いまや逐次打破してゆくべき決定的な第一歩を、この経済の再建に当って踏みだすことが緊要ではないかというのである。

といって、筆者は技術が生産力の構成とその歴史進展の決定的な要因であるとはもとより考えてはいない。したがってまた、こうした生産力的宿命が、一見技術の面におけるもののように見えても、単に技術の変革のみをもって打破しうるとは決して考えていない。なによりも必要なのは、生産諸力の主体的要因である勤労民衆(労働力)を、古い段階の人間類型から真に近代的な生産力的な人間類型へと「教育していく」——もとより最広義において——ことが第一の、最大の条件であろうと思う。ことに、西欧におけるような近代社会の順調な自生的発達とは逆のコースをとって、近代化・民主化の動きが基本的には外側から強力によって必然化されているばあい、このことはこの上もなく明確に把握される必要があるのではないか。ところで、民衆の人間類型の近代的育成が最も基本的なことがらだといっても、もちろんそれだけでもって十分だとするのではない。それに伴って、他の諸条件がいわば同時進行的にそれをバック・アップしていかなければならない。その一つは、西欧近代社会の発達史の上ですでに極めて明確なる事例を与えられているように、自営農民層の本格的創出(いわゆるアメリカ型解放)——建国当時のアメリカ合衆国が根本においてあの逞ましいヨウマンの国であったことを想え

——でなければなるまい。ただしかし、これに関連して、歴史上いわゆる自営農民層がつねに、またどこでも、近代社会を指向したわけではなかったということ、すなわち、一定のばあいには自営農民層が逆に保守的な性格を示すということ、しかも東洋においては、一般にその傾向がきわめて強かったということは記憶しておく必要がある。つまり、ここでさらにいま一つの条件が付け加わらなければならぬということになる。すなわち、われわれはこう言わねばならない。いかに自由な自営農民層が創設されたとしても、彼らを古い生産事情へとしがみつかせるような、あの東洋の生産力的宿命が彼らに絡みついている限り、主体的条件としての近代的人間類型の創出も、それに照応する客体的条件としての自営農民の創設も、西欧で見られたような、まさしく近代そのものを指向するいわゆるアメリカ型とはとうていなりえないであろう。かように推論してきて、おそらく、わが国における農業の近代化のばあいには、特殊的に生産諸力の「質」の問題が明確に注意されねばならぬとする理由もほぼ明らかとなったかと思う。

以上、本稿においては、生産力における東洋と西洋の相違、一見宿命的とさえ思われるほどの「質」の乖離を、甚だ粗雑ながら指摘してみた。もちろん、この問題をすでに十分に見透しえたなどというのではない。単に問題を提起したのみであって、その正否は十分に検討され、微視的に深く深く分析がなされねばならない。さらに、本稿では生産力の「質」だけを問題としたが、それと同時に、こうした生産力の「質」の相違に照応して、生産諸関係および社会構成の面においても、西洋と東洋の間にはその歴史的発展の類型的な「質」的相違が見られることも見落されてはならない。具体的にいうならば、こうである。わが国のアンシャン・レジームの構成を封建的絶対主義と特徴づけることが巨視的に見て、おそらく正しいものであるとしても、微視的な観点からして、いっそう立ち入った規定、とくに限定がそれに付加されねばならぬということは冒頭でも述べたが、このいっそう立ち入った検討をば西洋と東洋の対比の観点からいっそう徹底的に行わねばならぬということである。わが国アンシャン・レジームの農民は封建農民であるといわれるが、しかし、世界史的にみて典型に近い西欧封建社会の諸事実に対比してみたばあい、はたしてそれほど簡単にそう言いきれるか、どうか。類型的には、むしろそこに、発達諸段階——もとよりその中心をなす人間諸類型をも含めて——の限度を知らぬシンクレティズムが見られるのではあるまいか。こうしたことが、西洋経済史を少しく学んだものとしての一私見である。教示を賜ればまことに喜ばしい。

いわゆる「封建的」の科学的反省

一

近来ジャーナリズムによってしばしば取り上げられているものの一つに、「封建的」あるいは「封建性」なる語がある。敗戦によってわが国のアンシャン・レジームが強力に解体され始め、古きものの真相がつぎつぎに白日の下にさらされて行くとともに、この古きものを一般的に特徴づけるのに、「封建的」とか「封建性」とかいう語がそのようにしばしば用いられているものと見て差支えあるまい。が、もしそうであるとすれば、「封建的」あるいは「封建性」なる用語は相当に重要な意味をもたされていると見なければならない。ところで、「封建的」という語ないし表現は一見きわめて理解し易くかつ意味明瞭であるかのように見えて、しかも少しく科学的に反省するならば、実はおそろしく難解な問題を含んでいるようである。たとえば、通例西欧近代的あるいは近代資本主義的なるもの以外ないし以前のものは、およそ一括して「封建的」と呼ばれていることがしばしばである。しかしながら、歴史の発展段階が最も古典的な様相を帯びているとされる西洋史上の史実に徴してみるならば、近代「以前」であるということは、決して直ちに「封建的」であるということを意味しない。もとより、近代資本主義的なるものに直接先行するものは、厳密な意味において「封建的」なものであった。しかしながら、それ以前にも古典古代的な奴隷制的なものがあったし、さらに遡って古代アジア的なものもあったわけである。つまり近代「以前」的なものの中には、もちろん厳密な意味における「封建的」なものも含まれているが、そのほかに奴隷制的なものもアジア的なものも含まれうるわけなのである。したがって、もしひとがなんらか近代「以前」的なものを発見し、それを厳密な意味で「封建的」であると特徴づけようとするならば、彼は古典的段階構成における諸史実に基づいて、あらかじめ、厳密な意味において「封建的」なものの歴史的・社会的な基本的諸特質を正確に把握しておく必要がある。でなければ、少なくとも「封建的」なる規定は科学的正確さを主張しえないであろう。

それでは、厳密な意味における「封建的」とは、いったいどのように把握さるべきであろうか。近代的資本主義的なものとの範疇的差違はいちおう明らかであるとしても、同じく近代「以前」的なもののなかにあって、それは古代奴隷制的なもの、古代アジア的なものとどのように範疇的に区別さるべきであるのか。これをあらかじめ厳密に規定しておくことが必要である。しかし、これはもとより言うに易くしておそろしく困難な問題である。その困難さはむしろ想像にあまるほどのものであるかも知れない。何よりもまず、そうした歴史的規定は、段階構成が最も古典性を帯びる西洋史上の史実に徴して行われねばならず、そしてこの史実に徴するということがおそろしく困難な仕事だからである。しかし、いかに困難であるとはいえ、われわれは、歴史学方法論上の問題はたいてい史実のそれに解消するとして、ただ史実の観照のうちに問題がおのずから明らかになってくるのを、やはり消極的に待っているわけにはいかない。われわれを取り巻く厳しい歴史的現実がこれを迫るからである。もちろん、なんらか「発見的」な類型構成を積極的に行うことは、必ずなんらかの誤謬を伴わざるをえないであろう。しかし、こうした誤謬とその絶えざる良心的訂正をいつまでも回避して、なんらの「発見的」類型構成をも行わないならば、われわれが史実そのものに近づくことすら実は不可能となり、われわれの歴史的認識の前進が阻まれてしまうことになるであろう。とはいうものの、問題は実に困難なものなのである。この小論ではわれわれは、論点の所在を少しでも明らかにするために、いちおうの問題提起を試みるに止めたい。

二

「封建的」とは何を意味するのか、という問題を追究するためには、「封建」という語がそもそも東洋においていかなる語源から生れ、また、いかなる社会的意味内容をもって用いられてきたかということを問うのは、さしあたって必要のないことであると思われる。けだし、当面問題とされている「封建的」という語は、一応ヨーロッパにおける用語法の伝統の下に立っていると考えてさしつかえないからである。それはヨーロッパの中世的封建的なるものを予想していると考えて、まずまちがいないであろう。

もっとも、こうした意味での「封建的」は、さしあたり政治経済的な内容をもつものであり、したがって政治的な面と社会経済的な面と両方から論じられねばならないであろう。たとえば、終戦直後わが国民衆の耳をこの上もなく強く打ったあの「封建的」絶対主義という語を想起するだけでも、ほぼそのことが分かるはずである。しかし、この小論では、われわれはそのうち社会経済的な面だけを取り上げるであろう。

さて、わが国のアンシャン・レジームは周知のように「封建的」絶対主義の烙印を押されるようになった。このことはすでに早くから一部の人々によって主張されていたのであるが、いまや一つの常識とさえなりつつある。そして、巨視的にみたばあい、われわれもまたそれを正しいものであると信ずる。ところで、さらに遡って、ほぼ鎌倉時代以降明治維新にいたるまでのわが国の経済的社会構成は封建社会であると言われてきた。そして、巨視的にみたばあい、それがひとまず「封建的」社会と呼ばれるにふさわしいものであったことも、われわれは正しいと思う。ところで問題が起こってくるのは、われわれが、このわが国における封建社会を古典的な段階構成をとったといわれる西欧の封建社会と、また、わが国におけるこの封建的なものを西欧における封建的なものと比較してみるばあいなのである。あるいは、比較史的に検討してみるばあいなのである。じっさい、われわれはこの比較を微視的に行えば行うほど、その差違の大きさに驚くのであり、そのはては両者の間に公約数なしとして、両者を範疇的に差別することさえ無理からぬほどに思われてくるのである。そこで以下、周知の史実に拠りつつ、そうした差違をまず幾つか指摘してみることにしよう。

西欧封建社会の基礎過程でその中心を形づくっていたものは、いうまでもなく、いわゆる封建農民たちの小規模農業であった。ところで、一口に封建的な小規模農業といっても、わが国のそれと比べたばあい、きわめて大づかみにみても、顕著な差違があった。西欧封権社会における農業経営は、最初からあの散圃制度がその典型をなしており、耕地は典型的には一エイカー大の細長い帯状地に細分され、農民は広い耕地の各所に散在するこうした帯状地を分有していた。標準的農民であるフル・ヴィレンはこの各所に散在する帯状地を、合計して三〇エイカー〔約一二ヘクタール＝一二町歩〕占有し、自営していたのである。現在のわが国の農業事情から考えると、ちょっと想像できかねるほどの大きさであるが、彼らはそのような厖大な耕地をどのようにして経営していたかというと、それにはれっきとした生産力的基礎があった。すなわち、あの西欧封建社会に特徴的な犂(プラウ)によって代表される農耕技術である。農民たちは数頭の牡牛にこの重い犂(プラウ)を引かせて、帯状地を縦に耕すのみでこと足りたのであり、その能率は、そうした帯状地がドイツではモルゲンともターゲスヴェルク(一日仕事)とも呼ばれていたことを想起すれば、ほぼ推測されるであろう。西欧封建農民はすでにその発端から、このような農具を駆使しうる人間的＝技術的な生産力の水準にあったのである。したがって、同じ「封建的」といっても、あの西欧の犂(プラウ)と現在のわが国における農具、鋤や鍬などを比較するならば、生産力的基礎からみて、すでに両者の間にかなりの差違のあることが分かるであろう。しかし、そうした差違は単に生産力的基礎においてのみでなく、生産諸関係の面においても見出されるようである。

第一に、西欧のいわば古典的な封建諸関係に比較してみたばあい、まったくの常識からしても、われわれの目に特徴的に映じてくるのは、現在わが国の社会構成のうちにあって生産諸関係が著しく家族関係、なかんずく親子関係に擬制されているということであろう。やや誇張して言うならば、社会関係一般がなんらか家族的構成によって擬制されているかのようである。もちろん、こうした事実についてはきわめてリアリスティックに十分な実証が行われねばならず、そしてそのうえで確実な立言が可能となるであろう。しかし、どこに行っても「親」「親」「親」であり、とりわけ生産力の低い農村にゆくほどそれがいっそうリアルな姿をとってすべてを支配していることは、従来の実証的研究は別としても、この二、三年来わが知識人層の多くが相当の程度にまで身をもって知ったところであろうと思う。ひとは、あるいは、西欧的キリスト教の生活雰囲気のうちにおいても、ある程度まで血族関係への擬制が見出されるではないかと言うかも知れない。確かにそうである。しかし、キリスト教の雰囲気内における血族関係への擬制が、われわれが自己の周囲にみるものと全く異なった、むしろまさに逆の歴史的社会的意味内容を表示していることは、宗教社会学にいささかでも関心をもつものにとってはおそらく自明のことであろうと思う。ともかく、古典的段階構成とされている西欧封建社会の生産諸関係のうちにあっては、社会関係がなんらか血族関係に擬制されるということは、絶無というのではないにしても、少なくもきわめて影のうすいものであったと考えてほぼまちがいないであろう。

第二に、現在のわが国社会構成のうちにおいては、直接農業と関係をもたない生産諸部門で――その根をおそらく農村における諸事情のうちにもちつつ――さしあたって古代社会のパトロヌス＝クリエンス〔貴族とその下の庇護民〕の関係を思い起こさせるような権威とア・モラル〔道徳とは無関係〕な実力の支配を基軸とする生産諸関係が見出され、それが拡充されゆくところ、一種のオイコス（「一家」！）が形成されるということは、あまりにも周知のことがらである。そして、それが極まるところいかなる形態をとるにいたるかは、あのマックス・ヴェーバーの有名な講演「古代文化没落の社会的根拠」のなかに現われてくる、古代ローマにおけるラティフンディウムの奴隷労働組織の生き生きとした描写を読みつつ、想像されるがよいと思う。中世西欧封建社会にも、こうしたものが絶無であったなどということはできない。しかし、それらの影がすでにはるかに薄くなっていたことは、ほぼいいえて誤りのないところと思われる。

右に述べたようなわれわれの臆測は、あるいは耳新しくひびくかも知れない。けれども、そうした見解がなんらかの形で表明されたことは、研究史上ないこともないのである。たとえば、かのマックス・ヴェーバーが古典的な段階構成における「封建制」――ただし彼においてはこの概念は究極において家産制支配の極限形態と考えられている

──をば、「個人主義的」封建制とか、あるいは「自由な」封建制などの語をもって表現していることを想起されたい。彼に従えば、そこでは、あの古い純粋家産制的な血縁擬制的な社会関係からすでに著しく解放され、それを支えている精神的支柱の古い家族的恭順が著しく水割りされつつ、むしろ人格的誠実義務が基軸となっている(たとえばウェーバー、世良晃志郎訳『支配の社会学』Ⅱ、三〇三―一六頁)し、さらに、領主＝農民の関係をはじめ身分諸関係を支えている社会関係は、また、すでにあの古代的パトロヌス＝クリエンス関係のア・モラルな実力的支配＝服従や単なる実力の肯定と讃美をこえて、人格的な誠実義務へと移行し──近代のそれとはもとより異なってなおある程度の実力の支配がみられるにもせよ──双務契約的な権利義務関係(これは決して単なる古代的・呪術的な「誓い」ではない)へと上昇している(ウェーバー、前掲邦訳書、Ⅱ、第九章、第五節「封建制、身分制国家および家産制」、その他)。さらにまた、彼に従えば、勤労民衆である農民のエートス(人間類型)もこれに照応して、いちじるしい上昇──かの原始キリスト教のはたした役割を想え──を示し、なお近代人のそれには及ばないにしても、個人の内面的自由、人格の意識、さらに言いうべくんばある程度の合理性が高度なゲノッセンシャフト〔ゲルマン的共同体〕を成立せしめるほどの高さに到達しており、生産諸力も典型的「封建的」な、すなわち「騎士的生活」ritterliches Leben を成立せしめうるほどの局地内的分業の水準にまで到達していたのである(たとえば、ウェーバー、渡辺金一・弓削達訳『古代社会経済史』四五八頁以下、やウェーバー、黒正巖・青山秀夫訳『一般社会経済史要論』上巻、一五五―七頁、一七三頁以下、その他)。

もとより、こうした比較は十分に周到な実証をまってはじめて確実な立言となりうるものであることは、言うまでもないが、こうしたことは自明のことでもあるから、もはや繰り返すまい。ともあれ、右のようなまことに簡単な、常識的な事実のみからしても、なんらか近代「以前」的なものをすべて直ちに「封建的」と規定することがきわめて危険であることが分かるであろう。「封建的」という歴史的規定は、厳密な科学的反省を加えるとき、そこにおそろしく困難な問題が含まれている。そして、それを解決するためには多くの人々の真摯な理解ある協力が必要だということは、おそらくある程度明らかになったことと思う。

三

以上、古典的段階構成をとったとされる西欧の封建制、ないしは西欧的な意味での「封建的」なるものが、わが国のそれと比較してみるとき、かなり相違しており、時にはおどろくほどに異なった点があるということにわれわれは論及してきた。といえば、多くの人々はそれに関連してなお幾つもの事実を想起されるであろう。たとえば、西欧封建社会におけるあの中世都市およびギルド制度のすばらしい発達である。中世都市それ自体はもとより根底的に中世的「封建的」なものであり、いかに外見上独立な発展を遂げたばあいも、近代的なものへの転化の過程にあったなどと考えることはできまい。しかし、それにしても、あの西欧封建社会における中世都市およびギルドの経済的な繁栄と生産諸力の昂揚、その政治的独立と封建的ヒエラルキー内部における身分的上昇、すなわちいわゆる「封建的自由」の獲得は、まことに西欧封建社会の特徴といいうるほど目覚しいものであった。じっさい、イギリス史上ピュウリタン革命をさしはさんで、二つの陣営すなわち封建的アンシャン・レジームの側と近代的ピュウリタニズムの側のどちらもがともに自己の「自由」をとって動かず、自己の基本的権利をあくまでも主張しているという、あの光景は、同じく封建的絶対主義の終焉といっても、やはりわれわれには想像できないほどの差違があるように思われる。さらにまた、人々は、西欧封建社会後期におけるあの農村工業——むしろ農民工業といった方がよいかも知れない——の広汎かつ稠密な展開を想起されるでもあろう。たとえば、イギリスにおいては十四世紀中葉以来、この農村工業の繁栄の結果として都市の絶えまない衰退がみられることは歴史学上周知の事実であるが、ヴェルナー・ゾムバルトはいっそう広く西欧について、この時期には工業立地が都市から農村へ漸次に移動したという事実を指摘している(拙稿「近世経済史上における農村工業」『近代資本主義の系譜』後編、大塚久雄著作集第三巻、二九七頁)。ここにもまた、われわれには想像できかねるほどの差違がみられよう。

ともあれ、もしこうした顕著な差違が存在することを承認するならば、そしてまた、もし言われるように西欧封建社会が発展段階としてより古典的な性格を帯びているということが一応誤りでないとするならば、いわゆる「封建的」なる規定を行うばあいには、われわれはあらかじめ、西欧封建社会の諸史実を認識のモデルとしつつ、およそいかなるものが歴史的・社会的に厳密な意味で「封建的」と呼ぶにふさわしいものであるかについて、十分な科学的反省を加えておく必要があろう。ところで、こうしたことは、もとより言うべくして決してなまやさしいことではない。その困難たるや、私の見るところによれば、想像以上のものかと思われる。そこで以下では、ただこうした困難がいったいどこに存するかを指摘することによって、少しく問題を提起しておくことにしたい。

さて、上述においては、もっぱら「近代以前的」と「封建的」が区別さるべきであるということについて述べてきた。しかしまた他面では、この「近代以前的」と「封建的」がむしろある面では段階的に重なり合うものと考えられているような用語法もしばしばみられる。たとえば、研究史上この二つの語を、しかも深い理論的根拠をもって、段階的にある程度まで重なり合うものとして用いた学者には、すでにしばしばその名前を引き合いに出したマックス・ヴェーバーがある。彼の有名な力作『古代における農業事情』(渡辺・弓削訳『古代社会経済史』はその全訳)を繙いたほどの人ならば十分に承知しているように、そこではエジプト、古バビロニアからローマ帝国崩壊にいたるまでの、中世封建制以前の古代社会全体にわたって「都市的封建制」Stadtfeudalismus なる表現をもって一括されうるような事態が認められている。彼によれば、「戦争および王への奉仕のために生活するような支配者層が分化し、この支配者層の生活が特権的土地所有と、非武装の隷属民たちの地代あるいは賦役を基礎として行われているようなあの社会諸制度」をおよそ「封建的」と名づけるならば、エジプトにもバビロンにもアテーナイにもスパルタにもローマにも「封建的」と特徴づけてなんらさしつかえないものが見られたというのである(ウェーバー、前掲邦訳書、三―四頁、その他)。少し言いかえてみると、われわれの知る標準的な見解では、土地所有(地主＝農民)関係とそれに基づく地代の徴収――賦役であれ物納であれ金納であれ――そしてそれを支えるところのいわゆる経済外的実力による強制、こうした基礎的特徴のあるばあい、その社会関係を「封建的」と呼んでさしつかえないとされているのであるが、実はこうした諸特徴をそなえたものは程度の差はあれ、中世封建社会にも、古代奴隷制社会にも、さらに古く古代オリエント社会にも見出された。そして、そうした支配関係をヴェーバーは広く「封建的」となづけるのである。こうした事情をいま少しく立入って考察するために、以下少しくヴェーバーの語をひいてみることにしよう。

まず、古代オリエントにおけるヴェーバーのいわゆる家産＝公役制的国家のばあいには、発端は原始的な家父長制から始まる。「一人の男子の権威の下におかれている女子——妻としてであれ女奴隷としてであれ——の子どもはすべて、生理的な父が誰であるかを問わず、この家父長の意志次第で彼の子どもと見なされることは、あたかも彼の家畜の仔が彼の家畜とされるのと同じである」というような家共同態的関係が、外部に向かって徐々に拡大されてゆく。すなわち、家父長の所有する土地の一部が「自己の住居と自己の家族をもつ不自由民(子供をも含む)に小区画ずつ貸し与えられ、さらにある程度の家畜(すなわちペクリウム)および動産もまた与えられる」というような形においてである。こうしたばあい、ある点で家父長の権力は弱められるが、おのずからそこに新たな結合と依存の関係が再生産されていくのである。この依存関係はつねに一方的な支配であり、もっぱらあの家長に対する家族的恭順によって支えられる。「支配者もまた被支配者に対して慣習的になんらかの責務を負う。なかんずく――これはすでに自己の利害のためである——対外的保護と困窮のばあいの救助、それから彼を人間らしく取扱う、すなわち普通以上には搾取しない」という責務である。「被支配者は慣習的に支配者に対して力のおよぶかぎりで援助を行う義務をもつ。経済的には、この義務はいったん緩急のばあいに無制限となるが、戦争とか果し合いなどのばあいには、この援助義務は無制限である。……さらに、被支配者たちは賦役や奉仕や貢納などを行うのであり、……それも事実上一定の慣習〔的制限〕があるのみである」。見られるように、そこに一応、わが国の通常の用語法においては「封建的」とよばれてよいものが含まれているといってよかろう。ともかく、こうしたものを、ヴェーバーは、広く「家産制的」支配とよび、そのうちとくに騎士的な領主制に結びつくものを「封建的」だとするのである（ヴェーバー『支配の社会学』Ⅰ、一四三—五六頁、Ⅱ、二八九—三〇二頁）。

次に古代奴隷制的社会のばあいについても、ヴェーバーは、あのれっきとした奴隷制の背後に、あるいはその基底に、これまた上述の意味で「封建的」と呼ばれてさしつかえないもの、そうした一定の経済的強制を伴う土地所有関係が広汎に存在していたことを述べている。たとえば、古代ギリシアについて「乏しい史料からでも、人民の諸部分が隷属関係に落ちていたことは十分に推測される。どこにおいても、貴族のための貢納源泉としてクリエンテース〔庇護民。クリエンスの複数形〕が存在したことは確かである。

が、ギリシア「中世」においては、都市貴族は自己の経済のための人的資源をば、オリエントや古ローマのばあいと同様の、すなわち、あの大量的な売買奴隷の導入以前における古代都市国家におけると同様の、方法で調達していたのである。……売買奴隷を耕作労働に使用することはギリシア古代においてはあまり聞くことがない。当時大規模経営における売買奴隷の使用は類型的現象ではなかった。……ともかく、ギリシア中世において支配的であったものは、債務奴隷による不自由ないし半自由の小作関係だったのである」(ウェーバー『古代社会経済史』二〇九—一三頁)。また「古い時代のブルグ的農村貴族にあっては、クリエンテースが長く支配的であった。のち沿岸諸地域では、債務奴隷ないし売買奴隷が支配的となった。〔が、〕彼らはクリエンテースから明白に区別されることはなかったのである」。さらに、こうした関係のうちから商業に媒介されつつ次第にれっきとした奴隷制が成長し(以上たとえばウェーバー『古代社会経済史』八八—九〇、二二〇—三頁、その他)、その果てはついにあのオイコス的エルガステーリオンや、またローマのラティフンディウム的奴隷制大経営を成立せしめることとなるが、その背景でも、つねに上述の意味で「封建的」な土地所有および地代関係が基礎となっていたのである。

以上、ヴェーバーからの引用によるわずかの瞥見だけでも、およそ「近代以前的」なもののなかに、用語法のいかんによっては、ひとしく「封建的」とよばれてよいような場合があるということの意味が、ある程度まで明らかとなったであろう。ところで、ヴェーバーが、こうした広義における「封建的」なるものの内部に見られるさまざまな差違を、とくにあの古典的段階構成における中世「封建的」なものの特殊世界史的な意義を見逃していたかというと、決してそうではなかった。彼は、自分が広義において「封建的」と名づけるところの「近代以前的」なもののうちにも三つの異なった類型を識別し、なかんずく古代におけるそれと中世「封建的」なものの差別を明確に析出し、とくにこの中世「封建的」なものだけを最もすぐれた意味において「封建制」と呼んでいるのである(資本主義の概念規定における類型構成の仕方との相似を想え)。それでは、ヴェーバーはどのような点に、いわゆる古代的「封建制」と古典的段階構成としての中世的「封建制」のあいだの範疇的差違を見出していたのであろうか。

さしあたって指摘しなければならぬのは、さきにも述べたように、中世の封建制との対比において古代のそれをば「都市的封建制」と呼んでいることである。その意味するところは必ずしも一義的に明確ではないようであるが、いわゆる古代的「封建制」においては——オリエントにおいてもギリシア、ローマにおいても——土地所有関係の形成が本来的に商業＝貨幣経済によって媒介されていた結果、軍事的・地主的支配者層を早くから同時に商人という性格を帯びて都市に居住し、都市から農村を支配したという点があげられている。このことがともかくも、古代社会の一つの重要な特質をなしていたことは銘記されねばならない。しかし、なおこのほかにヴェーバーは――これは彼に対してあまりにも同調的な解釈だと評されるかも知れないが――より根源的な事情として、いわゆる古代「封建制」にあっては社会的生産力の発達の低さのために、まさしくこの生産諸力の低さのゆえに、支配者層＝騎士が在地の農村において自給自足的生活を営むことが不可能であった点に論及していることも忘れてはなるまい。このことは、彼が古典的段階構成としての中世「封建制」の基礎をば「自然経済的荘園制」natural-wirtschaftliche Grundherrschaft im Okzident（ウェーバー『一般社会経済史要論』上巻、一七三頁以下、二六二―六頁）と名づけていることからも知られるであろう。中世「封建制」にあっては、古代社会から継承した労働の生産性の高さと社会的生産力の進展、すなわち、局地内的分業への生産諸力の集約化、そして、その結果として局地内的な自給自足とその土台の上に立つ中世騎士的在地生活が可能となったというのである。まさしくこうした生産力的基礎の上でのみ、中世「封建制」の軍事的基礎たる「その家臣に土地所有権と領主権を賦与することによって、従臣としての軍役をいつでも果しうるような騎士層を創出すること」が可能となったのである（ウェーバー『古代社会経済史』四九四一五〇二頁)。こうした生産力の高さ、その結果として成立する自然経済とその上にたつ自立的騎士層、これらがまさしく中世の「封建制」を特徴づけるものだったのであり、さらに、彼に従えば、こうした生産力の高さ、局地的自然経済的独立に照応して、古典的段階構成としての中世「封建制」においては、すでに古い純粋家産制的な血族擬制とそれに基づくあの家族的恭順関係はミニマムに押し下げられ、また経済外的実力の支配はなお基本的な意味をもちつづけつつも、すでに単なる実力的支配の肯定ではなくて、すでにそこでは人格的な誠実義務(Treupflicht)が社会関係を支えるところの精神的支柱となっていたのである。

マックス・ヴェーバーの叙述は、周知のようにきわめて多岐であり複雑であって、一義的に把握することは困難であるが、ほぼ以上のように解して誤りないのではないかと考える。なお、純粋家産制的・オリエント的ないわゆる「封建的」なるものは、社会関係一般を血縁関係に擬制しつつ、絶えず、オリエント的専制国家に帰結してゆく傾向をもち、古典古代的ないわゆる「封建的」なるものは、絶えずクリエンテース関係に分解しつつ、さらに奴隷制的専制国家へと構成されてゆく傾向を示し、中世における封建的なるものは、地代形態の転化を経過しつつ、ついにヨウマンリーを基底とする絶対王制国家へと向上してゆくという重要な歴史的性格の相違を示したのであるが、そうした性格の相違がどうして生れてくることになるのかというような問題が、そこにはなお数多く残されている。それにしても巨匠マックス・ヴェーバーの多くの叙述は、われわれに無限の示唆を与えるのである。

以上、われわれはまず、ひとしく「封建的」といっても、わが国の封建制と通例古典的段階構成とされている西欧のそれの間には、常識的な事実に照してみても、相当大きな隔たりのあることを指摘し、西欧のそれを認識のモデルとして、「封建的」なるものの古典構成をいちおう理念型的に描き出してみる必要があるのではないか、という点を問題として提起した。しかし、さらに翻って考察してみるとき、この問題解決のためには、古く旧く古代史にまで遡ってゆかなければならないことをも見出したのである。こうした帰結は、良心的に考えてみるばあい、個人としてはとうてい背負いきれぬほどの巨大な課題であり、あるいは、こうした問題を提起することさえおそらく大胆きわまるものであるかも知れない。それでは、こうした問題提起とそこからの出発を、われわれははじめから断念すべきなのであろうか。こうしたことについては、もとより同学諸氏の批判に多くをまたなければなるまいが、しかし私の見るところでは、問題はある点でまことにさし迫っているとも言えるのである。個々人にとってはあまりにも厖大であるけれども、われわれ同学の協力によって、これを克服しうる望みはないのであろうか。

ともあれ、われわれの歴史学は、アンシャン・レジームの崩壊とともに、積極的に「封建的」な個人的・手工業的な研究様式を克服すべき段階に到達しているのではなかろうか。

「共同体」をどう問題とするか

一

　このごろの歴史学関係の論文などを見ますと「農村共同体」という言葉がたくさん出てきますが、この農村共同体という言葉は、あるいは、読者の方々にやや奇異な感じを与えるかもしれません。じっさい、農村「共同体」などと「共同体」という言葉をことさらに加えずとも、ただ「農村」といえばよいではないか。農村というのと、農村共同体というのと、一体どこが違うのだろう。そういった疑問はもっともだとさえ思われます。それでは、どうして、ただ農村といわずに、農村「共同体」という言葉を使うのでしょうか。また、場合によると「都市共同体」といったり、「ギルド共同体」といったりするのですが、「共同体」という言葉をとくに付けて用いるのは、なぜなのでしょうか。

それはこういうことだと言ってよいでしょう。農村という言葉を、農業が行われている地域に見られるような農業生産者を主とする「集落」というほどの意味で用いるとすると、そういう意味での「農村」なら、資本主義の時代となってからの西ヨーロッパや、あるいはアメリカなどでも、もちろん随所に見出されるわけです。ところが、われわれがとくに農村「共同体」などといったとき、そこで問題になってくる「農村」は、実は、そういうまったく近代化された農村のことではなく、むしろそれ以前のもの、つまり、その組み立てがまだ近代化されていない、旧式な農村を意味しているのです。

このように、共同体という言葉をつけて呼ぶばあいの農村は、その組み立てが旧式で、近代化以前のものだということを意味しているのですが、一口に言うと、土地関係を土台に一つの小宇宙というか、局地的なまとまりのある集団をなしていて、その集団全体が、それを構成する個々の村人たちの生産の営みから生活のあらゆる面にわたって、昔ながらの伝統にもとづく種々な規制を加え、個々人の自主的な創意を許さない、そういう組み立てをもっているような農村なのです。そして、村人たちが、もしその規制に従わなければ、そうした自主的な行為は全体によって禁止され、仲間はずれにされて、その村での生活の営みが不可能となってしまう、そうした小宇宙ともたとえられるようなまとまりをもつ農村なのです。

もうだいぶ以前のことになりましたが、石川さつきさんの、あの「村はちぶ事件」を読者は覚えておられるでしょう［一九五二年、静岡県富士郡上野村での不正選挙を告発した高校生の一家が「村八分」とされた事件］。そして、さつきさん一家の村での生活がそのためにたいへん暮しにくいものになった、ということなども、たぶんラジオなどで聞いて知っておられることと思います。また、あの事件のあと、わが国には何回かいろいろな選挙がありましたが、その度ごとに、いつも部落の規制だとか、部落の秩序だとかいう問題が出てきて、ほんとうの民主化を願っている心ある人々に改めて暗い思いをさせたことでした。共同体といったばあい、さしあたって「村はちぶ」という言葉で表わされる部落のまとまりや規制を思い出せばよいわけです。わが国では、いまでも共同体とよびうるものが、農村にも、またその他のところにも、まだどんなに根強く残っているかということは、少し思いかえしてみるだけでよくわかることと思います。

それはともかく、「農村共同体」というのは、このように単純な農民の集落という意味ではなく、われわれが「村はちぶ」という言葉で思い出すような村全体の規制――われわれはそれを「共同態規制」という言葉で呼びますが――が行われていて、その共同態規制に従って、個々の村人たちの、生産活動から日常生活のあらゆる面に及ぶすべてが規制されていく、そういう部落が農村共同体なのです。ところで、この「共同態規制」なるものが、われわれにとってとくに重要なのは、実はそれが歴史のうえで近代化以前の、たとえば封建的とよばれるような旧式の地主制支配と結びついていて、経済学的な表現をつかえば、「経済外強制」と呼ばれるものの実質的な内容をなしてきたということなのです。例の村はちぶ事件や、部落選挙のことを思いだしてみられると、よく分かるはずだと思います。しかし、その問題に入るまえに、もう少し歴史上の事実を知っておくことにしましょう。

わが国には、現在でも、このような「農村共同体」が広く存在しているのですが、資本主義の発達がいち早く行われ、その意味で現在は近代化されてしまっている西ヨーロッパ諸国の歴史の上にも、そうした農村「共同体」がもちろん見られなかったわけではありません。今の西ヨーロッパ諸国や、なかでもイギリスでは、だからアメリカでも、今でこそそういう「共同体」と名づけられるような農村はもうありませんが、歴史を二、三〇〇年も溯れば、「共同体」と呼ばなければならないような農村が、西ヨーロッパ諸国にもやはり一般的にみられたのです。歴史を溯れば溯るほど、共同体の存在はますますはっきりして来るでしょう。すでに読者の皆さんは、よくご承知のことだろうと思いますが、西洋の中世、つまり封建時代には、イギリスでも、フランスでも、またドイツでもだいたい同じですが、社会の経済的土台となっている農村は、やはりそういう「共同体」と呼ばれるような独自の小宇宙を形づくっていました。たとえば、土地制度の面からいってみますと、村のまわりには村民たちの耕地が広がっているのですが、その耕地は全体として大きく三〇とか六〇の耕区に分かれている。それらの耕区には、一エイカーぐらいの大きさの耕地片がたくさん並んでいて、各村民は、耕区ごとに、だいたいそれぞれ一つずつの耕地片をもっていました。ですから、村民のもっている耕地は、そういう小さな地片になって村の周辺の各所に散らばっていたわけです。しかも、各村民の耕地は他の村民たちの耕地と入りまじっていて、いわゆる「混淆耕地制」の形をとっていました。またそれに応じて、農民たちは、その耕地の耕作の仕方について自分勝手なことはできず、村全体の規制のもとに、しきたりに従ってやるほかはないのでした。そのほか、耕地のまわりには山林や原野が、あるいは川、池などがあって、農民たちは、そこで木を切ったり、魚をとったり、あるいは家畜を放牧したりする共同権をもっていました。あるいは、「入会権」といった方がよくお分かりになるかもしれません。そして、この共同権も無制限なものでなく、村全体のしきたりによる一定の限度があって、村人は決して勝手気ままにその共同権を行使することができなかったのでした。裏からいうと、こうした村全体のしきたりに、あるいは村法にそむくようなことをやれば、当然に村はちぶにあい、仲間はずれにされて、村民としての生活が不可能になったわけです。

このように「共同体」というものは、歴史的に見るとずいぶん古いものです。たぶん、書かれた歴史とともに古いといってもよいでしょう。もちろん封建社会にも、初めから、それに応じた独自な共同体があったことは、細かい点を別とすれば、異論のないところで、実は、こういう共同体を土台にしてあの封建制とよばれる生産様式、そしてそれに照応する「封建的土地所有」関係が打ち立てられていたわけなのです。この点は、わが国のばあいにも言いえて誤りのないところと思います。ところで、封建的土地所有に関しては、周知のように、土地所有者(領主や地主)の支配が常に「経済外強制」を伴っていたということがいわれていますが、実はその経済外強制なるものは、こうした共同体と密接に結びついており、つねに、いま述べたような「共同態規制」の姿をとって現われた、むしろ、「共同態規制」をとおさず、それから離れて行われるような経済外強制は、歴史上かつてなかったと言うべきであろうと、私はみております。ということは、封建的土地所有に必ず伴っているといわれる経済外強制なるものは、実は、つねに共同態規制の利用にほかならず、いわばそうした根から生えでているものだったのです。したがって、封建的土地所有——領主制であれ、寄生地主制であれ、どんな形のものであれ——が問題とされているかぎり、だからまた、そうした地盤の上での民主化が問題とされているかぎり、「共同態規制からの解放」という問題を避けて通ることはできないということになるでしょう。

二

「共同体」という言葉は、ある読者の方々にはあるいは耳新しく響くかも知れませんが、言葉はともかくとして、「共同体」の問題は社会科学の研究史の上では決して新しいものではありません。むしろ、非常に古くから問題とされ、研究が行われてきたテーマだということができます。いまここで、研究史の全体を細かにたどってみる余裕はありませんが、問題の立て方の輪郭を知っていただくために、幾分さかのぼって考えてみることにしましょう。

わが国でもよく知られている「ゲマインシャフト」と「ゲゼルシャフト」という社会学上の術語があります。これはドイツの有名な社会学者フェルディナント・テンニェス（一八五九―一九三六年）が用いた言葉であることは、ご承知のことと思いますが、われわれがいま問題としている「共同体」は、実は、あの「ゲマインシャフト」と呼ばれるもののなかに含まれてきました。実際、テンニェス自身がすでに、そういう形でかなりみごとに農村共同体の輪郭を描き出しております。このテンニェスのゲマインシャフトとゲゼルシャフトという考え方をさらにきわめて巧妙に組み合わせ、その上で農村共同体の問題を社会学の立場から理論的につかもうとしたのが、マックス・ヴェーバー(一八六四―一九二〇年)でした。もちろん、そのほかにも、問題意識の所在や濃淡はいろいろですが、イギリスの社会学者もフランスの社会学者も、共同体の問題について、いろいろな形ですぐれた貢献をして来ております。それがわが国にも伝えられて、共同体の問題は、むしろより多く社会学の専門家たちによって研究され、論議されてきたというのが実状でしょう。そこで、われわれが常識的に受け取る感じからいうと、「共同体」は社会学の問題だということになりがちです。そして、いつしか共同体を社会学の問題領域にのみ属するものとして怪しまず、「共同体」などを問題にするのは、社会学的研究態度だ、それは経済学の研究領域の外におかれるべきもので、経済学者は地代をこそ問題にすべきだ、というようなことになったのではないかと思われます。ともかく、時折見かける、共同体=社会学的、地代=経済学的という公式は、そうしたところから生れて来ているのではないでしょうか。しかし、これは、私には大変おかしいことのように思われます。というのは、経済学者たちも、研究史をふりかえってみると、共同体の問題をずいぶん深く、またみごとに取扱ってきているからです。たとえば、ドイツの歴史派経済学の巨匠たち、あるいは、もっと広く法学者をも含めてギールケなど歴史学派の巨匠たちが、実に深く共同体の問題を取扱っていることは、ご存じのとおりです。しかしこの点については、ここではこれ以上触れないことにしておきます。むしろここでは、マルクスの経済学のばあいを考えてみることとしましょう。

共同体という問題を取扱うのは社会学的であって、経済学的ではない、という考え方が見られることはいま述べたとおりですが、マルクスの経済学ではいったいどうでしょうか。共同体の問題が、彼の「経済学」的研究の主要部分を占めていたとは、むろん申せませんが、たとえば『ドイツ・イデオロギー』の冒頭を占める「フォイエルバッハ論」のなかでは、実に多くの紙数が共同体の問題に割かれていることは周知のとおりです。さらに『経済学批判』の「序説」は、経済学の方法論を取扱ったものとして有名ですが、ここでもまた、ひじょうに多くの紙数が共同体論に当てられております。さらにまた、戦後翻訳されて広くわが国でも知られるようになった遺稿『資本制生産に先行する諸形態』は、共同体の問題を正面から扱った論文ですが、これは今では周知のように、マルクスが『資本論』を書くための準備としてまとめたものであり、また事実、そこに扱われている論点は、さらによく整理されて『資本論』のなかに再現されています。『資本論』のなかに見られる「共同体論」は、もちろん叙述の主要な部分などではありませんが、しかし、単に事のついでに述べただけとも決して思われないものです。また『資本論』や、その他のマルクスの著作で、共同体の問題が取扱われているばあい、その取扱い方が社会学者のばあいとひじょうに異なっているということも確かだと思いますが、それにしても、私の見るところでは、地代は経済学の問題であるが、共同体は経済学の問題ではなく社会学の分野にこそ属すべき問題であるとして、経済学の研究領域から押し出してしまうような根拠は、少なくともマルクスの経済学に関するかぎり、見出されないように思われるのです。

では、マルクスは、どのような仕方で共同体を問題にしているのでしょうか。まず、参考までに、「フォイエルバッハ論」の一部を引用してみたいと思います。

「したがってここに、原生的な生産要具と、文明によってつくりだされた生産諸要具との区別が現われてくる。耕地(水など)は、原生的な生産諸要具とみることができる」。つまり、人間が生産を営むにあたって使用する生産要具に、原生的なものと文明によってつくりだされたものの二つを区別し、自然から与えられたままの土地、水などは前者であり、道具、機械などのような生産された生産要具は後者であるとしているのです。そしてそれに続いて、「第一のばあいの原生的な生産要具においては、個人は自然のもとに包摂され、第二のばあいには、労働の生産物のもとに包摂される。したがって、第一のばあいには、所有（土地所有）もまた直接的な原生的な支配として現われ、第二のばあいには、労働の、とくに蓄積された労働すなわち資本の支配として現われる。第一のばあいの前提は、諸個人が、家族であれ、部族であれ、土地そのものであれ、何らかの紐帯によって結び合っているということであり、第二のばあいの前提は、諸個人が互いに独立であって、交換によってのみ結び合わされているということである。（中略）第一のばあいには、所有者（土地所有者と解すべきでしょう――引用者）の非所有者に対する支配は人的な諸関係に、すなわち一種の共同組織に基礎をおくことができるが、第二のばあいには、それは第三のもの、すなわち、貨幣となって物的な姿をとっていなければならない」。こういっております。こうした意味の叙述は、そのほかマルクスの著作のあちらこちらに、いろいろの表現の仕方で出てくるのですが、彼の言おうとしていることを、私なりに説明してみると、だいたいこうだろうと思います。

近代を特徴づける資本主義にみられるのは、近代特有の階級関係で、決して階級一般などではありません。もちろん、特定の経済的な内容、経済的利害を伴っているところの階級関係なのです。では、どういう特殊な経済的内容かといえば、それは「商品生産」（もちろん流通を含めて）に他なりません。商品生産という基礎の上に、また、それによって対抗しあう経済的利害の内容を与えられているような、そうした特定の階級関係こそが資本主義を特徴づけているものなのです。だから、資本主義にみられる階級関係は、「商品生産」をいわば経済的土台とし、それによってすみずみまで媒介されているわけです。ところで、資本主義に先立つところの「封建制」とよばれる階級関係ですが、これももちろん抽象的な階級一般などではありません。特定の経済的内容や利害を伴い、それによってすみずみまで媒介されているところの独自な階級関係なのです。もちろん、その経済的利害の内容を決定する土台は、資本主義のばあいのような「商品生産」ではありません。あるはずもありません。では、いったい何かといえば、それが封建制に特有な共同体的関係だ、というわけです。そうした共同体をなして生産しつつあるような諸個人、あるいは農民諸個人が土地占取関係という紐帯によって互いに結び合わされつつ作りだしている特有な共同体、これこそが封建制の物質的基礎をなすものだというのです。つまり封建制は、特有な共同体(＝共同組織)の基礎の上に打ち立てられた独自な階級関係、そうした土地所有関係であり、したがって、特定の共同体諸関係によってすみずみまで媒介され、基礎づけられているわけです。こう考えてくると、「共同体」という基礎を問題にせずには、封建的土地所有や封建制生産様式を正しく捉えることはとうてい不可能だ、と私が言う理由もある程度分かっていただけるかと思います。

ところで、封建制生産様式、あるいは封建的土地所有(領主制および地主制、ただし、地主制がすべて封建的だというのではありません）は、近代の資本主義的な土地所有と異なって、「経済外強制」とよばれるような支配関係を伴っている。つまり、封建的な土地所有者（領主あるいは地主）と現実に耕作に従事する農民のあいだの関係は、単純な経済的な関係などではなく、そこには経済外的とよびうるような支配関係が含まれている。このことはさきほどもふれておいたとおりですが、実は、この経済外強制なるものは、共同体関係に基づく共同態規制を土台とし、必ずそれをとおして現われてくることになるわけです。平たくいえば、領主であれ、地主であれ、封建的な土地所有者の利害が現実の耕作者である農民に対して主張されるばあい、それがつねに共同体の利害として表現されるということ、言いかえれば「郷に入れば郷に従え」という仕方でもって、つまり共同体の規約や慣習（いわゆる村法）の名において強制されていくということなのです。

それはともあれ、もし経済学が、ただ資本主義とよばれる生産諸関係だけを問題にするのではなく、資本主義以前の諸時代における生産諸関係、だから、その一つである封建制も問題にすることができるし、またすべきであるとするならば、こうして当然に「共同体」の問題も経済学の対象として取扱わなければならなくなるわけであります。

しかしもちろん、経済学のばあいには、社会学が取扱うような仕方で、共同体とよばれる生産関係をただ社会関係そのものとして整理していくのではなく、当然に、富の存在形態に即して、つまり共同体をつくっている農民諸個人の経済的利害のあり方に即して捉えていかなければならないわけです。たとえば、商品交換に基礎をおく社会を分析するばあいに、商品生産者をまず持ちだしてくるのではなくて、その経済的利害の対象化である商品からはじめるというぐあいに、富の存在形態からはじめて、諸土地所有者の経済的利害の内容を追究していくという形で、共同体や封建制を取扱わねばならないでしょう。しかし、この問題は、ここではこれ以上立ち入らないことにします。

三

共同体がどういう歴史的意義をもつかということ、それから、わが国においては農村の民主化をなおしばらく課題としつづけねばならない以上、われわれはどうしても共同体の問題を避けて通ることができないということも、だいたい分かっていただけたのではないかと思います。しかも、そのばあい、共同体の問題を経済学の領域の外に押し出してしまうのではなくて、むしろ、経済学が正面からそれに取組まなければならないのではないかと私が考えている理由も、ある程度まで分かっていただけたかと思います。

しかし、まだ問題は残っている。それは、同じく経済学の立場から共同体を取扱うにしても、われわれは現代日本に生きる者として、それをどのような視角から取上げるべきかということです。

では、われわれは、どういう視角から共同体を問題にすればよいでしょうか。十九世紀の八〇年代のことですが、マルクスはヴェーラ・ザスーリッチ宛の手紙のなかで、西ヨーロッパではすでに共同体の問題は存在しなくなっているのに対して、あなたのお国のロシアでは、共同体の解体ということがいままさに問題となっている、という意味のことを書いていますが、彼のいうとおり、西ヨーロッパでは十九世紀の終りごろには、イギリスでも、ヨーロッパの他のいくつかの国でも、共同体は基本的に解体してしまっているばかりでなく、資本主義の発達はすでに産業革命を経過して、さらに帝国主義期に入ろうとする段階にありました。まさにそのときに、ツァーリズム下のロシアでは、封建的土地所有制の問題の一部分として――と並んでではなく――農村共同体(ミール)をどうするかが問題となっていたのでした。現在はそれからさらに六〇年を経過しており、世界史の段階はすでにはるかに異なってきていることは申すまでもありません。まさにそうした世界史の段階において、わが国の農村では、あの「村はちぶ」事件や部落選挙などからでも知られるように、共同態規制やそれと結びついたいわゆる半封建的な寄生地主制の遺制がなお問題となっているわけです。たしかに、西ヨーロッパ、とくにイギリスで農村共同体が崩れていった時期と、帝政ロシアのミールが俎上にのせられた時期と、そして現在とのあいだでは、世界史の段階が大きく食いちがっています。したがって、それぞれの時代と地域の共同体の問題を、いきなり同一の平面で論ずることはまちがっているでしょう。しかし、たとえそうした世界史的段階の相違のためにいろいろな歪みはうけているにもせよ、しかも共同体、とくにその解体過程については世界史を貫く一般法則がやはり見出されるはずです。もし、それをしも拒むならば、およそ社会科学を否認する結果になるだろうと私は考えます。それでは、共同体は、どのような条件が出そろったとき、解体し或いは解体させられ、民主化が達成される客観的可能性が与えられることになるのでしょうか。

これについては、さしあたって、西ヨーロッパでは資本主義の成立期のうちに共同体がすでに崩壊してしまっているという事実が、われわれにとって一つの大きな示唆になるはずだと思います。西ヨーロッパにおいては、どういう事情のもとに、共同体はつぎつぎに解体していったのでしょうか。どういう客観的諸条件の成熟によって共同体が解体し、したがってまたその基礎の上にうちたてられていた封建的な諸関係が崩壊していったのでしょうか。西ヨーロッパでは、事実として、すでにいち早く共同体が解体してしまっている。したがって、われわれは、その解体過程の結果をいわゆる post festum (事後的に)にあとづけ、そこから共同体解体の基本線というか、客観的な一般的法則というか、そうしたものを追究することができるはずです。もちろん、その具体的な過程を総体として生き生きと描き出すことも大変結構なことですし、また場合によっては必要なことでしょう。しかし、さしあたっては、そうした史実のなかから共同体諸関係、それに結びついている封建的諸関係が、農村において、また都市においても、どのようにして崩壊していったか、その一般的な諸条件と客観的な法則をできる限り明らかにしてみることが必要となってくるわけです。私は、わが国における西洋経済史の研究は、こうした点に一つの目標と意味をあたえてきたと考えております。

それでは、西ヨーロッパでは、いったいいつごろ、またどのようにして共同体が崩壊していったのでしょうか。経済史学のうえで、この研究は、十分に行われているといえるところまでまだ来ておりません。しかし、すでにある程度のことは確実に分かっております。第一に、それは商品生産、あるいはそれに基礎をおいている商業の発達と密接に関連していたということができます。それは封建制の崩壊が、他面においては、商品生産の一般化という基礎の上に立つ資本主義の発展であったということからでも分かることです。しかしまた、商業が発達したからという、ただそれだけで、封建的なまた共同体的な諸関係が簡単にこわれていったなどともとうてい考えられません。たとえば、まず遠隔地間の商業が行われ、そうした地盤の上で商人が活躍するようなばあいには、全く逆に、古い封建的な共同体的な諸関係がかえって維持されたり、また再び作り出されたりすることは、再版農奴制などといわれる東ドイツのグーツヘルシャフト（領主制農場）の成立事情をみても明らかです。そうしたばあい、商人の利害が古い封建的な共同体的な利害に結びついてしまうからです。だから、同じように商品生産や商業が発達したとしても、古い封建的な共同体的関係が崩れることもあれば、崩れないで維持されることもあったわけです。それでは、いったい、どういう性質の商品生産が発達したばあい、封建的なまた共同体的な諸関係が決定的に崩壊していったのか。共同体解体の客観的条件は、こうした点の追究によって明らかにできるわけでしょう。

　今のところ、私にいえることは、次の二つの点です。それは、発展はまず農村を基盤として開始される、決して都市からではなかった、ということ。これが第一の点です。つぎに、そのような農村を基盤とする発展は、最初ある局地内での商品交換としてはじまり、そうした形の商品生産としてしだいに周辺に拡充されていった、つまり、いわゆる「局地内市場圏」の形成とその地域的拡大だったということ、これが第二の点です。この第二の点は理論的にみて、かなり大切な問題を含んでいると思います。要点はこうです。生産諸力の発展の結果、ある局地内で社会的分業関係が形づくられ、商品が互いに交換されるようになる。そして、そうした局地内で商品生産を営む農民や職人たち諸個人が相寄って一つの、多かれ少なかれ独立した再生産圏をつくりはじめる。そういうことです。つまり、農村にすむ諸個人が、外側からの厄介にならず、自分たちだけでともかくも生活をつづけて行くことができるような独立の局地的な分業圏を作り出していく、ということなのです。

それでは歴史上、共同体が終局的に解体されるためには、あるいはイギリス史についてみれば、資本主義が発達するためには、と言いかえてもよいのですが、そのような局地的な分業圏の形成が、何故にどうしても必要とされることになったのでしょうか。それは何よりも、こうした生産諸力の発展と分業圏の形成があたえられて、はじめて、あの共同態規制(村はちぶ)の呪縛力は現実にその効果を発揮しえなくなる、そうした客観的可能性が生じてきたからなのです。言ってみると、農民諸個人(農業以外の商品生産に携わる者たちも含めて)は古い封建的＝共同体的な規制のもとに農村共同体の一員として働くことを止めても、そうした別の新しい再生産圏——古いものと地域的に重なりあっているにもせよ——に参加し、局地内的分業の一環に加わることによって十分に有無相通ずることができる、むしろ場合によっては自分たちの生活を一層よくすることができる、そうした現実的な可能性が生じてきたからなのです。読者の皆さんは、あるいはこう考えられるかも知れません。そのためならば、何も局地的ではなくても、遠隔地間の分業関係でも可能ではないかと。抽象的にはたしかにそうです。しかし、現実にはそうした遠隔地間の分業にもとづくばあいには、商品交換の中間に商人が、また領主がすぐに介入してきます。この両者は、何らかの形で必ず互いに手を握り、発展を押える側にまわります。封建的＝共同体的な諸関係の維持の方が彼らの経済的利害に一致するからです。遠隔地間の分業のばあいには、こうした巻き返しが現実に可能となるのです。歴史は、目を見開きさえすれば、そうした事例でみちみちているとも言えます。ところが、局地的な分業圏のばあいは、その局地内で生産者たちが互いに生産物を商品として直接交換しあえるのですから、商人の介入をあまり必要としません。たとえ商人を必要としても、自分たちの経済的利害に従属させていくことができます。こうして、局地内的な分業圏が歴史的に与えられたとき、はじめて、共同態規制の呪縛力をもってしても押えきれない農民の足場がつくられることになった、イギリス史に即してみれば、資本主義の自生的発達が可能となった、ということができるでしょう。しかし、こうした点については、もう少し具体的に事実を見ていく必要がありそうです。といって、このことは現在私にとっても大変困難な課題なのですが、ひとまずできる限りで、読者の皆さんと一緒にこの点を考えてみたいと思います。

四

共同体(したがってまた究極的には封建的な土地所有関係)が解体していく、そのために最小限必要な基本的条件は局地的分業圏の形成とその拡大だ、と申しました。しかしこのことは、ある方々には、かなりとっぴに聞えるかもしれないと思います。どうしてかというと、西ヨーロッパでの資本主義の発達、したがって共同体の解体にとっては、遠隔地間の分業関係が、つまり遠隔地間の分業を土台として展開される遠隔地商業の発達が、何よりも大切な根本的な条件となっていたではないか、こういう考え方が、読者たちのうちに、かなり一般にみられるだろうと思うからです。もっとも、そうした、古い封建的な共同体的諸関係がこわれて資本主義が発達していく過程は、何よりも遠隔地間商業の発達の結果だったとするような考え方は、実は最近の学界では強い批判にであって、すでにそのままの形では通用しがたいような状態となっています。しかし、一般の常識のなかでは、なお地下水のように、かなり根強く残っているのではないでしょうか。たとえば、しばらくまえに翻訳されて、多くの人々の愛読を得たといわれているレオ・ヒューバーマンの『資本主義経済の歩み』(岩波新書)なども、だいたいそうした立場に立っているので、それを読まれた方々などは、私たちのような見方に対してかなり疑惑を抱かれるのではないかと考えます。そこで、そういう疑惑にもできるかぎり答えながら、なぜ「局地的分業圏」などということを想定せねばならなくなるのか、そうした問題のありかを、もう少し掘り下げておこうと思います。

なお、ついでに申し添えますが、以下では中世末期以後の西ヨーロッパ、とくにイギリスやフランスなどで、共同体的諸関係がどのようにしてこわれ、共同態規制がどのようにして呪縛力を失っていったか、その過程をたずね、そこからできるだけ一般的な法則と思われるものを取り出してみたいのですが、しかし、研究の対象となる歴史的過程そのものは決して簡単でなく、いろいろな点で実に複雑をきわめたものだったということは、念のため御記憶願いたいと思います。まず、いま申したレオ・ヒューバーマンのような考え方が出てくるのも当然であるように、そのころは遠隔地貿易もまた非常に盛んでした。たとえば、イギリスでの資本主義の発達をとってみても、それは周知のように、輸出工業としての毛織物工業の繁栄のうえに、つまり莫大な毛織物および毛織物製品の輸出貿易を土台として行われたのでした。こうした事実からも分かるように、局地的分業圏の形成などといっても、それは歴史上純粋培養のような形で出てくるのではなく、現象の上ではつねに遠隔地間貿易と密接に絡み合っていたわけです。それにまた、局地的分業圏がある程度形成され、農民や職人たちが小商品生産者(小ブルジョア)として成長しはじめますと、富裕なものは小産業資本家に、貧乏なものはその賃銀労働者になるというふうにして、いわゆる近代的な両極分解がすぐさま伴ってきます。こうした事情などが絡み合いながら、具体的な歴史過程はきわめて複雑な形をとってあらわれてくるのです。そこで、われわれがこうした事実のなかから、共同体解体の基本線、あるいはその一般的な法則といったものを取り出していこうと試みるばあいには、どうしても、そういう複雑をきわめた歴史過程にずばりとメスを加え、その一部分を遠慮容赦なしに捨象し、その基本線だけを残して、それを明確な形で押し出していく努力がいるわけです。これは、およそ歴史のうちに一般的な法則を追究しようとするばあい、どうしても避けがたいことであり、必要かつ正当なことであると思うので、ここでも私はその方法をとることにしますから、どうか念頭に止めておいて頂きたいと思います。

五

さしあたって例を、中世末期からピュウリタン革命のころまでのイギリスの事情にとってみることにしましょう。もっとも、同じころのフランスをとっても、だいたい同様な基本線が出てくるわけです。さて周知のように、十四世紀の半頃といえば、イギリスがフランスに対してあの百年戦争という大侵略を開始したしばらくあとで、一三四八―四九年には、イギリスの国内は大陸から蔓延してきた疫病の大流行に見舞われます。その結果、イギリスの人口は三分の一、いや二分の一も減少したなどといわれていますが、とにかくたいへんな人口の減少で、それが一つのきっかけとなって、いろいろな社会的な混乱が引き起こされてきます。農民の反抗がしだいに激しくなり、一三八一年には有名なウォット・タイラーを指導者とする大農民一揆が勃発して、またたくまにイングランドの東南部を席巻し、ロンドンに入城して国王に謁見を強要するという事件が起こります。さらにまた、十五世紀半ばにはいま一度ジャック・ケイドを指導者とする農民の大反乱がみられ、ひきつづいて薔薇(ばら)戦争による甚しい荒廃ののちに、テューダー絶対王制がイングランドにうちたてられることになるわけです。いうまでもなく世界史における最初の絶対王制の成立です。そのころからのイギリスはもはや単なるヨーロッパの辺境ではなく、その姿が世界史の中心にしだいに大きくクロウズアップされてきますが、十七世紀半ばには、ついに世界最初の市民革命といわれるピュウリタン革命を経過し、その後曲折をへて、十七世紀末の名誉革命を画期に、イギリスは全く近代的なブルジョア国家に成長することになるわけです。このような経過を念頭においた上で、問題の史実を皆さんと一緒に見ていこうと思います。

さて、イギリス経済史の上で、十五世紀前半は研究史上、一つの問題の時期となっています。というのは、中世末から近世にかけてのイギリスのあの顕著な経済的発展を、もし簡単に遠隔地間の分業関係、その基礎の上に立つ遠隔地間商業の発達ということでもって説明していこうとすると、どうしても了解のできない事実がこの時期にはいろいろと見出されるからなのです。いま、その一例をあげて、問題のありかに照明をあたえてみましょう。

ちょうど十五世紀の前半、つまり絶対王制成立の前夜のことです。ロンドンをはじめイギリスのいくつかの大都市は、それまでは、市民たちの消費に必要な穀物を国内の諸地方からの供給に仰いでいただけでなく、余剰の穀物をさらに外国へまで輸出していました。ところが、この十五世紀前半のうちに、まず外国への穀物の輸出が著しく減少するばかりでなく、およそ穀物がロンドンにさえも来なくなってくる。その結果、ロンドンは市民たちの消費に必要な穀物までも逆に外国から輸入しなければならない、というような事態が現われてきました。このような事情は約一世紀のあいだ続き、十六世紀の半頃にはやや緩和されますが、基本的にはピュウリタン革命のときまで続いているといえましょう。ところで、この一見かなり奇妙な現象は、どうして起こったのでしょうか。外国貿易に起こった偶然的な事情のためだと説明しようとする人々もあるでしょう。しかし、イギリス史だけについて見ても、この説明はかなり無理であるばかりでなく、同じような事情が、濃淡こそ多少異なれ、やはりフランス史でも見られる。つまりそれは、一つの類型的な現象だということからして、どうしてもイギリス自身の国内的事情から説明しなければならなくなってくるわけです。そのばあい、イギリス国内でそのころ穀物の生産が減退したためだろうと考える人もあるかもしれません。たとえば、十五世紀末ごろから俄かに激化してくるあの囲い込み運動――羊を飼うために耕地を容赦なくつぶしていくという動き――が穀物の生産をある程度、少なくとも相対的に減少させたということはありうるでしょう。しかし、いま申したような、ロンドンへさえ穀物が出なくなってくるという現象は、この囲い込み運動が起こる以前からすでに始まっていたのです。それに十五世紀には、イギリス各地の農村における穀物生産力がそれほど顕著に減退したなどとは、とうてい考えられないようです。われわれはむしろ、それとはちがって、穀物の生産が減退したというよりは、穀物がその生産地あるいはその近傍で販売され、消費されてしまって、その結果ロンドンへ出す余裕がなくなってきたのではないか、と考えざるをえなくなるのです。しかも、ただ抽象的に想定するだけではなくて、それを裏づける事実が幾つもあります。たとえば――これは最近の研究でしだいに明らかとなってきたことですが――十四世紀末から十五世紀前半の時期には、イングランド各地の農村地域に小さな市場、つまり小規模な局地内的取引の中心地が、簇生(そうせい)といってよいほど到るところにできてきます。実は、穀物はそこで売られてしまったと見ねばならないのです。じっさい、それまで遠隔の地へ、とくに外国へ穀物を輸出していたような領主たちまでが、それに引きずられて、そうした近傍の小市場で穀物を売るようになっていきます。言いかえるならば、穀物が生産されている農村地域、あるいはその比較的近傍で、その穀物をどしどし購買し消費するような、そういう人々が成長しつつあったということが分かってきたわけです。

それでは、そうした穀物を購買したのは、具体的にはどういう人々だったのでしょうか。次にそれを考えてみることにしましょう。さきほど述べましたように、十四世紀半ばには疫病の大流行があって、とりわけ農村の人口が激減したのですが、そのために労賃がひじょうに高騰し、政府としてもその規制措置の必要に迫られて、いわゆる「日雇条例」を発布して最高賃銀を決定し、人々に強制しようとしたことがありました。ところで、この「日雇条例」という法令を見ますと、われわれがいま問題としている点でたいへん興味深いのです。この法令は、まず農業その他の日雇たちが受けとる最高賃銀を定めています。そうした日雇たちはもちろん領主の直営地でも働いたのですが、また、このころすでに農村地域での農民や職人の経営にもそうとう雇われていたようです。この法令はまた、職人たちの受けとる最高の賃銀も決めています。そこにでてくる職人の種類は——たとえば馬具屋、革屋、靴屋、仕立屋、鍛冶屋、大工、石工、瓦屋、船頭、車曳きなど——かなりたくさんあり、それらの最高賃銀がみな定められているわけです。もっとも、このばあいは賃銀というよりは工賃といった方がよいかもしれませんが。ところで、この法令は、この日雇や職人たちの最高賃銀の決定を励行させる裏づけとして、そのほかに食糧品の価格の公定もやっています。たとえば、肉屋、魚屋、パン屋、鳥肉屋、その他の食糧品販売者が食糧品を売るばあい、それは「適正な価格」(リーズナブル・プライス)でなければならないとしているのです。適正な価格とは何かというと、食糧品がその近傍で売られているような価格を考慮したもので、それに、その売手は運んできた距離に応じて適当な利潤を得てもよい、それ以上は決して取ってはならない、というわけです。一見驚くほど合理的な決定の仕方といえましょう。このような「労働法規」はその後ながく繰返し発布されていますが、有名な一三八八年のものなどには、収穫期には職人たちが農業の手伝いをすべきことや、農民の職人への転業の禁止などが定められています。

さて、こうした法令の内容からいろいろなことが分かります。さしあたり、私どもにとって重要なことは、この二つでしょう。第一は、すでにその当時農村にはいろいろな種類の職人が、農民たちのあいだにある程度混住していたし(これは他の史料からも推定できます)、少なくとも都市の職人と農民のあいだには比較的自由な商品交換の関係が生れつつあったということ。第二は、そうした職人たちが――それにかなり数の多い自由な日雇たちも交えて――その居住地の近傍で自分たちの生活必需品を貨幣で買っていた、また日雇などは賃銀を得さえすれば、それだけで十分に暮していけたということ、です。もちろん、穀物もそうした生活必需品のなかに含まれていたわけです。

英文学史上有名な、あのウィリアム・ラングランドの作と伝えられている『農夫ピアズ』をご存じでしょう。これは、一三八一年の大農民一揆のころ、一揆の農民たちのあいだで読まれたものだそうですが、いま述べたような観点から、あの詩を読んでごらんになると、そうとうおもしろいと思います。たとえばその一つ。日雇たちは土地をもたないから、賃銀をもらって、それだけで生活しているのだが、野菜であろうと、肉、魚であろうと、酒であろうと、何でも必要な食糧は手近かに買えて、ゆたかに暮しており、ちょっと生活が悪くなるとすぐに不平を言いだす。収穫期になると、近傍の市場には穀物が出まわり、貧しい人々もよろこんでそれを買って食べる。そういったことが書かれています。これは、いま述べたような事情を彷彿させるとともに、すでに十四世紀半頃から、イングランドの農村では穀物が、その生産された現地で、あるいは少なくもその近傍で、ある程度購買され消費されはじめていたことが想像できると思います。このような事情は、十五世紀に入るとますます進展していきます。まえにも指摘したように、このころになると、到るところに局地的な小規模な市が立ち、ここで近傍の穀物が売られるという傾向をはっきりと示してきますが、その穀物の買い手は、こうして、その周辺にすむ職人たちだったと考えるほかはないのです。さらに、それに引きずられて、領主たちもその穀倉の穀物を、この小さな、局地的な市で売り払うようになり、これがいろいろな面に大きな変化を呼び起こしていくことになります。このような、農村を基盤とした、ある局地内での分業関係あるいは商品交換の関係は、その後テューダー絶対王制が成立したのちも、もちろんますます進展していきます。たとえば、これもおそらくシェイクスピア研究に関連して知られている文献ですが、あのウィリアム・ハリスンの『イングランド誌』、これには、いま述べた点に関して、きわめて興味ある叙述が到るところに見出されます。もちろんその当時は、すでに農民層の近代的な両極分解も進んでいて、一方では富農たちの姿がめだってくるとともに、他方では下層の農民や職人たちの貧窮化もそうとう広がってきていますが、その点をしばらく捨象して考えてみますと、農民たちの生活は全般的にひじょうに豊かになっており、あまり豊かな方でない農民たちの持物でさえ、貨幣で買わねば手に入らぬような、いろいろな家財道具が取りそろえられていて、飲食費にもかなりの貨幣を支出している、という意味のことが述べられています。それに何よりもおもしろいのは、彼によると、当時のイングランドでは――多分東部諸州だと思いますが――穀物の売買に関して、農村でいわゆる売り手市場が成立していたということなのです。つまり、売り手と買い手のあいだで売り手が圧倒的に有利な立場に立っていたということ、言いかえると、穀物の買い手は、どうしても売り手の言いなりの値段で買わなければならないというような状態になっていたということなのです。別の面からいえば、外部の商人たちや、あるいは農民のなかで商人的な営みをするものが、穀物を手に入れてロンドンなりその他の場所へ持っていって売ろうとすれば、自然、現地の値段よりは高く買わなければならなくなっているということなのです。このことは、いうまでもなく、穀物が農村地域内部で、あるいは局地内でいかに多量に売られ消費されていたかということをよく示していると思います。つまり、局地的な分業圏がすでに成熟しきって、より大きな地域に拡大される傾向を示していたということなのです。

六

さて、十五世紀中葉あたりから、イギリスの穀物輸出が止ってしまっただけでなく、ロンドンにさえ穀物が出なくなったのは、何よりも穀物が生産された現地、あるいはその近傍で売られ消費されてしまったためだということは、以上述べたようなことがらからだいたい想像できるかと思います。つまり、さきに申したような局地的な分業圏が形成され、しだいに拡大されつつあったということです。その当時、イギリスの資本主義の発達を大きく推し進めつつあった毛織物工業、これは国民的な規模での輸出工業だったのですが、この毛織物工業は、実は、このような局地的分業圏とその地域的拡大の上に足場を置いて成長したものでした。だからこそ、毛織物工業の繁栄は、イギリスの資本主義の発達を押し進めえた、逆にいえば、封建的な共同体的な諸関係を解体させていくという方向に力づよく働きえたわけでした。ちょうどこれと反対なのが、同じころの東ドイツの麻織物工業でしょう。これもそうとうな規模での輸出工業だという点では、イギリスの毛織物工業とひじょうに似かよった性質をもっていたのですが、それにもかかわらず、そのもたらした結果は全然正反対で、むしろ、さきにも触れたように、逆に封建的＝共同体的な諸関係を再強化し、いわゆる再版農奴制を形成するという方向に作用したのでした。つまり、あのグーツヴィルトシャフト(領主制農場)の成立に結びついていったわけです。その原因はといえば、そこでは、イギリスで見られたような局地内的分業関係が、外国貿易およびその利害に結びつく領主側の力によって、その萌芽さえ形成しえないまま押しつぶされてしまったためだ、と見なければなりますまい。

それはそれとして、このような農村を基盤とする局地内的な分業関係は、イギリスではいったいいつごろから現われてきたのでしょうか。これは、言いかえると、イギリスの初期資本主義の発達を特徴づけるあの農村工業なるものが、いつから現われてきたかということでもあるわけです。最近の研究では、その始まりはすでに十三世紀に求められています。この見方はおそらく正しいものと私は考えますが、しかし詳細なことはまだよく分かりません。しかし、十四世紀後半から十五世紀にかけてとなると、農村工業の発達はもはや押し止めがたい勢となって現われてきます。他面では、それはいわゆる都市の衰退という姿をとって現われてくるわけです。旧来の都市に住んでいる毛織物工業関係の生産者たちをはじめ、その他の職人たちが農村へどんどん流出する、このいわゆる「都市からの人口流出」によって都市の工業はしだいに衰えていく。そして、都市は単なる商取引の中心地というような様相を帯び始めるのです。言いかえると、農村を立地とする工業が――もちろんその中心は毛織物工業ですが――どんどん成長していく。そして、十六世紀半頃になると、ついに都市工業を圧倒してしまったのです。

ちょうどその時期に、テューダー絶対王制の政府は全国的な規模で、都市からの職人の流出を禁止する、あるいは少なくも抑止する法令、いわゆる「織布工条例」を出してこの勢を押えようとするのですが、それはほとんど何の効果もありませんでした。ピュウリタン革命は、一面から見ると、このような農村工業の勝利を確定した事件であるともいうことができます。

ところで、いま申しました十六世紀半頃の、農村工業の拡大を阻止しようとする法令の一つには、都市の未熟練な毛織物生産者たちが農村へ流出していくばあい、一連のさまざまな職人たちをも都市から農村へと引き連れてでていく、ということが記されていますが、このことは都市内部で成立していた或る種の局地内的な分業関係が、そのままワン・セットとして穀物の生産地域である農村地帯に移動し、そこへ吸収されて行く現象だったといってもさしつかえないでしょう。じっさい、そのころ、農村工業の隆盛にあるいは賛成しあるいは反対するいろいろな声のなかに、つねに類型的に見出された意見の一つは、農村では労賃が安いということ、すなわち、必要な生活必需品がきわめて廉価にしかもその場で買えるということでした。このようにして、まず農村、つまり人間の生活にとって究極的に必要な食糧品が生産される農村地域を基盤に局地内的な分業圏が生まれ、そこへ旧来の都市から種々な職人たちが、商人たちさえも交えて、移動して来る、そしてそれによって、その分業圏がますます拡大されていく、こういう条件を土台として農村工業は形づくられていったのでした。もちろん、十六世紀半頃にもなると、そうした分業圏はさらに拡大されて、もはや単に局地的とはいえないほどの地域的な広がりをもってきます。ただそのばあい、分業関係はいわゆる産業諸部門間の発展の不均等性のために複雑な姿をとっており、局地性や地域性を簡単にきめつけることはできない、ということはもちろん念頭においている必要があります。たとえば、毛織物工業などについてみますと、当時それはもはや単なる局地的な産業ではなくて、いわば地域的と言いうるほどに拡大され、おそらくイングランドはおよそ三つぐらいの市場圏に分かれていたと思われます。が、他面穀物の生産は、まさにそうした毛織物工業を中心とする農村工業の展開の結果として逆にきわめて局地化し、そのあげく、こんどはそうした局地的分業圏を起点にいまや分業圏をさらに拡大していこうという態勢を示していたともいえましょう。とにかく、産業諸部門間の発展の不均等性のために、そうした複雑な様相を呈して現われてきます。しかも、さきにも少し触れておいたように、そうした農村工業を基盤としていまや新しい近代的な両極分解が、つまり資本主義の発展が進行してくるために、なお一層複雑な様相をとることになるのですが、とにかく、局地的な分業圏の成立およびその地域的拡大という現象は、イギリスの絶対王制期を一貫して見ることができるわけです。そして、その発展の一つの到達点がピュウリタン革命であり、さらに名誉革命を経過して、ついに国民的規模における統一的国内市場が形づくられてくることになると見てよいと思います。

七

このようにして、中世末期から近世初期にかけてのイギリスの史実についてみますと、封建的な土地所有関係の解体、だからまた、その土台をなしていた共同体的諸関係の解体は、局地的分業圏の成立とその拡大を不可欠の前提として生じてきたという私たちの見方が、一つの仮説として、決してそうとっぴなものでないことはある程度分かっていただけたことと思います。そこで、問題はこうなるでしょう。それでは、そのような局地的分業圏の成立とその発展は、いったい、どういうわけで共同態規制(村はちぶ)の呪縛力を事実において無効にすることができたのか。こうした問題を追究していくことが、われわれにとって、結局いちばん肝腎な点となってきます。

ところで、それを追究するまえに、面倒でも、なお一言説明しておかなければならないことがあるのです。それはイギリスにおける封建的＝共同体諸関係の解体は（それとうらはらの関係にある資本主義の発達も）、このように局地的な分業圏の形成とその発展の結果だと考えるにしても、現実の事態は、決してそう簡単なものではなかったということです。第一に、封建的＝共同体的な諸関係は、当時まだ崩壊しきってはいず、多かれ少なかれまだ残存していて、その上に封建的な絶対王制の政治権力がうちたてられており、また、そのような古い物質的基礎に結びついて、さきにも触れたように、共同体的諸関係をかえって強化する方向に作用をするような古いタイプの遠隔地間貿易、それに携わる大商人たちの営みも、なお繁栄していました。そういう遠隔地間貿易に携わる大商人たちは、もちろん旧来の都市にその本拠をもち、都市のギルド制度という共同体的関係のうえに立ち、それを利用して自己の独占的な経済的地位を維持していたのでした。そうした大商人の例としては、あの大カムパニー（商人組合）の重役（リヴァリー）たちを思いだしていただけばよいでしょう。ところで、局地的な分業圏とその発展のうえに足場をもつ新しい商品生産、そしてそれに従属して現われてくる新しいタイプの商品取引は、実はその性質上、つねにこうした古いタイプの遠隔地間商業に対抗して成長するほかはなかったのです。というのは、遠隔地間の商業に携わる大商人たち、つまり都市の大組合の重役の地位を占める商業貴族たちの営み(しばしばマニュファクチャーをさえ含んでいました)は、何よりも小生産者たちに対立する買占的独占――これは絶対王制期を通じて見られる特徴的な事実なのですが――という形をとって、農村地域にまでその支配の網をひろげていたからなのです。そしてこの独占資本は、絶対王制の公権力といろいろな形で結びつき、したがって農村地域における共同体諸関係の維持を自分の利益としていました。こうした経済的利害に対抗して局地的分業圏を形づくる商品経済の発達、またそれを基盤として成長してくる商品生産者たちは、そうした買占的独占に対する商品取引の自由を要求して立ち現われたのです。つまり共同態規制を掌中に握る封建的地主たちと提携し、それを基盤に特権的な利潤を追求していく大商人たちが、何よりも買占的独占の擁護者であったのに対して、局地的分業圏を基盤とする商品生産者たちは、あらゆる共同態的規制からの解放を要望し、その要求をとくに「売買の自由」という形で表現したわけです。言いかえるならば、絶対王制期を通じて、封建的＝共同体的な利害はつねに買占的独占への要求と結びつき、これに対して局地的分業圏を基盤として成長してくる新しい商品生産者の要求は、独占に対する自由として自己を主張する。つまり、封建的＝共同体的な規制に対する抵抗は、こうしてつねに反独占の運動として現われてこざるをえなかった。これはきわめて大切な点です。

一三八一年にウォット・タイラーを指導者とする大農民一揆がイングランドに勃発し、一時猛威を振るったことはさきほど述べたとおりですが、そのさいの農民の要求事項のなかには、農奴制的賦役の拒否などとともに、はっきりと、この売買の自由が打ち出されています。このウォット・タイラーの一揆にしろ、あるいは十五世紀半ばのジャック・ケイドの一揆にしろ、農民以外に種々な農村の職人たちが多数参加し、また都市の職人層とも連繫をもっていました。指導者のウォット・タイラーにしても、その名前が示すように、彼は瓦職人であったともいわれています。こうして、彼らの利害は局地的な分業圏を媒介として、単に共通であるだけでなく、多かれ少なかれ局地的な自給自足への傾向をもつ独立の再生産圏を形づくりながら、互いに深く絡み合っており、それが、彼らのあいだでの「売買の自由」への要求を押し出した。つまり、そうした形で古い共同態規制からの解放という共同の利害が主張されていたわけなのです。もちろん、この要求は一挙に完全に貫徹されてはいません。それどころか、絶対王制の成立期にはむしろ共同体の、だからまた封建的地主制の再編制が多かれ少なかれ進行することにさえなります。しかし、それにもかかわらず、この「共同態規制からの解放」への要求は、絶えず持ちつづけられ、しだいにその地歩を拡大し、ついにピュウリタン革命にいたって貫徹されることになったわけです。

その間、「共同態規制からの解放」がしだいに進展しつつあることを示す事実を一つ、二つ拾ってみましょう。さきほどハリスンの『イングランド誌』のことに触れましたが、そのなかには次のようなことが述べられています。農民たちはみな、だれでも近所の町へ行って、どんなものでも、必要な生活必需品を手に入れることができる。しかも、どの町でも、法令で定められた市当局の規制(つまり共同態規制)などは、もはやほとんど守られてはいない。そればかりでなく、また、都市から規制の網をくぐる商人やその他の者が農村へやってきて、穀物やその他の財貨をどしどし買い出していく。つまり都市に基盤をもち、共同態規制を梃子として支配を続けてきた買占的大商人たちは、すでにその規制力を著しく失ってしまっていた、というわけです。

もう一つの事実は、これもさきほど述べた、都市から農村への職人の流出とそれによる農村工業の成長です。十六世紀の半頃には、あの「織布工条例」とよばれる法令、つまり、都市からの職人の流出を阻止し、さらにまた農民の職人化を禁止することを目的とした法令が全国的な規模で公布されますが、それももはやほとんど効果がなかった。当時のイギリスの農村では、そうした禁止を強行する十分な実力者はもはやなかったのです。つまり、農村地域でも、共同態規制の力はもはや地に落ちていたのでした。これを、たとえばそのころのオランダと比べると、ひじょうに対照的です。オランダでは当時まだ共同態規制が強固に残っていて、村の顔役たちのもっているいわゆる下級裁判権が、農村工業の発達を有効に押えてしまったのでした。あのレンブラントの生地であるライデン郊外のラインその他の村々は、イギリスの農村と反対の道をたどった一つの例だと思います。ともあれ、イギリスでは、十六世紀も末頃となると、共同態規制はその呪縛力を事実上全く失っていました。かつてウォット・タイラーの提出した要求がほぼ貫徹されようとしていたのです。しかも、その呪縛力を失わせたものは、何よりも農村を基盤にし、農業を含む各種生産部門間の局地内的な分業、そうした多かれ少なかれ自給自足への傾向をもつ局地的分業圏の成立でした。このような状態が進展するところ、共同態規制をもってしても、彼ら生産者たちの自由を押えることはしだいに困難となり、ついに不可能となってしまったのです。そして、このように古い共同態規制が事実上作用することを止めたからこそ、またそのために生産と商品の売買が著しく自由になったからこそ、古い共同体的な土地所有関係が終局的に解体し、またそこから新しい近代的な両極分解がぐんぐん進展することにもなったわけです。

このような動きの意味を、少し身近かに思い浮べてみるために、かなり異なったニュアンスをもっているとは思いますが、まだわれわれの記憶に残っているあの十円牛乳の問題を思い出してみましょう。あのばあい、乳牛を飼い、その乳を搾って売る農家、つまり牛乳の小生産者たちは、自分の努力によって生産を高めたにもかかわらず、しかも都市での需要度は高かったにもかかわらず、何かの事情で生産者価格を押し下げられてしまったわけです。それを防ごうにも、牛乳の販路は比較的遠い都市であり、中間業者に買ってもらわなければどうにもならないという事情にあったために、自分の言い値を貫徹できず、屈服を余儀なくされたわけでしょう。あのばあい、もし牛乳の生産者である農家が、手近かな所でその牛乳をどんどん売ることができたとすれば、ああいう両者の対立は問題とならなくなります。牛乳の生産農家には、販路が得られるばかりでなく、むりな価格を押しつけられることにもならなかったわけです。このばあい、それが共同態規制とどう関連しているか、私には具体的には分かりませんが、ともかく、こういう身近かの事情を思い出していただけば、当時のイギリス農村の動向が生き生きと分かっていただけるのではないかと思ったわけでした。当時のイギリスの農村に住んでいた職人たちは、実は自分たちの生産したものをどしどし手近かな所で売ることができたのです。しかも、農村に住んでいるのですから、その貨幣で生活必需品を容易に買うことができます。いや、場合によっては物々交換であってもよかったわけで、マックス・ヴェーバーなども指摘しているように、資本主義発達の初期には一見自然経済への復帰というような様相を伴ったり、また高利貸が彼らを搾取する余地が小さくなったりさえするのは、実はそのためだといってよいだろうと推定しています。ともあれ、農村の生産者たちは必ずしもその生産物を都市の商人に買ってもらう必要がなかったわけです。しかし、都市の大商人たちにとっては、正に逆です。たとえば毛織物ならば、それをむりやりにでも都市市場で売らせ、そして自分たちがそれを独占的に買占めて、遠隔の地や海外へ売りさばくことができれば大変都合がよいわけで、ですから、絶対王制の庇護の下にそれを強行しようとしたが、失敗に帰したのでした。農村に住む毛織物職人たちは、都市でなくても、近所で売りさばくことができた。そのように販路を近傍にもつことができたからこそ、彼らは都市の大商人に対してともかくも対抗でき、進んで売り手市場、つまり生産者である売り手の力が強い市場関係を成立させることができたわけでした。それどころか、イギリスでは、そういう確実な販路があったために、農村工業に味方する新しいタイプの商人が成長してきたばかりでなく、都市に住んでいた職人たちが農村地域に流出し、新しい独自な再生産圏をさらに拡大することによって、都市をある意味では余計者的な存在にしてしまったのでした。このような農村を基盤とする発達によって、はじめて、あの近代イギリスの国民経済の繁栄が作り出されていったのだといっても、基本的な点で、決してまちがいではあるまいと私は考えております。

八

以上、封建的な共同体的土地所有を究極において解体させていく、さらに言いかえれば、当面共同態規制（村はちぶ）の呪縛力を事実において無力なものにし、それから解放されるための実力と足場を農民その他の小生産者たちに与えた現実的条件は、局地的な分業圏の形成とそれを起点とする発展だと私は言うのですが、そのことの意味はもはやだいたいお分かりいただけたかと思います。ただ、いろいろと具体的な歴史的事実に当ってみますと、やはり問題はそれほど簡単ではありません。私はいままで共同体諸関係をかなり簡単化して説明してきましたが、実際はもっとはるかに複雑な様相を呈して現われてくるのです。そこで終りに、その点に少しばかりの説明を加えておきたいと思います。その一つは、共同体は、一方では今まで述べてきましたように、封建的な領主や地主たちの農民に対する支配の手段として利用されますが、また他面では、ときにはそうした支配に対する農民の抵抗の組織としても利用されたということです。私は、この支配の手段と抵抗の組織という、共同体がもつ二つの側面をしばしば「共同体の二面性」と呼んできました。史実を見ますと、農民側の力がひじょうに強いときには、支配の手段という面がいっそう前面に出てきますし、これと反対に領主あるいは地主側の力がひじょうに強いときには、抵抗の組織という面がいっそう前面に出てくるようです。こうしたことのために、史実はひじょうに複雑な姿をとることになります。ただ、抵抗の組織として共同体が利用されるといっても、実はそこには限界があり、その限界をとらえることによって、結局は上からの支配の手段に転化させられてしまうということが問題なのです。この点は以上の所論に関連して、ご記憶願いたい一つの点です。

さらに、もう一つ触れておかなければならないと思うことは、局地的分業圏を形成していく農民やそうした農村に住む職人たちは、生産と売買の自由を要求する、ということを申しました。そしてまた、そこから近代的な両極分解が進行するとも申しました。しかし、彼らが古い共同態規制に対抗しようとするばあいには、実は、ある程度古いものと重なり合いながらも、彼ら自身が抵抗の組織として一種の共同体的な共同組織を作り上げていくことが見られるようです。たとえば、イギリスの歴史でいえば、「小親方組合」などといわれるものがその一つの典型だと思いますが、このような小ブルジョア層の形成する共同組織を、私はしばしば「半共同体」とよんできました。この半共同体は、一方では、こうして封建的＝共同体的規制に対する抵抗の組織として現われるとともに、また他方で、資本主義的分解に対する抵抗の組織として現われることにもなり、いわゆるボナパルティズムの土台を形づくる結果となるのですが、このこともやはり記憶しておかなければならない一点だと思います。個々の農民や職人は、近代的な自由を主張して現われるばあいにも、単にばらばらな個人としてそれを主張していたのではなかったということ、つまり、そこに一種の半共同体ともいうべき共同組織が作られていたということです。この点は、世界史の段階がひじょうに異なり、すべての歴史の動きに自然成長性がしだいに少なくなってきている現代と比較するようなばあいには、とくに注意しておいてよいことではないかと思います。

内と外の倫理的構造

一

きだ・みのるさんの『気違い部落周游紀行』〔吾妻書房、一九四九年〕が映画にもなった。そうした、生ま身のわれわれにじかに訴えるような仕方で、きださんの言葉をかりると、「日本文化の根底に潜むもの」が一つののっぴきならぬ表現をあたえられたということは、やはりわれわれにとって見逃しがたい事実であるように思われる。それは、つぎのような事情によるといってよい。きださんが『気違い部落周游紀行』その他の書物でみごとに浮きぼりにしてみせてくれたような事実が、日本文化の奥深い根底に潜んでいるということは、まえから、ある程度まで社会科学者たちが理論的にまた実証的に指摘し、その重要性を説いてきていたのだが、学界でなお十分な納得のえられぬままに流されてしまっていたところへ、あのような生活絵巻を、ほとんど誤解しがたいような形で、いやおうなしに見せつけられることになったのだからである。ところで、いま、われわれが内と外の倫理的構造というとき、その論点は、実は、きださんがそのような形でいきいきと描きだしてくれた事実と深い関連をもっている。そういうわけで、この小稿で内と外の倫理的構造というテーマに取り組もうとするばあい、さしあたって、このきださんのいくつかの書物にみえる叙述を手がかりとして、基本的な論点を学びとることからはじめたいと思う。

『日本文化の根底に潜むもの』〔大日本雄弁会講談社、一九五六年〕という書物のなかに、こんな一節がある。

――そりゃ部落の人間だって同じじゃああんめいか。昔の仕来りに異を立て皆の言うことを聞かねば部落八分で脅どし、昔通りにやって皆の決めを聞けば親方に目をかけて貰らえ、部落の評判も好くなるものなあ。

そのあと、次のような説明がさらに断続的につづいている。「部落は部落八分の制裁の上に立脚していると言って好い。この制裁は血族団体の家族に見られない統一と団結を部落と呼ぶ地域集団に授けている」。また「部落の恥になるという言葉は個人的な利害或は好悪を屢々忘れさせる。この言葉は同時に部落を一本に纏めるため親方の口から好く云われる言葉でもある。部落人は部落に一種の聖性を授けている。……〔ところで〕

田舎は純朴か強慾か都会人は屢々判断に当惑する」。というのは、「部落人は部落の伝統の外に出たとき強慾である。ということのため、部落人が都会に出ると、部落の伝統の外に出ているため彼は同じくその勤勉と強慾で都会の隣人を驚かすことになり勝ちである」。

きださんの説明はもっと具体的であり、はるかに詳細だから、読者がみずから就いて読まれることがのぞましい。が、ともかく、そうした叙述を読みながら、われわれの注意をさしあたって強くひくのは、部落を形づくる人たちの倫理意識のなかで、部落の内と外がはっきりと区別されているということであろう。もちろん、部落にすむ人たちの生地のままの人間性は、部落生活の内部であろうと外部であろうと、決して違ったりしているわけではない。どこにいようと、かれらはなかなか慾もふかければ抜け目もなく、たくみな「言いまかし」やかけひきで他人をだしぬいたり、ごまかしたりして、金もうけもするし、けんかもする。ところが、部落内部の生活では、かれらのそうした生地のままの人間的な欲求は、部落全体の生活の必要にねざした伝統的な慣習の規制というか、そうした外枠のなかにがっちりと嵌めこまれてしまうのである。しかも、そのばあい、伝統的生活慣習の強制力にせまられて、しかたなしに、その規制の枠のなかに止ろうとするだけではない。部落の人々は、古い伝統によって聖化された部落の慣習に対して心から恭順の感情をいだいており、そうした倫理意識にみちびかれて、われとみずから伝統的慣習の規制の枠のなかに入りこんでいこうとする。また、同じ部落を形づくる他の人々をも、部落八分に訴えても、その枠のなかに止らせようとする。こういう古い、伝統によって聖化された規制にみちびかれて、部落の生活が一個の孤立した小宇宙として、先祖代々踏みならされた道を一応あぶなげなく歩みつづけていくという事実は、だれもが知っているとおりである。

　ところで、部落を形づくる人々が部落生活の伝統的なコースから一歩でも外に出たときには、かれらはそうした小宇宙を規制する伝統的慣習の外枠から解放されてしまうことになる。だからまた、かれらが自分たちの部落から外にでたり、あるいは部落外の人々と交渉をもったりしたばあいには、あの部落内部の生活に根ざした、伝統的慣習への恭順の意識も消えさってしまう。少なくともいちじるしく薄められてしまう。その結果、かれらの生地のままの人間的欲求が手綱からときはなれた奔馬のように、のほうずに頭をもたげてくることにもなる。そして、このことが部落の人々の一見矛盾した行動ともなって現われ、都会の人々を驚かすことにもなるのである。部落人の生活に関するきだすさんの叙述は、もちろんはるかに多面的かつ具体的なものであるが、それはそれとして、ともかく、古い伝統的慣習の枠に嵌めこまれた部落の生活を送っている人々のばあい、かれらの倫理的意識が、いまでも部落生活の内部と外部でいちじるしく異なったものになっていることは、その叙述のなかから、われわれが容易に読みとりうるところだとおもう。実は、こうしたことこそが、この小稿で私が内と外の倫理の二重構造とか、内と外への倫理の分裂とかよぼうとする基礎的事実なのである。

部落を形づくる人々の生活のなかに見られるこういう倫理意識の二重構造は、きださんによると、「日本文化の根底に潜むもの」だというのである。私はこの問題について別に専門的な調査研究をおこなっているものではないけれども、こういう見方には深い興味をおぼえる。もちろん、このような古い、伝統に根ざした部落構造は現在では、とくに農地改革以後、すでにいちじるしく崩れているし、さらに大きく崩れつつあるといわねばなるまい。それにしても、このような内と外の倫理の二重構造を生みだし、また、それによって支えられているような基礎的な生活関係――こうしたものを私は以下「共同体」(1)とよぶことにしたい――が、なおある程度まで「日本文化の根底に潜むもの」となっているという認識は、これはやはりなかなかに重要なものではないかと感じている。

(1) この「共同体」という語については、少し煩わしいけれども、ここで一、二注釈をつけておいた方がよいかと思う。この語の原語ともいうべきドイツ語は》Gemeinde《であるが、もう一つ通例「共同体」と訳されているものに》Gemeinschaft《というのがある。この両語は、実は、はっきりと区別されることが望ましいと思う。というのは、われわれは古い》Gemeinde《の解体を歴史の進歩の方向に一致するものとして考えるのであるが、同時に、また新しい》Gemeinschaft《の形成をこそわれわれは現在待望しているのだからである。ところが、通常は両語とも「共同体」と翻訳されているために、ある程度奇妙な混乱が生じていることは覆いがたい。そこで、私は》Gemeinschaft《の方には「共同態」の訳語をあてて区別することにした。

ただ、このような内と外の倫理の二重構造という事実と、それを生みだし、またそれによって支えられている基礎的生活関係については、ここで、いま少し説明をつけくわえておかねばならない。それは、なかんずく、次のような点についてである。内と外への倫理の分裂のいわば原型をなすものが部落共同体の生活関係であることは、いまいったとおりであるが、しかし、そうした倫理の二重構造という事実自体は、もちろんわれわれの生活の周辺に実にさまざまな形で、かつ、はるかに広い分野にわたって見出される。このことは、十分に注意しておく必要があるとおもう。まず、部落共同体それ自体の内部でも、倫理の二重構造の事実は、それこそ二重、三重に重畳してあらわれてくるといってよい。なかでもイエ(家族)の内と外というか、家族共同態やその擬制態の内と外がそうした倫理の二重構造の重要な基盤となっている。だから、部落共同体そのものが、たとえば身内と他人というような、さまざまな内と外の倫理構造の重畳するきわめて複雑な合成体という感を呈していることも、これまたきだされの叙述のなかにみごとに描きだされているとおりである。

それればかりではない。部落共同体の外側の、いわば伝統的慣習の真空地帯のただなかにも、いわばタコツボ型にさまざまな擬制部落というか、そうした第二次的な共同体がいつとはなしにきわめて広く作りだされていて、そこにも倫理の二重構造がさまざまに織りなされていることは、これまた見逃しがたい。たとえば、都会がそうである。部落共同体の倫理意識の立場からみれば、都会はいわば万人が万人の敵であるような倫理的真空地帯をなしているはずなのであるが、そこにも、濃淡さまざまに水割りされながら、擬制部落とでもいうべき第二次的共同体が、どこにもここにも、重畳してつくりだされていることは、これまた都会人のだれもが日常の経験によって、目を見開いてさえおれば、知悉しているとおりである。

このようにして、内と外の倫理の二重構造は、濃淡さまざまに水割りされながらも、単に個々の農業部落だけではなく、網の目のように日本文化のうえに、ある程度まで、いまなお覆いかぶさっているともいえるのである。かつて川島武宜氏がこの事実を「日本社会の家族的構成」と巧みに表現されたが、そういう意味合いで、内と外の倫理の二重構造は、現在急速に崩れさりつつあるとはいえ、たしかに「日本文化の根底に潜むもの」だということができるのである。

もう少し、きださんの言葉を借用させていただこう。ただ、このばあい「部落」という語は「部落および擬制部落」というふうに読みかえていただきたいというのが引用者のあつかましい願いである。(2)

「もっと観察の輪を拡げることは読者に委ねよう。兎も角も部落に住んでいる限りでは部落の日本人は同じ部落の他の日本人を甚しく憎んでいるかのように行動している。そして部落が一致するのはこの瀰散的な憎しみを、ある一人に集中し、部落外しその他の行動に出たとき、或は他部落との争いのときである。こんな雰囲気の中で部落の住人と他とをつなぐ紐は何か」。「抜けがけの精神が如何に盛んでも、他人に仲間になって貰った方が安心な仕事もある」。まさに、そこなのだ。つまり共同の利害ではないが、部落の全員(ないし大部分)に共通で、しかもきわめて重要な利害が存するばあいには、どうしても挙部落一致が不可欠となってくる。そういう生活の必要に根ざした伝統によって、部落の一致とそれを作りだす規制が倫理的に神聖視されることになるのであろうが、ともかく、部落人間に利害が共通であるばあいには、部落全体がいとも容易に一本にまとまることになる。「風を望んでまた望ませて、或はバスに乗って又は乗せてという日本の表現に当る〔ような部落人たちの〕大衆行動の中には個性とか個人とかいうものの……最初の根元が何処かに忘れられている。挙部落一致、挙村一本、全国一致などとおだてられ、自分を空しゅうする癖がついたのか、或は最初から空しい個人、〔親方によってたやすく牛耳られる〕数でしかない個人が多くあることを指しているように思う」。少々辛辣にすぎ、少々悲しいような感じもなくはないが、内と外の倫理の二重化の動態と、その物質的基盤を表現しえて、まことに妙であるというほかはない。

（2）きださんの書物のほかに、一つだけ、松好貞夫著『村の記録』をあげておく。とくに、三「共同体成立の基盤」は、この点でとくに興味を惹く。

二

内と外への二重化ともいうべきこのような倫理の構造について、もちろん私の狭い知見の範囲ではあるが、正面から明確な理論的反省を加えた人としては、ひとまずマックス・ヴェーバーをあげねばなるまい。いうまでもなく、彼の「対内倫理」Binnen-moralと「対外倫理」Aussenmoralという理論的把握がそれである。これはきわめて興味ぶかいものなので、前節での予備的な説明を一応念頭におきながら、以下それを簡単に解説してみようと思うのだが、ただ、次の点はあらかじめ了解しておいていただきたい。すなわち、内と外の倫理の二重構造という観点は、問題意識として、ある意味では、ヴェーバーの社会学の体系のなかでも隅の首石ともいうべき地位を占めているのであるが、それにもかかわらず――いや、彼のばあい、むしろ、それ故にと言わねばならぬかもしれない――彼の著作のなかでそれを正面から理論的な形で表現し説明した個所は、実は、必ずしも数多くない。それも、経済倫理という側面から、ないしは、経済社会学的な視角からなされた断片的説明に止っている。私はそれをあえて倫理一般にまで拡充しつつ解説することになるが、また、そうしてなんら誤りではないと考えているのであるが、ともかく、その点をあらかじめ念頭におきながら読んでいただきたいと思う。

さて、ヴェーバーは『経済史』という書物の末尾の一節で、経済生活における倫理的意識（エートス）の問題――いわゆる「資本主義精神」を含めて――を取扱っているが、たとえばこの個所で、そのような説明の断片が見出される。彼の考え方は、要約すれば、だいたい次のようなものである。――

近代の資本主義よりも以前、あるいは以外、における経済生活は、どのばあいも、なんらかの形の「共同体」を土台として、その上にうちたてられている。ところで、そうしたさまざまの形態の共同体のうち、いわば原型としての地位を占めるのは、人類の歴史を溯れば溯るほど到るところに見いだされるようになる、あの原生的な血縁共同体、つまり原生的な家父長制家族によって構成された部族共同体である。その他のさまざまな形態の共同体は、たとえば古典古代の都市共同体にしても中世の村落共同体(およびギルド＝都市共同体)にしても、すべてそうした原型としての原生的血縁共同体が何らかの程度において水割りされ、また歪められたものにほかならないから、それに照応する倫理の二重構造という問題を追究するばあいにも、ひとまず、そうした原型にまで遡って考えてみねばならないことになる。ヴェーバーはほぼこのようなことがらを前提したうえで、次のように説明するのである。――

まず、「内部経済」Binnenwirtschaft すなわち共同体内部の経済生活においては、その始めから、「伝統主義」Traditionalismus とでもよぶべき倫理意識が支配している。「すべての倫理とそれから帰結する経済関係の最初にあるものは伝統主義、つまり伝統の聖化、行為と経済の目標をひたすら祖先から伝承されたままのものに置こうとすることである。これは現代までもその尾を引いている」(傍点は原文のゲシュペルト。以下同じ)。ところが、「外部経済」Aussenwirtschaft すなわち、そうした共同体の外部にある人々を相手とするような経済行為においては(あるいは共同体と共同体の中間にある伝統の真空地帯にあってはといってもよいだろう)、それと全く逆に「無拘束な営利衝動」が支配してきた。しかも、そうした共同体内における伝統主義的倫理意識と共同体外における無拘束な営利衝動は、だからまた、共同体内における伝統的慣習に規制された相互扶助的な経済行為と共同体外における貪慾ともいうべき営利行為は、相互に反撥しあうどころか、むしろ補充しあい、互いに手をつないで、まさしく共存していたのであった。つまり「伝統主義の絆が営利衝動そのものによって破砕されるようなことは決してなかった」というのが歴史の真実である。

こうして、ヴェーバーによると、「営利に対しては、そもそも二つの相異なる態度が〔歴史上〕相互に媒介しあうことなく、並存していた。内にむかっては、伝統によって、また部族・氏族・家族の共同成員たちへの恭順(ピエテート)の関係によって束縛され、その結果、恭順(ピエテート)の絆によって互いに結びあわされているサークルの内部では、無拘束な営利は斥けられる。これが「対内道徳」Binnenmoral である。――ところが、外にむかっての交渉にあっては、営利衝動に対する拘束が全く存在しない。つまり、そうしたサークルの外部にあっては、同じ共同体に属さぬ人々はそもそもすべて敵なのだから、彼らに対するばあい、およそ倫理の障壁などというものはありはしない。これが「対外道徳」Aussenmoral である」[1]。また、こういうふうにも述べられている。「さらに、われわれがどこにおいても見出すのは、まず相互に強く結びつけられている原始的な内部経済。一様な構成をもつ部族や氏族の仲間たちのあいだでは、経済的行動の自由などというものは、およそ問題となりえない。それと並存しつつ、外部にむかっては商業への完全な無拘束。対内倫理 Binnenethik と対外倫理 Aussenethik が相違している。金融の上での行動は、さらにそれをこえて徹底的に厚顔である」。つまり、同一の共同体に属する仲間たちのあいだと、そうでない外部の人々に対するばあいとで、倫理のあり方が全く異なっているというのである。共同体の内部にあっては、伝統によって聖化された規制への服従とそれへの恭順の意識。外部に対しては、そうした規制とそれへの恭順の意識からの全き解放。この相違があり、分裂があるというのである。

（1）　この「対外道徳」Aussenmoral という語は、共同体外の人々に対して負うところの道徳ももちろん含意されており、このことは後段の説明から了解されると思うが、しかし、さしあたってはそれよりむしろ、共同体外の人々と交渉をもつにさいして、共同体内の仲間たちに対して負うところの道徳という意味合いが一層前面におしだされている。だから、この「対外道徳」Aussenmoral という語には、同時に「道徳外」の意味が含意されているわけである。ヴェーバーのきわめて巧妙でかつ微妙なニュアンスを含むこの用語法を味読していただきたい。こうした概念構成の効果は、彼がユダヤ人の高利貸付に対する態度を解明するさいに、十二分に発揮されているといってよいであろう。

原生的な血縁共同体に見られる、このような経済と倫理の二重構造がそうしたものの一般の原型(あるいは純粋型)をなしていることは前述したとおりであるが、ヴェーバーによれば、そうしたいわば純粋型の二重構造は、悠久な歴史の流れのなかでしだいに変化しつつ、とくに傾向として、両者の対立的な関係をだんだん稀薄にしていく。彼の表現を借りると、こうである。「発展の起点をなすものは、一方の側において、金もうけが伝統的な諸集団の内部にまで滲透し、その内側で古い恭順の関係を打ち毀すということである。……〔他方において〕営利の原理が内部経済にうけいれられるにさいして、無拘束な利潤追求は〔内部経済はもとより外部経済においても〕緩和される」。しかし、歴史上、内と外への経済と倫理の二重構造はそれによって一挙に消失してしまうわけではない。そうした内と外の対立のいわば中和の傾向は、さしあたって、世界史の流れのなかで共同体のさまざまな形態——たとえば古典古代の「都市」共同体や中世の「村落」共同体——とそれに照応した経済と倫理の独自な二重構造を生み出しつつ、ついに近代ヨーロッパにいたって「内部経済と外部経済、対内道徳と対外道徳、この両者のあいだの障壁の廃棄」にまで及ぶというわけである。

もっとも、悠久な世界史の流れのなかで、経済と倫理の二重構造が何らかの事情のために固定化され、停滞的な姿をとるにいたったようなばあいも、ないではない(2)。その注目すべき例として、ヴェーバーがしばしば指摘するのは、旧中国の血縁制的村落経済、インドのカースト制および「賤民民族」Pariavolkとしてユダヤ人であり、とくにユダヤ人の経済倫理の二重構造に関する叙述はきわめて精彩にとんでいるが、ここでは割愛しなければならない。

（2）念のためにいっておくが、これらのばあい、歴史的に自生的な進展と変革がありえなくなったといい切っているのではない。ただ、何らかの事情で逆条件が重畳したために停滞的となっているというだけなのである。

ともかく、歴史上、共同体によって基礎づけられた経済と倫理の二重構造、そうした内と外への経済と倫理の分裂が完全に揚棄されるにいたったのは、ヴェーバーによると、近世初期のヨーロッパの、とくに禁欲的プロテスタンティズムの信仰が支配する国々においてであった。そうして、近代の資本主義経済と市民倫理は、こうして、経済と倫理の二重構造が掘り崩され、廃棄されたところに、はじめて成長したというのが、彼の根本的な見解なのである。さらに、そのような近代化をもたらしたものは、物質的基盤からすれば、局地的市場関係を起点とする商品経済の拡充であり、精神的推進力からすれば禁欲的プロテスタンティズムの「職業」倫理（さらにその倫理的遺産をうけついだ資本主義の精神）であったとヴェーバーが主張しているということは、もはや多言を要しないであろう。

ともあれ、ヴェーバーの見解によれば、経済と倫理の二重構造と、その社会的土台をなす共同体は、資本主義の形成過程——マルクスの表現を借りれば資本の原始的蓄積の過程——において終局的に廃棄され、そこから近代の市民倫理が成長しはじめることになる。そして、歴史上近世初期の西ヨーロッパ諸国において、そのことが実際におこなわれた。要約するならば、経済と倫理の二重構造(＝内と外への分裂)の廃棄は、二つの側面において遂行された。一方においては、局地的な市場関係を起点とする商品経済の拡充によって、共同体の小宇宙的な組み立ての経済的基礎が掘り崩され、その結果として、伝統的慣習の聖化のための土台がうしなわれて、倫理が商品経済化される(＝等価の交換)とともに内面化され、個人主義化された。他方においては、右のような局地的市場関係を起点とする商品経済の倫理的要請(＝等価の交換)を基準として、無拘束な営利慾と営利活動が決定的に押えられ、営利行為に厳重なくつわがかけられるとともに、営利それ自体にも倫理的意義があたえられることになった。こうして歴史上、経済と倫理の内と外への分裂が終局的に解消することになったというのである。——ヴェーバーは、経済と倫理における近代化過程の社会的内容を、だいたい、このように考えていたといってよい。そして、この点に照してみるならば、近代資本主義の歴史的形成を方向づける決定的要因を探究しつつ、彼がたとえば「近代資本主義の萌芽は、オリエントや古典古代のそれと異なって、徹底的に反資本的な経済学説が公的に支配したような地域にこそ探し求められねばならない」(傍点——引用者)というような、一見誤解をひきおこしかねない逆説的な表現をあえてしたことの意味も、おそらく十分に明らかになるはずだと思う。

三

マックス・ヴェーバーは、共同体をなして生活する人々のあいだに見出される経済と倫理の二重構造を、このような形で捉えたのであるが、本質的にまったく異なった理論的基盤のうえに立っておりながら、しかも彼とある点できわめて接近した見解に到達しているのは、カール・マルクスだといってよいと思う。もっとも、彼のばあいにも、この点に関する指摘はやはり断片に止っていて、一貫した叙述は見出されない。しかし、たとえば『資本論』第三部第二十章(「商人資本に関する歴史的考察」)や「ヴェーラ・ザスーリッチ宛の書簡草稿」(第一および第三)などで、次のような諸点が明確に指摘されているのは、この点に関連して十分に注意する必要があろう。

第一に、共同体(部族・都市・村落)という無数の「小宇宙」の中間に介在する空隙こそが、前期的商業資本の（つまり「歴史的にもっとも古い資本の実存様式」であるが、しかし「それ自体としては一つの生産様式から他の生産様式への推転を媒介したり説明したりするには不十分」であるような前期的商業資本の）本来的な棲息場所である、と繰り返し明瞭に指摘していること。

第二に、また、そうした「小宇宙」としての共同体の内部にも営利原則がしだいに侵入して、生活諸関係をその内側から資本主義化の方向に変革することになるが、しかしこの共同体内部における変化は、他面では、また共同体の外部における前期的商業資本の放恣な活動を押え、ついにはそれを自己の法則にまったく従属させてしまうという方向に作用するのであって、この事実は資本主義発達史の主要な一側面をなしている。[(1)]——こうした見解を述べていること、である。

(1) 念のために言及しておくと、局地的な市場関係を起点として展開される商品経済の拡充が、資本主義の発達を押しすすめつつ共同体と経済の二重構造を廃棄するにいたるという見方は、もちろん、そのものとしては、マルクス自身の叙述のうちには見出されないけれども、それが彼の経済学説の基盤のうえで十分に展開可能であることは、たとえば、レーニンの「いわゆる市場問題について」という有名な論文を参照するだけでも了解しうるところだと思う。

以上のような諸点を考慮にいれるだけでも、共同体の二重構造に関するマルクスの見解が、ヴェーバーのそれとある重要な点で共通な一面をそなえていることは明瞭だといってよい。ただ、マルクスのばあいには、問題が主として――かりにヴェーバーの用語法で表現してみると――「内部経済」と「外部経済」という経済の二重構造の面でだけ捉えられていて、「対内道徳」と「対外道徳」という倫理の二重構造という観点はほとんど見出すことができないが、しかし、彼の立場からしても、そうした倫理的構造の問題を理論的に展開することはもちろん不可能ではないし、また背理でもないはずである。

ところで、ヴェーバーとマルクスのあいだには以上のような共通な一面が存在するにもかかわらず、やはり重要な相違点の見出されることも、とうてい否定しがたい。[2] それでは、マルクスのばあい、経済と倫理の二重構造という問題について、どのような点で、ヴェーバーとは異なった見方をしているのであろうか。おわりに、この点を簡単に解説してみたいと思う。

（2）　こうした相違は、根本的には、もちろん両者の社会思想と歴史観に由来すると思われるのであるが、残念ながらそれに立ち入ることは、ここでは割愛しなければならない。

第一に指摘しなければならないのは、マルクスのばあい、内と外への経済の二重構造に密着し、それと有機的に関連させながら、上と下への経済の段階構造もまた、きわめて明確につかまれているということであろう。もちろん、ヴェーバーにおいても、同様な方向での把握が見られないというのではない。しかし、マルクスのばあい、問題がきわめて明確に前面に押し出されているばかりでなく、たとえば「奴隷制、農奴制などはつねに第二次的なものであって、共同組織およびその内部における労働の土台の上にたつ所有の必然的なまた当然の結果である」(『資本制生産に先行する諸形態』)というように、そうした上と下への段階構造が、理論的に、経済的階級関係としてとらえられているのである。ただ、この点に立ち入って論及することはこの小稿の直接のテーマから逸脱するので割愛しなければならないが、しかし、冒頭に引用したきだ・みのるさんの叙述のうちにも、問題の所在がすでにある程度あらわとなっているので、注意して読みとっていただきたいと思う。

第二に、経済の二重構造の終局的な解消過程について、マルクスがヴェーバーよりもいっそう広い歴史的視野に立っていることにも、注目しなければならないと思う。もう少し詳しく言ってみるならば、ヴェーバーが経済と倫理の二重構造の終局的解消をひたすら資本主義の展開過程――マルクス的に表現すれば原始蓄積の過程――だけに求めているのに対比して、マルクスのばあいには、それをもちろん含めながら、しかもいっそうひろく、一定の歴史的条件のもとでは社会主義への移行過程をも考慮のうちに入れねばならないとしているということなのである。すなわち、共同体とその土台のうえにたつ内と外への二重構造が終局的に解消するにいたる本来的な歴史過程を、マルクスもまた、いわゆる資本の原始的蓄積の過程（すなわち資本主義の成立過程）に求めていることは、有名な遺稿『資本制生産に先行する諸形態』の叙述に照らせば全く明瞭であるが、後年の前掲「ヴェーラ・ザスーリッチ宛の書簡草稿」（第一および第三）では帝政ロシアのミール（農業共同体）の歴史的運命への見通しを問題としながら、一定の歴史的条件のもとでは、古い共同体が外形上は存続させられたまま、新しい共同態に改造され、そうした経過によって「小宇宙」の二重構造が解消させられる可能性が存在することをも、彼は指摘している。そのばあい、一定の歴史的条件のもとではというのは、それがいっそう広汎な、社会的規模における社会主義への体制的移行の一環としておこなわれるという意味であるが、さらに、それにさいして、古い共同体の内部にひそむ「固有の二元性」le dualisme inhérent、そうしたいわば古い共同体のはらむ内的矛盾が揚棄され、解消させられねばならない、とマルクスはつよく主張している。それでは、共同体の内部にひそむ「固有の二元性」とは、彼のばあい、どのような事実を指しているのか。これは、なかなか厄介な問題であるが、およそ次のように要約してよいのではなかろうか。

　マルクスのばあいにも、およそ共同体の原型をなすものは原生的な部族につながる血縁共同体であって、したがって、古代的形態(都市)にせよ、封建的形態(村落)にせよ、共同体の他の諸形態はそうした「部族」共同体の「歴史的に発展し変化させられた」「歴史的所産」と考えられていることは、ヴェーバーのばあいと全く同様である。ところで、このことは、㈠およそ共同体なるものが、部族的血縁共同体であるか、ないしはそれの水割りされたものとして、多かれ少なかれ、つねに、直接に社会的な性質をもつ生産関係という一面をそなえていること(原生的な社会化!)を意味している。それとともに、㈡他面において、共同体なるものは、もはや無階級時代の単なる「原始的共同態」ursprüngliche Gemeinschaftとは異なって、その内部にすでに多かれ少なかれ個人的な性質をもつ生産諸力を包含し、それによって支えられている。つまり、共同体の内部には、成長しゆく生産諸力の個人的性質と生産関係の原始的な・直接に社会的な性質、この二つの相矛盾するモメントがたがいに結びあわされている。これがいうところの「固有の二元性」にほかならない。そして、この「固有の二元性」こそが、生産諸力の発展に照応して、一方では共同体のさまざまな諸形態を生みだすとともに、他方では共同体の解体の歴史的条件をもつくりだすのであり、したがって、共同体とその二重構造の終局的な解体もこの内的矛盾の全き解決、つまり「固有の二元性」そのものの完全な消失によってこそはじめて招来されるのだ、とマルクスはいうのである。

ところで、この「固有の二元性」の完全な消失は、歴史上二つの仕方で達成が可能であった。その第一は、生産関係の原始的な・直接に社会的な性質が除去され、個人主義化されて、成長しゆく生産諸力の個人的性質に合致させられることである。資本の原始蓄積期に見られたような、共同体とその二重構造の解体のいわば本来的な仕方はまさにこれであり、そこから資本主義経済と近代の市民倫理がもたらされたことは、すでに説明したとおりである。

ところで、「固有の二元性」の完全な消失の仕方の第二は、これとまさに逆で、生産諸力の個人的性質が除去され、技術の向上、とくに**機械化**を基盤とする**協業**として社会化[3]されることによって、生産諸力の性質が社会的規模における生産関係の社会主義化の方向に合致させられることである。社会主義への体制的移行過程で共同体とその二重構造が終局的に廃棄されるという仕方は、まさにこれなのである。そして、そのばあい、廃棄は当然のことながら、もはや資本主義への移行過程におけるそれのように、個別的かつ自然成長的なものではありえない。それのみでなく、移行の目標が資本主義ではなくして社会主義経済であるように、そこから成長しはじめる倫理もいまや個人主義的な市民倫理ではなくして、新しい共同態（ゲマインシャフト）倫理とならねばならないとマルクスが考えることは、『ドイツ・イデオロギー』の叙述を想起するだけでも、十分に明らかであろう。

（3）これは、原生的な共同体に多く見出されるところの共同労働と厳密に区別しなければならない。そうした原生的な共同労働は、技術と生産力の低さの結果としておこなわれるもので、むしろ共同体の原生的な基礎を形づくるものであった。

以上、共同体とその二重構造の終局的廃棄に関するマルクスの見解を、私なりの言葉で解説してみたが、もしこの解説にして大過ないものとすれば、およそ次のように言いうるであろうか。マルクスは、ヴェーバーと異なって、共同体とその二重構造の終局的廃棄に関して個人主義化の道のほかに、なお一つ社会化の道を考えていた。ただし、そのばあいにも、経済と倫理の二重構造をもつ古い共同体が**そのままで**存続させられるのでは、**決してなかった**。「固有の二元性」が解消させられることによって、古い共同体(ゲマインデ)が新しい共同態(ゲマインシャフト)に改造されねばならなかったのである。この見解は、世界史の現段階に即してみると、かなり大きな意味をもっているのではないかと思う。

マックス・ヴェーバーのアジア社会観

——とくに彼の共同体理論について——

本稿においては、マックス・ヴェーバー(Max Weber)の諸文献を注記するばあいに略語を用いるので、ここであらかじめその原名を記しておくことにしたい。

WuG = *Wirtschaft und Gesellschaft*, 2 Halbbände, 4. Aufl., hrsg. von Johannes Winckelman, J. C. B. Mohr, Tübingen, 1956.

WG = *Wirtschaftsgeschichte*, hrsg. von Hellmann u. Palyi, Duncker und Humblot, München und Leipzig, 1923.

GAzRS = *Gesammelte Aufsätze zur Religionssoziologie*, 3 Bde., J. C. B. Mohr, Tübingen, 1920.

GAzWG = *Gesammelte Aufsätze zur Sozial- und Wirtschaftsgeschichte*, J. C. B. Mohr, Tübingen, 1924.

一

マックス・ヴェーバーは、アジア諸社会の歴史的な特徴を社会学的にどのように捉えていたか。本稿では、こうした問題を私の力の及ぶかぎりで追究してみたいと思う。ただし、この問題に関するヴェーバーの研究は、周知のように、きわめて厖大かつ多面的であるから、このような小論ではおのずからその論点も限定されねばならなくなる。そこで、本稿では、とくに彼の共同体理論の解明という論点を中心にして、叙述をすすめていくことにしたい。が、このばあい、何故に彼の共同体理論の解明をとくに中心課題としようとするのか。その理由は、だいたい次のようなものである。

現在世界的にきわめて重要な意義をもつにいたったいわゆる南北問題は、社会経済的な側面だけとって考えてみても、きわめて重層的な現われ方をしているように思われる。まず国際問題としては、周知のように、貿易および投資をめぐる南北関係という姿でわれわれの目前に大写しに現われている[1]。が、しかし、それには南の低開発諸国の国内問題が、ただちに接続して現われてくる。いうまでもなく、そうした国々において、国民的独立あるいは国民的統合の物質的基盤たりうるような経済をいかにして建設するかという問題であり、しかも、それが、そうした国々のいわゆる産業化と近代化(2)という問題に連なっていくことは、説明の必要もあるまい。ところで、この問題を掘り下げていくと、産業化と近代化の必要に関連して、さらに、旧社会の骨組をなしてきた伝統的な社会体制や諸制度をも問題にしなければならなくなってくるであろう。というのは、そうした旧社会の骨組を有効に除去あるいは解体する方途を講じないかぎり、いわゆる低開発諸国における近代化を指向するような、あるいは産業化を基軸とするような経済建設は、ついに不可能となるか、あるいは少なくとも或る限度で押し止められることにならざるをえないと思われるからである。そして、このような旧社会の骨組の除去という問題の焦点にいまや浮かび上ってきているのが、低開発諸国における土地改革への動きであり、またそれとの関連における土地制度の研究だと言ってもよいであろう。

(1)　これには、北の先進諸国の国内問題ももちろん直ちに接続して現われてくるし、そして、それも決定的に重要な意義をもっているのではあるが、ここでは採りあげないことにする。

(2)　この二つの語の本稿における用語法については、拙稿「近代化と産業化の歴史的関連について――とくに比較経済史の視角から――」『経済学論集』三三の一、大塚久雄著作集第四巻所収。

私が、本稿で、ヴェーバーの共同体理論の解明に焦点を集めていこうとする理由は、さしあたってそうしたところにあるが、それには、なおあらかじめ、少しばかり説明を加えておく必要があるように思われる。

第一は、低開発諸国における土地問題が、土地所有関係がすでに近代化されてしまっている先進諸国の事情にみられるのとは異なって、単純にあるいは端的に土地問題という姿をとって現われてはこないということである。つまり低開発諸国においては、土地所有関係が、先進諸国におけるように他の社会諸関係から分離し、いちおうそれ自体として現われてくるのではなく、伝統的な社会諸制度と深く絡み合い、両者互いに切り離しがたく結びついて現われてくるというのがその特徴だ、といってよいであろう。いや、低開発諸国とはいわず、およそ前近代的な伝統的社会における土地所有関係は、すでにヴェーバーが明瞭に指摘しているように(3)、すべてそうした性質を帯びているのであり、そしてその伝統的な社会諸制度の最底辺にあって、土地所有(あるいは土地占取)と一体となって現われているような基礎的な社会制度こそが、本稿で問題としようとする共同体にほかならない。そういうわけで、低開発国において土地改革を企図するばあいには、当然にこの共同体なるものを問題としなければならなくなるし、また、そうでなければ、土地改革はとうてい有効なものとはなりえないであろう。このことは、たとえば、第二次大戦後におこなわれたわが国の土地改革のばあいに、それが単なる地主制度の廃止だけではなく、同時に、いわゆる家族制度の解体を中心とする旧村落制度そのものの解体がおこなわれて、はじめて成功している事実を考えてみれば、おのずから理解できるのではなかろうか。

（3）　*WuG*, SS. 215-8; *WG*, SS. 54 ff., 59 ff.（マックス・ウェーバー、黒正巌・青山秀夫訳『一般社会経済史要論』〔以下『経済史』と略称する〕上巻、一二三頁以下、一三六頁以下）同様の事実は、すでにマルクスもまた別の理論的立場から明瞭に指摘している。たとえば、Karl Marx, *Formen, die der kapitalistischen Produktion vorhergehen*, Dietz Verlag, 1952（マルクス、飯田貫一訳『資本制生産に先行する諸形態』〔以下『諸形態』と略称する〕岩波書店、一九四九年）をみよ。

（4）　この語のもつ学問的な意味内容をヨーロッパの言葉で表現しようとすれば、私は、マックス・ヴェーバーのいわゆる「家産制支配」patrimoniale Herrschaft ないし「家産制」Patrimonialismus がもっとも適当なものの一つではないかと思う。とくに *WuG*, SS. 588-92（ウェーバー、世良晃志郎訳『支配の社会学』I、一四三―六一頁）を参照。

第二は、ヴェーバーの独自な用語法についてである。ヴェーバーのばあい、わが国では普通に使用されている「共同体」という語に対応するものとしては、少なくとも》Gemeinschaft《と》Gemeinde《という二つの語が見出される。しかも、この両語の意味内容の微妙な相違にはかなり重要な意味があたえられているように思われる。私はこの両語を区別するために、通常の用語法とやや異なるが、以下》Gemeinschaft《には「共同態」、》Gemeinde《には「共同体」の訳語をあてることにしたい。ところで、本稿においてとくに問題とするのは、実はそのうちの後者、すなわち「共同体」Gemeindeなのである。そこでまずこの語に関するヴェーバーの用語法について、私なりに、少しばかり予備的な説明を加えておきたい。(5) (1)ヴェーバーのばあい、およそ「共同体」Gemeindeとよばれるものには「宗教的共同体」と「世俗的共同体」という、互いに関連しあう二つのカテゴリーが含まれており、この両者のあいだの相関と緊張が歴史のダイナミックスとして重要な意義を与えられているように思われる。(6) が、これについては、ほとんど示唆するに止めることになろう。本稿でとくに問題にしたいのは、この両者のうちでもとくに後者、すなわち「世俗的共同体」の問題である。(2)この「世俗的共同体」は、ヴェーバーによると、原生的な「地域共同態」Nachbarschaftsgemeinschaftの内部にゲゼルシャフト的関係(Vergesellschaftung)が進展する過程において、政治的支配との関連で、あらゆる種類の活動をその共同態形成的行為(Gemeinschaftshandeln)のなかに取り入れることによって生れるところの形成体(Gebilde)なのであるが、その物質的基礎をなすものは、何よりもまずさまざまな経済的利害の占取であり、とりわけ土地の占取だといってもよかろう。(7) したがって、この「世俗的共同体」の歴史的形態は、経済的利害の占取、なかんずく土地占取の第一次的な主体がどのような「共同態」――すなわち部族、都市、村落のどれ――であるかによって、さまざまな姿をあらわすことになる。この点については、必要なかぎり、後段で説明することになるであろう。ともあれ、本稿で考察の中心におかれる「共同体」は、正確には、こうした「世俗的共同体」、なかんずく土地の占取を基盤として成立している共同体を指していることを、ここであらかじめ念頭に止めておいていただきたい。

（5）マルクスもまた、》Gemeinschaft《と》Gemeinde《という二つの語を、しかも、ヴェーバーの用語法とある点できわめて近似した意味合いで使用しているが、彼のばあい、フランス語では、これに《communauté》と《commune》という語を対応させている。K. Marx, *Formen*（『諸形態』）; Ders., Briefe an Vera Zasulič, Konzept I u. III, *Marx-Engels Archiv*, herausgegeben von Ljazanov, I, 1926.

（6）たとえば、*WuG*, SS. 293 f., 350 f.; *GAzRS*, I, S. 542 f. をみよ。

（7）*WuG*, SS. 215-8, 275 f. ただ、「世俗的共同体」のばあい、彼の用語法は、対象によってかなり揺れており、とくに村落に関しては使用されることが比較的少ないばかりか、ときに曖昧となっているようにさえ思われる。私には十分に解しきれない部分もあり、したがって、いちおう暫定的な解釈として読みとっていただきたい。

二

マックス・ヴェーバーは、有名な論文「ヒンズー教と仏教」[8]の前半でヒンズー的社会体制の緻密な社会学的分析をおこなっているが、そのなかで、主としてベイドン＝ポウエル(Baden-Powell)の周知の諸研究[9]によりながら、インドの村落制度の独自な歴史的特質を、中世ヨーロッパの村落制度との比較において、みごとに剔出している。[10]この部分の叙述は、本稿におけるわれわれの目的のために格好な出発点をあたえてくれるように思われるので、まずその紹介からはじめることにしたい。

(8) Hinduismus und Buddhismus, *GAzRS*, II.

(9) なかんずく、B. H. Baden-Powell, *The Land Systems of British India*, 3 vols., Oxford, 1892.

(10) とくに *GAzRS*, II, SS. 78-84.

さて、ヴェーバーは、アジアの他の諸地域からの類推をも交えながら、ベイドン＝ポウエルの記述のなかに確認されるインドの村落制度のいちじるしい特徴としていくつかの事実をあげている。[11]が、当面の目的に適うように、それを私なりに再整理してみると、だいたい次のようになるであろう。

(11)　*GAzRS*, II, S. 79 f.

(1)　まず、インド村落の土地制度は、中世ヨーロッパの村落にみられる土地制度とある程度の相似を示しながらも、根本的に異なった点をもっている。何よりもそこでは、中世ヨーロッパの村落制度を特徴づけている、あの独自な「散圃制度」scattered strip system, Gemengelage を基礎にした「フーフェ制」virgate system, Hufenverfassung といったものはみられず、村民のあいだにおける土地の配分はまったく異なった原理によって行われている、というのである。が、これには、少々追加的な説明が必要となるように思われる。

そこで、さしあたってきわめて簡単に、中世ヨーロッパの村落における「フーフェ制」の典型的な姿を想いうかべてみることにしよう。[12]——村落をなして定住している各農民家族は、まず、それぞれの宅地とそれに付属する「庭畑」croft, Wurt を個別的に占取している。ところで、そうした村落の周辺にはいわゆる「共同耕地」common field, Feld がひろがっている。そして、それは三〇とか六〇のいわゆる「耕区」furlong, Gewann に分かれていて、各農民家族が私的に占取する耕地は、典型的には、ほぼ一エイカー(acre, Morgen)の長方形の小地片をなして各「耕区」に一つずつ散在し、その利用は村落全体による共同規制のもとにおかれている。これがいわゆる「散圃制度」なのである。一農民家族が占取する耕地総計の標準的な大きさは三〇エイカーで、その半分の一五エイカーのばあいもある。またそれ以下の小耕地の占取者も、時を経るにつれて、その数を増していく傾向にあった。この「共同耕地」の周辺には、さらに、村落の共同占取のもとにある、いわゆる「共同地」common, Allmendeがひろがっており、各農民家族はそれぞれ自己の占取耕地の大きさに比例して——たとえば三〇エイカーのばあいは一五エイカーのばあいの二倍——一定の大きさの「共同権」stint, Allmendrecht——たとえば一定数の家畜の放牧、一定数量の木材の伐採など——をもっている(いわゆる「総有」Gesamteigentumの形態である)。そして、標準的な一農民家族が土地に対してもつ以上三種の権利、すなわち、宅地とそれに付属する庭畑、三〇エイカーの耕地およびそれに比例する一定の共同権、それらの総和が「フーフェ」virgate, Hufeとよばれるものであった。

(12) WG, SS. 19-26.(『経済史』上巻、五八—八一頁) その他、もし必要ならば、たとえば、E. Lipson, *The Economic History of England*, I, Revised Edition, 1937, pp. 32-87 などを参照。

以上のことに関連して、われわれにとって当面重要な意味をもつのは、次の点である。

すなわち、中世ヨーロッパの村落制度のばあい、(a) 各農民家族が土地に対してもつ権利の大きさは、「フーフェ」という一定の内容をもつ占取単位によって、たとえば二分の一フーフェ、一フーフェ、二フーフェ……というふうに、数量的に表出されるようになっており、(b) かつ、標準的には、そうした一フーフェが農民家族のそれぞれに――その生産上の能力や消費上の必要のいかんと無関係に――所属すべきだとするような、ヴェーバーの表現にしたがえば、[13]「形式的平等」formale Gleichheit の原理が村落内における土地の配分関係を支配していた。

(13) Max Weber, Der Streit um den Charakter der altgermanischen Sozialverfassung usw., GAzWG, SS. 546-56 をみよ。なお、ここで、平等の原理が支配しているならば、不平等が生ずるはずがないではないか、というようなありがちな批判に対して一言しておきたい。ヴェーバーによれば、形式的平等は実質的平等と同じ原理ではなく、むしろしばしば相矛盾するものである。したがって、一定の形式的平等の貫徹の結果として、むしろ、それと照応する特定の実質的不平等が生じてくることになる、と彼はいうのである。

ところで、インドの村落制度のばあいにも、前述の「庭畑」に相当する地片の個別的占取はひろく見られるようである。[14]が、しかし、それ以外の土地の配分については、以上みたような中世ヨーロッパの村落制度のばあいと、その様相は本質的に異なっている、とヴェーバーは考える。すなわち、各農民家族[15]がいちおう世襲的に占取する耕地は、地味の差異によって地片として散在しているばあいもしばしばあるし、輪作というべきものもときおりは見られるが、しかし、全体として、それらは相互にその大きさを数量的に比較しえないいいような、単なる地塊をなしている。というのは、各農民家族にとっては、当面その所有する犂の数に耕地の大きさが照応していることが重要なのであり、そればかりか、土地はさしあたってあり余っているのだから、計測する必要もないからである。その上に、各農民家族の生活水準を均等にするために耕地の再配分もおこなわれている、というのである。

(14) *GAzRS*, II, S. 93 f.; *WG*, S. 36 ff.(『経済史』上巻、九二―四頁)

(15) ここでは、中世ヨーロッパの農民家族との家族形態上の相違にはいちおう触れないでおく。

(16) これに反して、灌漑用水は相対的に稀少で、その配分は規制されていたことを、ヴェーバーは指摘している。*GAzRS*, II, S. 80 Anmerk. 4.

このようにして、インドの村落制度のばあいには、中世ヨーロッパのそれのような「耕区」の制度がみられないばかりか、「共同耕地」と「共同地」のあいだに本質的な区別も明確には生じえず、したがって共同地はあっても、中世ヨーロッパ的な「共同権」

(いわゆる「総有」の関係)は少なくとも過去においては例外的にしか見られなかった。いや、総じて、「フーフェ」に照応するような制度や観念は存在していない、とヴェーバーはいうのである。もちろん、ここでも土地の配分がある種の「平等」の原理によって規制されてはいる。しかし、その原理は中世ヨーロッパの村落制度にみられるように、農民家族それぞれの生産能力や生活の必要度とはまったく無関係に各家族に一フーフェを所属させるというような、「形式的平等」formale Gleichheit の原理ではなくて、各農民家族にその生産能力(すなわち犂の数)と生活の必要度に応ずるだけの土地を配分し所属させるという、まったく別種の、ヴェーバーの表現にしたがえば、「実質的平等」materiale Gleichheit の原理ともいうべきものなのである。

なお、その他にインド村落の内部には、周知のように、農民諸家族とならんで、庭畑ないし僅少の地片を与えられて定住している職人たちやその他の人々もみられるのであるが、これについては、後段でヴェーバーのいわゆる「デーミウルギー」Demiurgie を取扱うさいに論及したいと思う。

(2)　つぎに、そうしたインド村落の土地制度においては、土地「占取」Appropriation の主体はどのような相貌を示しているであろうか。さしあたって以上述べたところから、すでに次のことがらは明らかであろう。中世ヨーロッパの村落であるとインドの村落であるとをとわず、そのどちらのばあいにも、土地占取の仕方には、共同占取と私的占取が互いに絡み合いつつ並存している。むしろ、共同占取の外枠のなかで私的占取が展開されている、といった方がよいかも知れない。その点で、両者とも事情はいちおう相似している。けれども、より立ちいって検討してみると、中世ヨーロッパのばあいに比べて、インド村落のばあいには、「庭畑」の成立以外、中世ヨーロッパのような「耕区」制度や「共同権」の制度はみられない。つまり、私的占取の進展の程度がいちじるしく劣っていて、逆に共同占取が依然として圧倒的に優越しているということは、とうてい否みがたいであろう。ところで、そうした土地の共同占取の主体は、当然に、なんらかの社会集団であるほかはないが、インド村落のばあいそうした集団は、中世ヨーロッパ村落と比較してみるとき、どのように相違し、またどのような歴史的特徴を示しているであろうか。

この点に関して、ヴェーバーは次のように要約している。「部族 Stamm (あるいはその部分体である大氏族 phratrie) が、占取された地域の占取者 Besitzer と見なされており、かつそれを防衛してきた」。「〔また、そうした部族による〕開墾と征服が土地所有 Eigentum の原初的な権原 Titel であった」と。つまり、中世ヨーロッパの村落のばあいには、さまざまの歴史的事情のなかで、古い部族制的血縁共同態のもつ意味がすでに極小になっており、それのいわば Grenzfall［極限事例］の状態にまで達した「地域共同態」Nachbarschaftsgemeinschaft が、言いかえるならば、「村落共同態」village community, Dorfgemeinschaft それ自体が、共同占取の主体となっているのに対比して、インド村落のばあいには、歴史的には最古のものともいうべき「部族共同態」Stammgemeinschaft——ないしはその部分共同態である「大氏族」phratrie——が依然として共同占取の主体となっているというのである。冒頭で説明したヴェーバーの用語法をいま一度想起しながら、それに従って表現してみると、こうなるであろう。インドのばあい、部族共同態が定住によって一定の土地を共同占取し、そうした共同占取の外枠の内部に土地の私的占取で芽生え成長することによって、「共同体」Gemeinde が成立しており、したがって占取主体である部族共同態と村落共同態の規模はかならずしも一致しない。これに対比して、中世ヨーロッパのばあいは、部族共同態を本質的に特徴づけるところの血縁制はすでに極小となっていて、いわばそれの Grenzfall である「村落共同態」village community, Dorfgemeinschaft が初発から土地の共同占取の主体となり、そうした外枠の内部に土地の私的占取が——共同体としては極度にまで——展開することによって、あの、世界史的にみてきわめて独自な土地制度を伴う「村落共同体」Dorfgemeinde が成立していた、というわけなのである。

（17） この用語法は対象によって、かなり揺れており、しばしば「氏族」Sippe――「部族」Stamm の部分共同態――という語が使われている。たとえば、旧中国の村落のばあい、とくにそうである。*GAzRS*, I, SS. 349 ff., II, S. 56 Anmerk. 1. その他、*WG*, SS. 40 ff.（『経済史』上巻、九七頁以下）ただ、現実において部族と氏族の境界はさまざまな点できわめて流動的であるので、どちらがよいかはにわかに判定しがたい問題であろう。

（18） *GAzRS*, I, S. 375; *Lex Salica*, Chap. 45, 60. その他、たとえば、R. Kötzschke, *Allgemeine Wirtschaftsgeschichte des Mittelalters*, 1924, SS. 209 f., 213 f. などを参照。

ただ、ここで、次のことについて一言しておきたい。それは、ヴェーバーが以上のどのばあいについても、「村落共同体」Dorfgemeinde という用語法をおこなっていることである。[19] これは、ヴェーバーの社会学理論の内部ではもちろん一貫しており、有意義なのであるが、われわれが当面アジアにおける共同体やその土台の上に築かれている社会構造の特質を、とくに中世ヨーロッパのそれとの対比によって、明確に示そうと試みるばあいには、いささか不便なものとなってくる。そこで、以下の行論では、中世ヨーロッパの「村落共同体」と区別して、インドにみられるような、[20] そしてヴェーバーが旧中国やアジアのその他の地域にもその根づよい残存をみとめているような、部族（＝氏族）共同態を共同占取の主体とする「村落」共同体を、とくに「アジア的共同体」[21] ないし「血縁共同体」とよぶことにする。この点を、どうか念頭においていていただきたい。

(19) インドに関しては、たとえば *GAzRS*, II, S. 80. その他 *WG*, S. 294.(『経済史』下巻、二二四―五頁)

(20) *GAzRS*, I, SS. 349 ff.; *WuG*, S. 753.(ウェーバー、世良晃志郎訳『都市の類型学』八九―九一頁)

(21) こうした用語をほぼ同様な意味で用いているのは、マルクスである。たとえば、*Formen, usw.*(『諸形態』)をみよ。ところで、ヴェーバーの学説の紹介にさいして、こうした用語を使用してもさしつかえないと思われる理由は次のとおりである。マルクスと同様、ヴェーバーのばあいにも、古典古代以来の西洋独自の歴史は、まさしく部族(=氏族)共同態が崩壊した――あるいは、それを崩壊させた――ところから始まり、したがって、西洋史の上ではたかだかスラヴ諸族やケルト諸族にその残存物が認められるにすぎないのに反して、アジア(およびオリエント)では、すでにその遥かな古代に、部族(=氏族)共同態が基本的に重要な意義をもつ社会構造が普遍的であるような長い時代があったばかりでなく、現在にいたるまで、その根づよい残存が認められることを、きわめて重要視しているからである。この点は、ある意味では、ヴェーバーの有名な論文 Die Stadt, *WuG*, Zweiter Teil, IX. Kapitel, 8. Abschnitt(『都市の類型学』)におけるライトモティーフ[主導動機、主題]の一つをなしていると言ってもよいであろう。

(3)　以上みてきたような「共同体」の性質の根本的な相違は、当然に、その土台のうえに築かれている社会構造を、相互にきわめて異質的なものとするほかはない。この点について、ヴェーバーは次のような要約をおこなっている。「インドの農地制度のもとでは、中世西洋の領主的土地所有制(Grundherrschaft)や封建制度に照応するような諸制度はほとんどみられず、一面では征服者の氏族や部族関係が、他面では課税権〔とそれにもとづく収入〕を封禄として賦与することが決定的に重要な意義をもってきた」[22]と。つまり、中世ヨーロッパでは、あの独自な領主的土地所有制(Grundherrschaft)、封建制度および等族制が成立したが、インドではそうしたものはほとんど展開されえず、社会の支配構造の形成に対しては、部族の血縁制に内在する血縁カリスマ(Gentilcharisma)[23]的原理が決定的な意義をもちつづけてきた。「〔部族および〕大氏族の血縁カリスマ的な首長たちは征服地を配分し、自己の氏族員には領有権を、〔部族および〕大氏族の単なる成員には農地をあたえた。部族が支配者となっている征服地域の方々に散在している大氏族や領主氏族の一団が支配者階級を形づくっていた」[24]。このような姿をとる支配部族がその支配の下にある諸「血縁共同体」に、したがってその共同組織をつうじて個々の農民家族に租税を賦課してきた。もちろん、そこから地主＝小作関係(つまり広義でのGrundherrschaft)と地代徴集の関係が派生しえたけれども[25]、全社会的な規模においては、あくまでも国家、すなわち支配部族による租税賦課の関係が基本的な意義をもちつづけてきた、とヴェーバーは強調するのである。[26]

(22) ヴェーバーのいわゆる „die okzidentale Grundherrschaft"［西洋の領主的土地所有制］の世界史的位置については、*WG*, SS. 70-8（『経済史』上巻、一七三―八九頁）を参照。

(23) 血縁カリスマについては *WuG*, SS. 679 ff.（『支配の社会学』Ⅱ、四六五頁以下）をみよ。

(24) *GAzRS*, II, S. 55 f.

(25) *GAzRS*, II, S. 78 f.

(26) *Ebenda.* ただ、こうしたものを、ヴェーバーのように「租税」Steuer と表現するばあい、誤解の生ずる余地がなくはないように思われる。というのは、そのばあい「租税」がヨーロッパにおけるように地代や利潤からの派生物ではなく、むしろ、逆に余剰生産物の基本形態となっているからである。マルクスが、アジア的生産様式の一つの重要な特徴として租税と地代の一致を指摘し、また、ときに「貢納」Tribut という語を使用しているのは、おそらくそのためであろう。マルクス『資本論』第一部、三五七頁、第三部、八四一頁（頁数はアドラツキー版による。以下同じ）。なお、ある程度までこれに相似した事情が日本の徳川時代の農村事情のなかに見出されることは、ついでながら、注目にあたいしよう。

以上のことがらについて、いま一度ヴェーバーの社会学理論にしたがって一般的な説明をおこなってみると、おそらく次のようになるであろう。――

「血縁共同体」の成立する過程で、まず、部族制に内在する純粋家父長制を起点としたいわゆる「家産制支配」patrimoniale Herrschaft が成長する。[27] これには、いうまでもなく、土地配分における質的また量的な不平等化が随伴することになる。そして、こうした家産制支配が部族的規模にまでひろがるようになると、その内部に、前述のような血縁カリスマ的原理のうえにたつ支配氏族が姿を現わしはじめ、さらに、それに照応して、オイコス(Oikos)や隷民制(coloni)も発生するようになってくる。

(27) *WuG*, SS. 588–92.(『支配の社会学』I、一四三―五六頁)

ところで、このような発展によって他に抜んでて強大となった部族は、他のさまざまな諸部族を征服して、いわゆる家産制外的(extrapatrimonial)な政治的支配の網をひろげ、家産制的官僚組織をそなえた「純粋家産制国家」der echte Patrimonialstaat(あるいは家父長的家産制国家)が生れてくる。そして、その内部で、家産制的な支配形態が家産制外的な支配形態とそのもとにある諸「血縁共同体」をそれぞれに独自な仕方で同化し、また変形しつつ、歴史上さまざまな国家形態をつくり上げることになった。[28] 古代のオリエントやアジアにおける専制諸国家はいずれもそうしたものといってよいが、そのなかでも、ヴェーバーは、とくに相対立する二つの典型として古代エジプトと中国をあげている。[29] 一言をもって紹介すれば、前者は王(Pharao)のオイコスの圧倒的な優位の下にある徹底した「賦役制国家」Leiturgiestaatであり、後者は氏族的「血縁共同体」としての村落の強固な自治の上にたち、役得収入に依存する文人的官僚層をもつ独自な官僚制国家であるが、これに対比すると、インドのばあいはいわば身分制(↓カースト制)的租税国家であって、ある点では、エジプトと中国の中間形態ともいいうるものであろう。

（28）　*WuG*, SS. 592-611.（『支配の社会学』I、一五六―二二一頁）

（29）　この二つの国家形態の特徴に関する簡潔ですばらしい叙述としては、*WuG*, SS. 615-9（『支配の社会学』I、二三三―四六頁）をみよ。

三

前節でわれわれは、インド村落に関するヴェーバーの叙述を手がかりとして、彼のアジア社会観を理解するための糸口を探しだそうと試みた。彼によれば、旧中国、インド、その他アジアの多くの諸地域の社会構造は、広い意味では、「共同体」を基礎として築かれた伝統的社会として、中世ヨーロッパのそれと確かにある共通な一面をもっている。けれども、以上簡単に説明してきたように、少しく立ち入って考察してみると、アジア諸社会の土台を形づくっている諸「共同体」の、少なくともある決定的な部分は、中世ヨーロッパのそれと著しく異なった性質のものであることが分かるのである。そこで、われわれはそれを仮りに「アジア的共同体」あるいは「血縁共同体」と名づけておいた。ところでまた、そうした土台の上に築かれたアジア的諸社会の社会構造も、中世ヨーロッパの封建社会[30]のばあいとは、当然に、おのずから著しく異なった原理のものたらざるをえない。ヴェーバーはそれを簡潔に「人的階層制」Klientelhierarchie ともよんでいるが、またある個所では、《Nulle terre sans seigneur》[(君主への臣従義務下の)領主のいない土地はない]という中世ヨーロッパの法諺をもじって、《Nulle homme sans maître》[主人のいない人はない]と巧みに表現してもいる[31]。

(30) ヴェーバーは „Kapitalismus“[資本制]のばあいと同じく、„Feudalismus“[封建制]という語を広狭二義に巧みに使いわけている。*WuG*, SS. 148-55, 633-49, 658-61.(後の二個所は『支配の社会学』Ⅱ、二八九―三六〇、三八七―九七頁)狭い厳密な意味での Feudalismus(すなわち ständischer Patrimonialismus[身分制的家産制]へと移行しゆく Feudalismus)に属するものは、ヴェーバーによると、中世ヨーロッパと日本であるが、広く緩やかな意味でのそれは、アジア的諸社会にも見出されるものである。ただし、本稿における用語法では、もっぱら厳密な意味のみに用いることにした。

（31）　*WuG*, S. 615（『支配の社会学』 I、二三三―四頁）; *GAzWG*, S. 66.（ウェーバー、渡辺金一・弓削達訳『古代社会経済史』一二二頁）

ところで、こうした原理によって組み立てられている社会構造は、世界史のうえでは、周知のように、古代のオリエントやアジアの専制諸国家において、まず、そして他の時代に類比をみない満面開花の状態を現出した。古典古代の地中海周辺における都市文化から開始される西洋の歴史は、一面こうしたオリエントの文化遺産をゆたかに継承しながら、しかも他面、その原理を清算して、新たな原理のうえにたつ「共同体」と社会構造を築きあげていくことになった(32)。これに対して、かつてあの巨大専制諸国家を生み出したオリエントやアジアそれ自体では、もちろん古い純粋家産制的な原理から抜け出ようとする動向を含みながらも、その内部における、また国際的な諸関係から由来する、さまざまな歴史的・地理的等々の諸事情に妨げられて、古い社会構造を徹底的に否定することはおそろしく困難であった(33)。したがって、古い原理から抜けでるようなさまざまな歴史的変化――たとえば、その波頭として、自生的に中世ヨーロッパ的な意味での封建制を生みだし、したがって資本主義文化を容易に受容しうるような条件をさえつくりだしていた日本(34)――にもかかわらず、オリエントやアジアの諸地域には古い純粋家産制的な社会構造と社会諸関係が変容しながらも多かれ少なかれ根づよく残存し、そうした条件のもとで、さまざまの独自な発展をとげるにいたった。こうした事情で、オリエントやアジア諸地域の社会構造には、西洋つまりヨーロッパやアメリカ合衆国とは異なって、古い「血縁共同体」とそれにもとづく社会諸関係が現在にいたるまでいわば歴史的重錘として多かれ少なかれぶら下がりつづけているのであって、そうしたものがとくに「アジア的共同体」とか、「アジア的社会」とか呼ばれていることは、ともかく十分に理由のあることだと言ってよい。

(32) こうした意味における東洋と西洋の歴史的分岐は、さきにも触れたように、ヴェーバーの有名な大論文 Die Stadt, *WuG*, Zweiter Teil, IX. Kapitel, 8. Abschnitt(『都市の類型学』)のライトモティーフとなっている。なお、これもさきに触れたことだが、以上は、ヨーロッパにおいてもスラヴ諸族やケルト諸族に、後にいたるまでアジア的原理の残存がみられたことなどを排除するものではない。

(33) とくにヴェーバーのいわゆる辺境革命の理論を想起していただきたい。*GAzWG*, SS. 39 ff., 271 ff.(『古代社会経済史』六三頁以下、四九二頁以下); *GAzRS*, III, SS. 219-21(ヴェーバー、内田芳明訳『古代ユダヤ教』I、三二五頁以下)を参照。

(34) ヴェーバーは日本についてこのように考えていた。前掲の諸個所のほかに、とくに *GAzRS*, II, SS. 295-300 をみよ。ところで、日本の徳川期の社会構造、とりわけその土台をなす「村落共同体」を、ヴェーバー理論にしたがって、中世ヨーロッパと同じ意味で「封建的」であることを実証的に解明することは、かなり困難な課題となるように思われる。「村落共同体」についていえば、たとえば Thomas C. Smith, *The Agrarian Origin of Modern Japan*, Stanford U. P., 1959 のすぐれた叙述、とくに Pt. I から容易に読みとれるように、上述のような意味で「アジア的」な色彩が色濃く残存しているなかで、われわれはどうしても「形式的平等」の原理の存在を検証しえなければならないからである。農業用水(それは土地の一部とみなければならぬ)の配分について、この点を実証しようとしたすぐれた試みとして、ここでは住谷一彦『共同体の史的構造論』第五章、余田博通「水利組合と部落会」『人文論究』(関西学院大学)七の二、などをあげておきたいと思う。

さて、「血縁共同体」は、以上のような意味で、まさしくすぐれてアジア諸社会を特徴づけるものなのであるが、同時に、すでにしばしば触れたように、それはまた歴史的にみて「共同体」のもっとも古い形態でもあった。ヴェーバーは明瞭にそう考えていた[35]。つまり、世界史上の諸民族はいずれも、まず原生的な「血縁共同体」から歩みを始め、それを何らかの姿で抜け出していくことになるのだ、というのである。もちろんヴェーバーのばあいには、マルクスのいうような法則として自然必然的に継起する社会発展の諸段階、そうした意味での発展段階説は否定されているけれども、彼のばあいにも何らかの意味での段階的思考が欠けていたわけではない。しかもそれは、内容的にみれば、ある点ではマルクスのそれとほとんど相似的だとさえ言えるほどのものである。

(35) *WG*, SS. 54 ff.(『経済史』一一三頁以下); *WuG*, SS. 212-22.

たとえば、前述のような「人的階層制」Klientelhierarchieのうえに立つ古代オリエントの社会にはじまって、その文化遺産をうけつぎながら、しかも原理的にはそれを抜けでた古典古代の地中海沿岸における奴隷社会の出現、ついで原理的にさらに異なった農奴制のうえに立つ封建社会を経て、ついに資本主義文化のうえに立つ近代社会にまで到達するという、そうした歴史的発展の諸段階を、彼は事実上十分に考えていたのである。これを、それぞれの社会構造の土台をなす「共同体」の姿に即して説明してみると、こうなるであろう。すなわち、前述したようなアジア的な「血縁共同体」をのりこえて地中海周辺にあらわれてくる新しい共同体のばあいには、土地の共同占取の主体は、血縁制のいちじるしく弛緩した、戦士ギルド(36)ともいわるべき独自な共同態であって、そこに形づくられてくる「都市共同体」(37)の内部においては、土地配分の原理は依然として「実質的平等」ではあっても、血縁制的な家族的温情はそこではすでに消失してしまっている(38)。こうして、独自な都市文化が成立し、大所領地と苛酷な奴隷制が出現することになった。こうした古典古代的な「都市共同体」をさらに乗りこえて、中世ヨーロッパでは、前述のような「形式的平等」の原理にしたがう「村落共同体」が形づくられ、その土台のうえに荘園制度、つまりヴェーバーのいう西洋的 Grundherrschaft（領主的土地所有制）と独自な封建制度が成立することになったのであるが、同時に、こうした中世ヨーロッパ社会のばあいには、「村落共同体」と並立、いなむしろ対立して、古代都市には見られない商工業者のギルド組織をそなえた、独自な「都市共同体」[39]（すなわち、いわゆる「中世都市」）もまた姿を現わすことになった。そして、その次には、およそ伝統的な「共同体」と、したがってそれと絡み合っている伝統的な土地制度の土台がまったく消失しつつ、そこから、ついに近代ヨーロッパ独自の資本主義社会が自生的に生れ出ることになったのである。ヴェーバーはおおよそこのように考えていた、といってよい。

（36）*WuG*, S. 817.（『都市の類型学』三三三頁）ヴェーバーが „Kriegerzunft"「戦士ギルド」とよんでいるのと相似的に、マルクスも古典古代の都市を „die kriegerisch organisierte Gemeinde"「戦士共同体」とよんでいる。K. Marx, *Formen usw.*, S. 9.（『諸形態』一二頁）

（37）後出の注（39）をみよ。

（38）*WuG*, S. 590.（『支配の社会学』I、一四七頁）

（39）「都市共同体」というからには、「村落共同体」に比べて、その占取の対象のなかに土地以外の商工業的利害が大きく含まれていたことはもちろんである。とくに、商工業者の共同体ともいうべき中世都市のばあい、土地占取がつねに多かれ少なかれ基本的な意味をもちつづけたとしても、後になればなるほど、共同占取の内容においてさえ、商工業的利害が優越してくることになる。これに対比して、古典古代の都市のばあいには、土地占取が終始圧倒的に優越していたために、都市とは別に「村落共同体」を成立せしめることはなかった。また、それとはある点で正に逆に、古代オリエントやアジアの社会では、広い意味での「都市」は見出されたにもかかわらず、それらは独立の団体としての「共同体」Gemeinde を形成することなく、むしろそれぞれ別々の「血縁共同体」に分属する人々からなっていた。それは、また、アジア地域の一つの伝統ともなっており、日本においてさえ、「都市共同体」の成立が微弱であることは、ヴェーバーの強調するところである。*WuG*, S. 745 f.(『都市の類型学』四四頁)

こういうふうに、古代オリエントから近代ヨーロッパにいたる西洋史の発展のあとについては、ヴェーバーの見解は内容的にマルクスのそれにいちじるしく接近していると言えよう。が、それればかりでなく、アジア諸地域の歴史的発展についても、彼がこうした図式あるいは段階的思考をある点で持ちつづけていた[40]ということは、ただ一つ、前述したように日本においては西洋的な意味における封建制がともかくも自生的に形成され、したがって資本主義文化を容易に受容しうる条件をさえ作りだしていたと考えていることを想起するだけでも、明らかだろうと思う。ところが、ヴェーバーのばあいには、マルクスと異なって、そうした西洋史上の史実にもとづく発展の図式を、彼の独自な多元論的な思考、とりわけ歴史のダイナミックスにおいて宗教のもつ意義を強調することによって、いわば相対化するのである。そして、その立場の独自性はとりわけ、ユダヤ教↓キリスト教という一貫した伝統をもつ西洋史のばあいと宗教的事情をまったく異にして、イスラム教、ヒンズー教↓仏教、儒教―道教などの世界宗教のほか、さまざまな呪術的自然宗教さえもの悠久な伝統をもつアジア諸地域の歴史的発展のばあいに、きわめて明瞭に現われてくることになるのである。すなわち、上述のような社会経済史の段階的な発展は、さまざまな歴史的・地理的諸条件、わけてもそれぞれの宗教のおよぼす影響によって、あるいは停滞し、あるいは、きわめて古い諸事情を多かれ少なかれ残存せしめながら、たとえばインドや中国にみるように、西洋史のそれとはいちじるしく異なった方向への合理化と複雑な発展を示すことになる(41)、というのである。

(40) この点でとくに興味ある個所としては、*GAzRS*, II, SS. 363-78 をみよ。

(41) 上述のように図式化されうる社会経済史の段階的発展は、ヴェーバーによれば、形式的合理性の段階的進展を示すものであり、とくに「共同体」についていえば、人間と土地の分離による形式性の原理の段階的発展を示すものに他ならない。が、アジア諸地域では、たとえばインドや中国にみるように実質性の原理の上で独自な合理化の進展がみられることになる。たとえば、*GAzRS*, I, SS. 252 ff., 265 ff.（ヴェーバー、大塚久雄・生松敬三訳「世界宗教の経済倫理—序論」（2）『みすず』六五号、二七頁以下、三七頁以下）; *WuG*, Anhang, Die rationalen und soziologischen Grundlagen der Musik（ウェーバー、安藤英治・池宮英才・角倉一朗訳『音楽社会学』）をみよ。

さて、以上きわめて簡単にヴェーバーにおける独自な段階論的思考の存在を確認しておいたのは、実は、次のような理由からであった。

第一。「血縁共同体」は、西洋の文化基盤の上でこそ、歴史を通じてほとんど例外的にしか見られなかったとしても、世界の他の諸地域、とくにいわゆる低開発諸国のばあいには事情はまったく異なっている。なかには、たとえばアフリカの諸国のように、部族制がいまなお強固に維持されていて、したがって「血縁共同体」がまさしく現在重要な意義を帯びているように思われる地域があるし、また、なかには、たとえば中南米の国々やトルコ（そして第二次大戦前の日本）のように、封建制の束縛から最後的に脱出しようとしている諸地域では、さまざまな程度において「血縁共同体」から原理的に抜け出た「共同体」——中世ヨーロッパのそれとの相似の程度はともあれ——の問題が現在重要な意義を帯びて立ちあらわれていることは、ほぼ想像に難くないであろう。が、とりわけアジアの諸地域では、すでに述べたように、さまざまな程度において「血縁共同体」がいまなお重錘(おもり)のように諸社会の底辺にぶら下りつづけている、というだけでない。原始的な部族制のそのままの残存を別とすれば、悠久な歴史の流れのなかで、種々の程度において「血縁共同体」の原理から抜けでているような「共同体」をも生みだしつつ、たとえば、(a) さまざまな形態上の差違を含みながらも、国家による租税賦課の単位として機能せしめられているインドの村落共同体、[42] (b) さまざまな歴史的変化を閲しながらも、強固な氏族的自治の伝統を維持しつづけてきた旧中国の村落共同体、[43] そして、(c) 血縁制の名残り(いわゆる家族主義！)を色濃く残しながらも、中世ヨーロッパ的な意味での「村落共同体」に原理的に近いものにまでともかくも自生的に到達していたように思われる、第二次大戦前の日本の村落共同体のような、それぞれ独自な発展をも示しているのである。そうした複雑な多様性を含みながら、全体として西洋とはいちじるしく異なった独自な特徴を示しているのがアジア諸地域の社会だ、というふうにヴェーバーは考えている。このように言ってよいのではないかと思う。

(42) *GAzRS*, II, SS. 78 ff.(ウェーバー、杉浦宏訳『世界宗教の経済倫理』第二分冊、一四三頁以下)

(43) *GAzRS*, I, SS. 349–95.

第二。そのような意味で、低開発諸国、とりわけアジア諸地域の現状のなかには、

「共同体」とそれに土台をおく社会関係の段階的発展の歴史がいわば横倒しになって、その内部にいわば地理的に並列しつつ含まれている。そこで、われわれはそうした現状のなかに歴史を読みとり、現状をいわば発展段階論の観点から眺めなおしてみることができるのではなかろうか。こう考えてくると、そこにおのずから低開発国問題の研究と経済史(ひろく歴史)研究の触れ合いが生れてくることになる。というのは、こうである。低開発諸国における経済開発の一環として土地改革を企図するばあい、伝統的な土地制度と不可離に絡み合っている「共同体」の解体の問題とどうしても取組まねばならなくなることは、冒頭でも述べたとおりである。ところで、アジアの諸地域においては、歴史的にもっとも古い「血縁共同体」が原形を失いつつもなお解体しきらず、あるいはまたさまざまな形の根強い残存物として、諸社会の底辺に重錘のようにぶら下がりつづけているということも、さきに触れたとおりである。それではアジアの諸地域において、それぞれに程度の差こそあれ、「血縁共同体」、さらには「共同体」一般の解体が、かつて西洋史の流れにみられたように順調に進行することなく現在にいたったのは、いったい、どういうわけか。さらにまた、それらを有効に解体に導くためには、どうすればよいのか。こうした問いに答えるために、われわれの目はおのずから、少なくとも一部分過ぎ去った歴史に向けられることになる。すなわち、さしあたってわれわれの知りうる限りにおいて、世界史のうえで、「血縁共同体」さらには「共同体」一般は、どのような事情のもとで順調に解体し、また、どのような事情のもとで停滞に陥ることになっているか。こうした点を追究することによって、歴史上における「共同体」の解体と停滞のあとをある程度具体的に叙述しうるようになるだけでなく、さらに——そして、これこそが当面必要になると思うのであるが——「共同体」(したがって「血縁共同体」)の解体と停滞の諸条件をできるだけ明確に理論化し提示するために不可欠な材料の、少なくとも一部分を獲得することができるようになるであろう。[44] このような問題意識をもちながら、次節では、「共同体」に関するヴェーバー理論の紹介をさらにつづけていくことにしたい。

(44)　このようにして、歴史研究は現状研究の不可欠な一部分となってくる。従来から日本の社会科学者には、いちじるしい歴史研究への執着があり、しかも同時に理論化への強い志向がみられたことの理由の少なくも一部分は、まさにこの点にある、といってよいのではなかろうか。

四

「共同体」とりわけ「血縁共同体」の解体と停滞の歴史的条件を、マックス・ヴェーバーは、理論的に、どのように捉えていたのであろうか。すでに彼の若き日の業績(45)のうちにも、この点についての深い問題関心を発見することができる。が、それが理論的に姿を整えて叙述のうちに現われてくるのは、どうしても晩年の業績、それもとくに彼の最後の講義となった『経済史』(46)においてであると言わねばならない。そこで以下の行論においては、おのずから、この『経済史』における叙述を手がかりとして、そうした彼の理論を追いかけていくことになるであろう。ただし、このばあいにも、あらかじめ次の点に言及しておくことにしたい。すなわち、「共同体」の解体と停滞の歴史的条件を考えるにさいしても、前述したように、彼は一定の段階論的思考にもとづいて理論を展開していくが、しかしまた、たえず多元的な立場から、とりわけ宗教の特性が歴史過程に及ぼす決定的な影響を考慮に入れつつ、それを相対化していく。以下の行論では、まず、そうした彼の理論の経済史的側面から紹介をしていくが、そのさい、そうした彼の基本的な立場を十分に記憶に止めておいていただきたいと思う。

(45)　とくにMax Weber, Agrarverhältnisse im Altertum, *GAzWG*(『古代社会経済史』)を指す。とりわけ》Verkleinerung des Marktes《[市場の縮小。三二七頁参照]という概念が現われてくることを指摘しておきたい。たとえば、*GAzWG*, S. 256(『古代社会経済史』四六二―三頁); *WG*, S. 124.(『経済史』上巻、二六三頁)

(46)　周知のように、彼の死後HellmannとPalyi両氏によって編集されたMax Weber, *Wirtschaftsgeschichte. Abriß der universalen Sozial-und Wirtschaftsgeschichte*, 1923すなわち*WG*(『経済史』上下巻)がそれである。なお、この点に関連して、*WuG*のZweiter Teil, Kap. VI. Die Marktgemeinschaftが中断のまま未完成稿に止っていることは、惜しみてもあまりあることだと考える。

さて、ヴェーバーは何よりもまず、「共同体**内**分業」と「共同体**間**分業」、この両者の経済史のうえに及ぼす影響がまさに正反対であることをはっきりと指摘する。[47]もちろんこの両者の関係は、ヴェーバーの慣用する表現にしたがえば、「流動的」flüssigなものであって、たえず一方から他方へと相互に移行しうる。たとえば、歴史の上では、共同体内分業が解体されて共同体間分業に組みかえられたり、また逆に、共同体間分業が解体されて共同体内分業に組みかえられたりするばあいが、たえず見られる。けれども、それにもかかわらず、それ自体としては、共同体**内**分業の発展は結局そうした共同体とその土台の上にうちたてられた社会構造を解体させるような方向に作用するのに対して、[48]共同体**間**分業は、まさに逆に、結局において、そうした共同体の構造を固定させ、その土台のうえに築かれている伝統的な社会構造をむしろ温存するような方向に影響を及ぼすことになる、[49]というのである。そこで、この点をいま少しく立ち入って説明していくことにしよう。

(47) マルクスも、この点について、ほぼ同様の見解をとっているように私には思われる。たとえば、『資本論』第一部、三六九頁、第三部、三五七―六一頁をみよ。ただし、これと正反対のことを読みとるのがわが国では通例の解釈であるので、ここではただそのことを指摘するに止める。

(48) 共同体**内**分業はまた、ある段階においては、新しい形態の共同体を形成する原動力ともなりうるのであるが、その点に関するヴェーバーの指摘は必ずしも理論的には十分でないので、あえて触れないこととした。が、たとえば、*GAzWG*, SS. 108 ff., 266, 270(『古代社会経済史』二〇〇頁以下、四八三、四九〇頁)などを参照。

(49) この点は、実は、「共同体」の構造の二重性に関するヴェーバーの一般理論――「内部経済」Binnenwirtschaft と「外部経済」Aussenwirtschaft およびそれに照応する「対内道徳」Binnenmoral と「対外道徳」Aussenmoral の問題――の一部として展開されているのであるが、その全面的な紹介は、本稿では残念ながら省略しなければならない。さしあたっては、*WG*, SS. 300-15（『経済史』下巻、二三四－五八頁）および *WuG*, SS. 214-8 を参照。

第一。まず、「共同体**内**分業」とよばれるものは、もちろん共同体の内部にみられる社会的分業の展開のことであるが、しかし、ただそれのみではない。むしろ、もっと広く、まず共同体の内部に深まり、ついで外部へと広がっていく、そうした順序で進行するところの社会的分業の展開を意味する、と言った方がいっそう正確である。というのは、共同体内分業のばあいにも、その展開の過程で他の諸共同体をも外側から渦中に捲きこんでいくということが、当然にたえず起ってくるからである。

それはともかくとして、この「共同体内分業」[50]は、ヴェーバーの独自な用語法にしたがうと、まず、「デーミウルギー」Demiurgie という姿をとって現われてくることになる。「デーミウルギー」とは、ほぼ語源が示すとおり、共同体に奉仕する、農業以外のさまざまな勤労のことであり、そうした形で農民以外の勤労者たちが共同体の土地占取関係のなかに包摂されているような状態を指すのであるが、ヴェーバーはそうしたものの原始的な姿をアジアの「血縁共同体」のうちに見出し、また、とりわけそれが独自な発展と固定化をみたまま現在にいたっているインドの村落共同体に、しばしばその事例を求めている[51]。もちろん、インドの村落はさまざまな地方的変異を示しているが、それを考慮に入れた上で、彼はその事情を次のように一般化している。すなわち、イギリス人がestablishmentとよぶ村落の職人たちは事実上一種の隷属民で、それも個々人の下にある下僕ではなく、いわば村落共同体そのものに属する「ヘロット」とでもいうべきものなのである。彼らはそれぞれ庭畑をあたえられて定住し、村民たちのために仕事をする。そのばあい、賃仕事におけるように注文者が材料を提供しなければならないが、しかし対価の獲得は個々にでなく、村落共同体全体から一定額の現物給与ないし一定額の収穫物があたえられることによっておこなわれる、と。こうしたデーミウルギーの内容は、もちろん、大工・鍛冶工・靴工・陶工・皮革工・洗濯人などの職人が中心であるが、そのほか搬水夫・庭師・理髪師・歌手・占星師から村落警備員・教師、さらにさまざまな宗教的下級吏僚にいたるまでも含んでいて、その結果、村落共同体があたかも文化的自給自足体であるかのような観を呈することは、すでに周知のように、マルクスもみごとに指摘しているとおりである。[52]ヴェーバーは、「カール・マルクスはインドの村落手工業者たちの独自な状態、すなわち、市場における販売ではなくて一定額の現物給与に依存していたことを、「アジア諸民族の不変性」の根拠とよんだ。これは正しい」と記している。[53]

(50) *WuG*, S. 68; *WG*, SS. 36 ff., 117 ff.(『経済史』上巻、九二―三、二五二―五頁)
(51) *WG*, ebenda および *GAzRS*, II, SS. 58 f., 93, 58 Anmerk. 3(『世界宗教の経済倫理』

第二分冊、一二二、一五九頁、一六四頁注（3）をみよ。

(52)　『資本論』第一部、三七四頁以下。

(53)　*GAzRS*, II, S. 109.（『世界宗教の経済倫理』第二分冊、一九三頁）

ところで、以上のようなデーミウルギーの原始的な姿、すなわち自然経済的デーミウルギーは、後に述べるような事情から、日本を除いて(54)、アジアの諸地域においてはあるいはその萌芽のまま展開を阻止されつづけるか、あるいはインドにみるように独自な発展を示すことになるが、しかし一般的には、西洋史の流れのうちでもっとも順調な展開の姿が示されているように、しだいに貨幣経済的デーミウルギーへと姿を変えていく傾向をもつ。詳言すると、それはまず、いわゆる賃仕事(55)の形をとり、ついで、顧客生産の形ではあるが、ともかくもれっきとした商品生産にまで到達する。そして、さらにそれを超えて、およそ共同体の規制から解放されるとともに、自由な商品生産として、デーミウルギーの性格はまったく失われてしまうことになる(56)。こうしたデーミウルギーの発展傾向は、後に説明するように、巨視的には、「共同体」の諸形態の段階的進展やまたそれぞれの解体度に照応するのであるが、ともかく、ヴェーバーは、いずれにしろ、こうした「共同体内分業」の進展が共同体とそれと絡み合う伝統的な社会諸関係を解体に導くような方向に作用する、というのである。

(54)　この点については、ヴェーバーはなんら触れるところがないが、彼の見解にしたがえば当然にそう考えねばならない。これを根拠づける史実としては、たとえば拙稿「資本主義発展の起点における市場構造」大塚久雄著作集第五巻I所収、をみよ。

(55)　これらの語はカール・ビュッヒャー(Karl Bücher)の用語法にしたがう。だから、近代の賃労働ではなく、価格仕事(Preiswerk)すなわち手工業(Handwerk)の前段階をなす賃仕事(Lohnwerk)をさす。顧客生産(Kundenproduktion)も同様で、価格仕事(Preiswerk)として商品生産ではあっても、特定の伝統的な顧客相手のそれであって、不特定な市場向けの自由な商品生産ではない。ヴェーバーは、この顧客生産を明確にデーミウルギーのうちに数えているわけではないが、彼の理論からは当然にそう考えてよいと思う。

(56)　WG, SS. 124, 126, 269 ff.(『経済史』上巻、二六三、二六六—七頁、下巻、一七〇—二頁)

第二。ところで、これとまったく対抗的な関係にたつとされる「共同体**間**分業」は、文字どおり、共同体と共同体とのあいだに展開されてくる社会的分業を指すものであるが、現在の低開発国問題を考慮にいれると、ヴェーバーの意味するところが、それよりはいま少しく広いことに注意しておく必要があるだろう。すなわち、ある共同体とその外部——それが最先進国の産業とのあいだにであろうとも——のあいだに取り結ばれる社会的分業の関係は、少なくともその共同体にとっては、共同体間分業と同一の作用をもつのである。

さて、こうした「共同体間分業」の展開がもたらすさまざまな現象のうち、ヴェーバーがとくに重要視しているように思われるのは、おそらく次の二点である。第一は、諸共同体をつなぐ交換の関係がすぐれて商業の姿をとり、したがって広義での資本主義(ヴェーバーのいう非合理的資本主義)をいち早く出現させるということである[57]。ヴェーバーはそうした現象の古さを、やや誇張気味に「人類の歴史とともに古い」とさえいっている[58]が、ともかく近代化を経験する以前の諸社会ではどこでも、共同体間分業を土台とする貨幣経済(とりわけ商業)の発達が昔も今もつねに、多かれ少なかれ、共同体内部における自然経済的傾向の根づよさと著しい対照をなしている、というのである。第二に、こうした関係が進展すると、上述したような農業と土地占取に基礎をおくいわば農業共同体のほかに、他のさまざまな職業諸部門(経済以外の職業をも含めて)のいずれか、とりわけ特定の手工業部門に総体として専業化した、いわば「職業共同体」が姿を現わしてくることになる。それらの共同体の成員たちは、共同体の規制をうけながら、しかも共同体の外部にむかって、商品生産を営むことになる。もちろん、商業や金融業に専業化した共同体も姿を現わしてくる。こうした職業共同体は遍歴的であることもあれば、土地を占取して定住することもある[59]。

(57) *WuG*, SS. 96, 382–5, 648–50.（最後の個所は『支配の社会学』Ⅱ、三五六―六二頁）

(58) *GAzRS*, I, S. 42.（ウェーバー、梶山力・大塚久雄訳『プロテスタンティズムの倫理と資本主義の精神』岩波文庫、上巻、五三頁）

(59) *WuG*, SS. 82–6.

ところで、このような「共同体間分業」もまた、共同体の基礎的形態の段階的発展に照応して、歴史の流れのなかでさまざまに異なった姿をとるが、このばあいにも、ヴェーバーは、その原型というべきものを、段階的にもっとも古い「部族間分業」die interethnische Teilung der Arbeit と、その帰結としての「部族工業」Stammgewerbe（したがって「職業部族」）の形成に求めている。(60)(61) このような原型をもつ「職業共同体」は、西洋史の流れのなかでは段階的にその姿を変えながら、巨視的にはきわめて順調に解体の方向にむかって進んでいく。すなわち、古典古代の初期と末期にはヴェーバーのいわゆる „unfreie Zunft"（不自由ギルド）の姿をとり、さらに中世諸都市における „freie Zunft"(62)（自由ギルド）の広汎な形成をへて、ついに自由な市場生産にまで解体していくことになる。もっとも、こうした西洋史の流れのなかにも、商業や金融業に専業化したユダヤ人とか、シュレージエンの織布工村落というような著しく停滞的な姿がみられないこともないが、アジア諸地域の歴史においては、むしろ西洋史の基本線とは対蹠的に、原型としての「職業部族」の解体がさまざまな歴史的・地理的条件によって遅々として進まなかったのみでない。西洋史のばあいとは著しく異なった変容の過程をへて、ついに、きわめて独自な形態への固定化をみることになった。すなわち、旧中国では、農村における**氏族**共同体の強固な存続に見あうような都市の**不自由ギルド**として固定化され、[63]またインドでは、都市におけるそうしたギルド形成の動向をさえさらに押しつぶして、あの独自な**カースト制**への固定化にまで到達した、[64]というわけなのである。

（60）ヴェーバーがしばしば用いるこの „interethnisch" という語は、彼のいう ethnische Gruppe と ethnische Gruppe の間という意味ではなく、はっきりと部族と部族の間という意味に解すべきであると思われる。その理由は、(1) ethnische Gruppe はわれわれの語感では民族に近いものであるが、それ自体としては Gemeinschaft を形成するものではないこと。*WuG*, S. 234. (2) ヴェーバーが、原語の語義にしたがって、ethnos をつねに phyle から区別して、独立の共同体としての姿を失っていない部族、すなわち Stamm の意味に用いているように思われること。*WuG*, S. 777.（『都市の類型学』一八六頁）ともかく、こう解することによって、彼の著作、とりわけ WG（『経済史』）の叙述がきわめて理解しやすくなることは確かであろう。

（61）WG, SS. 115 ff.（『経済史』上巻、二四九頁以下）

（62）こうした諸概念については、WG, SS. 127 ff.（『経済史』上巻、二六七頁以下）

(63) *GAzRS*, I, SS. 291–8.

(64) *GAzRS*, II, SS. 32–9, 84–98.(『世界宗教の経済倫理』第二分冊、九二—八、一五一—六三頁)

それはともかく、「共同体間分業」は、原始的な部族間分業のばあいであれ、あるいは都市間分業、村落間分業のばあいであれ、上述のようなさまざまな形態の職業共同体の形成とそれに照応したさまざまな分壊と変容を伴いながらも、結局において、共同体とそれと絡み合う伝統的な社会諸関係をいつまでも温存するような方向に作用する、[65]とヴェーバーは考えるのである。

(65) その究極の原因はこうである。貨幣経済の影響によって、土地の共同占取のもつ比重は当然に小さくなるであろうが、それに代って共同体間分業のばあいには、商業、その他の経済諸利益が共同占取の対象として大きく立ち現われてくることになるからである。が、この点については、本稿ではただ指摘するだけに止め、その詳述は他の機会にゆずらなければならない。

五

以上のような「共同体**内**分業」と「共同体**間**分業」は、ヴェーバーにしたがえば、一方では相互に移行しあう流動的な関係に立ちながらも、他方で、それ自体としては、相互に全く相反した方向に作用する。すなわち、前者は、共同体とそれの上に築かれた社会諸関係を解体させるような諸条件をつくりだすのに対して、後者はむしろそれらを維持し、場合によってはさらに強化するような諸条件をさえつくりだすことになる、というのである。ところで、共同体を土台とする伝統的な社会諸関係が、政治のレヴェルにおいては、それぞれの共同体の形態の段階ないし類型に照応して、さまざまな姿の「家産制国家」der patrimoniale Staat――ヴェーバーのいうその Grenzfall［極限事例］としての「封建制国家」der feudale Staat をも含めて――を形成することは、さきに、二でもふれたところであるが、こうしたいっそう広い視野から、以上のことがらをさらに説明してみると、次のようになるであろう。

第一。まず「共同体**内**分業」は、社会の土台を形づくる諸共同体を解体に導き、家産制国家の政治的支配を揺がすような方向に作用する。そこで、後述するように、家産制国家はそうした共同体**内**分業の展開を押え、むしろ社会的分業の発達を逆に共同体**間**分業の形に編制替えしようとする。が、さまざまな歴史的・地理的諸条件が許すばあいには、「共同体**内**分業」は政治的支配の弱体な間隙を求めて、とりわけいわゆる辺境地域において[66]、いっそうの成長をとげる。そして、そこから新たな形態の共同体およびそれに絡み合う社会諸関係(したがって新たな形態での家産制国家)が形成されるが、さらにそれをこえて、ついには、およそ共同体の消失によって自由な「産業国家」Industriestaat が形成されることになる[67]。共同体**内**分業の進展は、巨視的にみれば、このような発展傾向を示すというのである。

(66) ヴェーバーのいわゆる辺境理論については、すでに触れておいた。前出、注(33)を参照。

(67) この最後の点に関しては、共同体の**内**と**外**という二重構造とその消失に関するヴェーバーの理論にふれねばならないが、残念ながら本稿では省略するほかはない。Cf. WG., SS. 300–15.(『経済史』下巻、二三四―五八頁)

前述したように、古代オリエントから近代ヨーロッパにいたる西洋史の流れのなかにおいては、巨視的には、このような発展傾向の順調な進展を明らかに看取することができる。ヴェーバーがそのように考えていたことについては、彼がすでに若き日の業績のなかで指摘している、次のような諸事実を想起するだけでも十分だろうと思う。まず、オリエントの専制諸国家、とりわけペルシアの辺境として出現してくる古代ギリシアについて、そこでは早くからすでに貨幣経済的色彩を帯びたデーミウルギーが見られ、そして他ならぬここで鋳貨が世界史上最初に、しかも「共同体**内**貨幣」Binnengeld として姿を現わした、ということ。(68) ついで、中世封建制の展開の起点をなす古典古代末期のガリアについて、遠隔地間商業の衰退によるいわゆる自然経済への復帰の背後に、貨幣経済的色彩をいっそう帯びたデーミウルギー、つまり局地内における社会的分業が進展している事実を指摘して、それを「市場の縮小」Verkleinerung des Marktes とよんでいる(69)、こと。中世封建制のばあい、古代とは異なって、「村落共同体」と並行して「都市共同体」が形づくられることになるのもそのためであるが、さらにまた、それらを踏まえて進展する局地内的な社会的分業、そうした形での貨幣経済の発達こそがついに近代の産業社会の形成に導くのだ、ということをも指摘している。(70)

（68） *GAzWG*, SS. 108 ff.（『古代社会経済史』二〇〇頁以下）; WG, SS. 209 ff.（『経済史』下巻、六九―七六頁）

（69） *GAzWG*, S. 256（『古代社会経済史』四六二―三頁）; WG, S. 124.（『経済史』上巻、二六三頁）

（70） WG, SS. 115-27.（『経済史』上巻、二四九―六七頁） ただし、この点に関する理論的把握の展開は、ヴェーバーのばあい、おそらく当時の経済史研究の水準に制約されてか、必ずしも十分とは言いがたい。そうした問題についてなんらかの寄与を意図したものが、私の「局地的市場圏」の理論である。たとえば、前掲拙稿「資本主義発展の起点における市場構造」大塚久雄著作集第五巻Ⅰ所収、をみよ。

第二。つぎに「共同体**間**分業」は、さまざまな職業共同体を分出させながら、社会の土台をなす諸共同体を逆に強化し、また、分割による統治によって家産制国家の政治的支配をかえって安定させるような方向に作用する。したがって、家産制国家は「共同体**内**分業」を押えて、逆に支配下の全地域を「共同体**間**分業」の姿に編制しようと試み、上からさまざまな職業共同体をも作りだす。ところで、「共同体**間**分業」がすぐれて商業(および非合理的資本主義)の発達の基盤として現われることは前述のとおりであるが、まさしくそのゆえにこそ、歴史上家産制国家の政治的支配と商人(したがって非合理的資本主義)の協力関係がみられることになり(71)、また、「共同体**内**分業」の進展による伝統的な社会諸関係の解体が遠隔地間商業の衰退と「市場の縮小」をよびおこすことにもなるのである。

(71) WuG, SS. 648-50.(『支配の社会学』Ⅱ、三五六―六三頁)ヴェーバーは、このことは「従来学問上いつも看過されてきた」が、「歴史上しばしば重要な意義をもっている」と述べている。

こうした「共同体**間**分業」の展開とそれの保守的な作用は、西洋史の流れのなかにも、もちろんある程度まで見出される。けれども、オリエント、とりわけアジア諸地域のばあいには、さまざまな歴史的・地理的条件によって、西洋史のばあいとは正に逆に、一般に「共同体内分業」の展開をいちじるしく抑止しながら、さまざまな独自な方向への発展をとげた。そのばあい、日本がアジア的な特性を色濃く残しながらも、ともかく西洋的な意味での「封建制」を自生的に発展させ、したがって、西洋からの資本主義経済の受容のために有利な条件をつくりだしていた点に触れていることも十分に記憶に止めておくとすれば、ヴェーバーの厖大な研究業績のなかでは、周知のように、旧中国とインドのばあいが世界史的にもっとも重要な二つのタイプとして大きく姿をあらわしてくる。

まず、中国における歴史的帰結については、ヴェーバーはだいたい次のように考えているといってよいであろう(72)。一定の地主制の発展を伴うところの、強固な氏族制的自治をあくまでも維持する村落共同体を土台とし、あの独自な文人的家産官僚群を擁して、大帝国としての家産制国家が形成されたのであるが、そのさい、部族間分業を上から固定させるばかりでなく、さらに進んで、そうした商人や手工業者たちを都市に定住する不自由ギルドの形へしだいに組織替えし、これを家産制官僚の直接の支配下に把握した。中国では、しばしば見られたカースト化への動きは結局結実にいたらなかったにせよ、ともかく、そうした姿で全社会構造の固定化を見るにいたった。

(72) *GAzRS*, I, SS. 292–8, 350 ff., 380 f., 388.

つぎに、インドの事情については、彼はだいたい次のように考えていると言ってよいであろう。(73) 前述したような部族制的村落共同体の土台のうえに立つインド社会のばあいには、さまざまな歴史的・地理的条件によって、ある点では中国のばあいよりもいっそう徹底した発展をとげた。すなわち、部族間分業の展開は、ある時期に見られた都市とその地盤におけるギルドの形成への動向をさえも押えつけ、それを乗りこえて発展をとげ、ついに、社会の全構造を包みこむような、世界史に類比をみない**カースト制**を作り上げてしまった。つまり、インド社会の周辺には依然としてさまざまな職人部族がみられるし、都市にも定住職人層がおり、さらに、とりわけ村落には前述したようなデーミウルギー的職人層が存在しているが、そうした区別をこえて、職人層は他の社会諸層ともども**カースト制**のなかに組み入れられてしまった。とりわけ、それ自体「共同体**内**分業」として共同体を解体させる可能性を内にはらんでいるはずの村落のデーミウルギー的職人層さえも、**カースト制**が含む「共同体**間**分業」の原理のなかに包みこまれて、西洋史のばあいとはまさに逆に「アジア社会の不変性の根拠」に転化させられてしまったのである。ともかく、このようにしてインドにおいては、基本的な家産制的支配機構はおろか、地主制の発達も――そしておそらく資本主義的産業化の現象さえも――その強固な枠組のなかに矛盾なく包みこんでしまうような、あの**カースト制**が定着することになった、というわけなのである。

(73)　*GAzRS*, II, SS. 84-98, 122-33.(『世界宗教の経済倫理』第二分冊、一五〇—六三、二〇八—一一九頁)

さて、アジア社会の特質に関するヴェーバーの見解については、この他に、なおいくつかのきわめて重要な説明をおこなわねばならないが、しかし、許された紙数もすでにつきたので、以下そうした点に簡単にふれて、この稿を終りたいと思う。

さきにも述べたことであるが[74]、以上のような西洋史と東洋史がしめすそれぞれの特質の比較や、さらに、アジア地域の内部でおこなわれた発展の旧中国とインドにおけるそれぞれ異なった特質の比較を試みるばあいにも、社会学的に多元論的立場をとるヴェーバーは、当然にマルクスとは異なって、多元的な説明をおこなっている。彼は、いわば意義深い偶然性をも含めて、つねにさまざまな歴史的・地理的諸条件を考慮に入れるのであるが、しかし、そのなかで、とくに経済的要因と宗教的要因、そして両者を媒介するとも考えられる政治的要因に大きな力点がおかれているといっても、おそらく過言ではないであろう。そして、彼の『宗教社会学論集』*Gesammelte Aufsätze zur Religionssoziologie* (i. e. *GAzRS*), 3 Bde. では、とりわけ宗教的要因が問題として前面に押しだされているということは、申すまでもなかろう。

（74） 前出、一八三—四頁参照。

ところで、以上述べてきたところを、こうした理論的レヴェルでいま一度説明してみると、彼の見解はおそらく次のようになるであろう。

古代オリエントから近代ヨーロッパにいたる西洋史の流れのうちでは、ユダヤ教のなかから生れ、そして圧倒的な意義をもちつづけたキリスト教の宗教意識が、血縁制に伴う呪術的な宗教意識を徹底的に破砕すること（すなわち、いわゆる「魔術からの解放」Entzauberung）によって、「血縁共同体」自体はもちろん、およそ伝統的な諸共同体を解体させるための大きな精神的推進力となった[75]のに対して、宗教的伝統をまったく異にし、とりわけ呪術的なものと多かれ少なかれ共存しうるような宗教意識に覆われていたアジアの諸地域では、宗教意識は、さまざまな歴史的・地理的条件と共働しつつ、それぞれの特性にしたがって、それぞれ西洋とは異なった独自な帰結をもたらした。まず、旧中国においては、文人的家産制官僚層の宗教意識である「正統」Orthodoxieとしての儒教は、民衆の宗教意識である「異端」Heterodoxieとしての道教その他と、いわば宗教の二重構造を形づくりながら、前述のような独自な形で、家産制国家の支配構造を長きにわたって固定化するために大きな精神的支持物となった[76]。つぎに、インドにおいては、さまざまな人種の混在は、しばしば繰返される軍事的征服と重なりあって、諸部族のあいだに、いっそう大規模な「民族」ethnische Gruppe の形成に向わせるような「民族的文化の共通性」ethnische Gemeinsamkeit[77]を容易に成立せしめず、さらにそれに加えて、異端としての仏教やジャイナ教を排除してついにインド社会全体を捉えるにいたった正統としてのヒンズー教的宗教意識——業と輪廻の教説——は、都市と**不自由ギルド**の萌芽をさえ押しつぶして、ついに「部族**間**分業」をば、あの無比の保守的性格をそなえた**カースト制**にまで帰結せしめる精神的原動力となった[78]。ともあれ、ヴェーバーがこのように**カースト制**の成立を、純粋家産制国家がようやく解体しはじめた段階で、人種の混在とヒンズー的宗教意識に裏打ちされながら進行した、「部族**間**分業」のおどろくべき徹底的な固定化と独自な方向への合理化として捉えていることは、現在大いに注目する必要のある見解ではないであろうか。

(75)　これは、いうまでもなく、彼の有名な論文 Die protestantische Ethik und der 》Geist《 des Kapitalismus, *GAzRS*, I（ウェーバー、梶山力・大塚久雄訳『プロテスタンティズムの倫理と資本主義の精神』岩波文庫、上下巻）の主題をなしている。

(76)　とりわけ、*GAzRS*, I, SS. 512-36（追記・拙著『社会科学の方法』岩波新書、Ⅲ「ヴェーバーの『儒教とピュウリタニズム』をめぐって」大塚久雄著作集第九巻所収）を参照。

（77）この概念については、*WuG*, SS. 240 ff. をみよ。

（78）*GAzRS*, II, SS. 8-22, 51-7, 122-33.（『世界宗教の経済倫理』第二分冊、七八－九二、一一三－一二〇、二〇八－一一九頁）

アジアから見た文化比較の基準

一

はじめに少し表題の説明をしておこうと思います。

「アジアから見た」というのは、やや意味の分かりにくい表現かとも思いますが、要するにこういうことなんです。日本文化は大きなアジア文化の流れの中に位置しているが、そういう日本文化の中で成長した一人の日本人の目からすれば、アジア文化と西欧文化の比較からどのようなことがらが見えてくるか。だいたいそういう意味が込められているとお考え下さい。

ところで、比較文化とよび慣らわされている学問分野の歴史はかなり古くにまで溯ります。そして、申すまでもないことですが、その中でさまざまなすぐれた研究方法と言いますか、あるいは比較のための基準とか枠組といったものが作りだされてきております。が、しかし、そういう文化比較の基準だとか枠組といったものは、その根をたずねると、西欧文化の中から生まれてきたもので、それが現在でも研究方法の主要な部分を占めていることは言うまでもありません。そこでわれわれアジアの研究者は、さしあたっては、そういう西欧文化の中から作り出されてきた研究方法、文化比較の基準や枠組を使って研究するほかはありません。これは近代の学問の発達の歴史からして当然のことであると思います。

このごろ日本でもだんだん強くなってきているようですが、なにか西欧に起源をもつものとは根本的に異質な別種の方法による科学がありうるかのような——私はそれは単なるロマンティシズムだと思いますが——意見が聞かれます。が、私はそれに賛成することはできません。さしあたって、われわれがそういう西欧の学者が作りだした比較の基準や枠組を使って研究をすすめるということは、別に悪いことではなく、むしろ必要なことだと私は思います。

ところが、われわれが実際にそれを使ってやってみますと、私もそれをやってきたわけですが、いろんな問題点に気づいてまいります。たとえば、われわれアジア文化の中で成長してきた人間が、これは重要だから何とかして学問的にとらえてみたい、そう思っていても、与えられた方法や枠組ではどうしてもはっきりととらえがたい、そういうことが確かにあります。別の方面から言いますと、たとえば、日本のイエのようにわれわれ日本人には大した苦労もなしによく分かるのに、ヨーロッパの学問の枠組ではおそろしくとらえにくい、そういうものもあるわけです。

そこで、こういうことを考えざるをえなくなります。比較文化を研究するばあい、ヨーロッパやアメリカの方々が作り出した方法的枠組を受けとり、その方法的枠組の中に、こんどは日本なりアジアなりの事実を一杯つめこんでお返しする、ということが普通多く行なわれておりますが、しかし、われわれアジア文化の中で育った研究者たちは、事実の収集や整理だけでなく、方法的枠組そのものを作ったり、作りかえたりすることについても、もう少し積極的に参加すべきではないのか。いや、参加する必要があるのではないのか。そういうことを私はずいぶん長い間考えつづけてきたわけです。もちろん周辺を見まわしますと、そうした分野でもすでにすぐれた仕事がいくらも出ておりますが、今日はそのことよりは、私がそういった問題意識をもつにいたったその発想の根源をお話ししまして、皆さんのご批判を得たいと思うのであります。

二

さて、それをどのような仕方でお話しするか。この場合は、やはり抽象的な理論の展開という形ではなく、できるだけ具体的な事実を前面に押し立てて説明するという道をとったほうが、皆さんに私の言いたいことをいっそう正確に分かっていただけるのではないか、そう推測しますので、今日はそういう道をとることにしたいと思います。そして、さしあたって中世ヨーロッパの村落の土地制度とインドの土地制度、その両者の特徴を比較することから始めたいと思います。

この場合、どうして東西の土地制度という問題をとりあげたかと申しますと、一つには土地制度史は私のいままで専門的に研究してきた対象の一部であること。いま一つには、土地制度のあり方の中には、人間の思考と行動の様式の特徴や差異が、哲学とか宗教とか芸術というような文化領域のように複雑かつ難解ではなくて、きわめて単純な姿で現われてくる、つまり、むつかしい理屈なしにでもその意味がよく分かるという利点があること。さらにもう一つ、ヨーロッパ中世の土地制度とインドの土地制度の比較研究にはすでにすぐれた先蹤があるということ、などです。とくに第三の点は、私自身インドの研究について専門的知識がまったくないにもかかわらず、あえてこの問題を選ぶことにした理由です。

まず、そうした問題に関連のある基本的な諸事実をきわめて単純化した形でお話しすることから始めましょう。もっとも、歴史家といたしましては、本当はこうした過度に単純化した形で事実についてお話しすることには十分慎重でなければならぬわけですが、この場合限られた時間の中で、問題のあり方をできるだけ明確に示すためには、どうしてもそういう方法をとる他はないので、お許しいただきたいと思います。

そこで、まず、中世ヨーロッパ村落の土地制度について、それもここでの観点からとくに重要だと思われる諸特徴をひきだしてお話しすることにいたしましょう。便宜上、付図1によって説明してみたいと思います［一四四頁と同図のため省略］。ただ、お断わりしておきますが、ヨーロッパ中世の土地制度には地域的にいろいろな相違がありまして、こんなものが概括的にでも妥当するのは、イギリスでも大陸でも限られた地域です。が、それにもかかわらず、中世ヨーロッパ村落の土地制度を特徴づけていたのはやはりこうしたものだった、ということは言えるようです。

それで、中世ヨーロッパ村落の土地制度の特徴を付図1について見てみましょう。中心のIは、狭い意味での村で、家々がむらがっており、村民はそこに自分の宅地と住宅をもっており、そしてⅡ、つまりその周辺の村はずれのあたりに「庭畑」とよばれるような小さな畑地をもっている。この「宅地と庭畑」は囲い込まれて(enclosed)いて、それぞれが村民の誰かによって別々に(in severalty)保有され、これはどの村民家族のものだということがはっきりしているし、相続もされます。

ところで、これからあとが中世ヨーロッパの土地制度を決定的に特徴づけることになるわけですが、この囲い込まれた宅地と庭畑の周辺には、「共同耕地」common field とよばれる畑地がひろびろと広がっており、そして普通はこれが、夏作の耕地帯(summer field)、冬作の耕地帯(winter field)、休閑地帯(fallow)と大きく三つに分けられている。つまり「三圃制度」とよばれている制度です。しかし、それぞれの耕地帯はさらに数十エイカーのファーロング(furlong)などとよばれる長方形の耕地に分かれていて、それが全体で三十ぐらいある。そして、そのファーロングのそれぞれが、さらにまた、ほぼ一エイカーの大きさの細長い帯状耕地(ストリップ strip)に分かれているのです。いろいろな変異もありますが、典型的な形だと、ほぼ一エイカーのそうした帯状耕地がファーロングのなかに三十ぐらい整然と並んでいるわけです。

さて、標準的な農民あるいは農民家族は、「宅地と庭畑」のほかに、このファーロングに一エイカー、あのファーロングに一エイカーというふうに方々のファーロングに一エイカーずつ、全部で三〇エイカーもっているという姿をとります。そういうように一農民の保有する帯状耕地があちらこちらのファーロングに散らばっているので、「分散耕地制」などとも言われます。

ところで、この共同耕地の外側のⅣとⅤの部分には「コモン」common、つまり共同地あるいは入会地とよばれる草地や荒蕪地が、さらにひろびろと広がっていました。Ⅳは採草地(meadow)や放牧地(pasture)、その周辺のⅤ荒蕪地では木を切ったり、魚をとったりできる。そういう共同地をそれぞれの農民が使える権利も、一定の大きさに決まっていました。標準的な三〇エイカーを保有している農民の場合には、たとえば羊何頭の放牧、豚何頭の放牧、牛何頭の放牧、これこれの量の採草というふうに権利が決まっており、それが半分の一五エイカーを保有している農民になりますと、ちょうどその半分になる。こうした共同地の使用収益の権利は「スティント」stintとよばれ、その大きさはその農民が保有する耕地の面積に照応していました。

そういうわけで、標準的な農民の場合をとってみますと、まず、囲い込まれて個別的に保有されている宅地と庭畑、つぎに方々のファーロングに分散している三〇エイカーの耕地、さらに、それに比例した大きさの「スティント」をもっていることになります。そして、この土地に対する三つの権利を合わせたものを、イギリス人は「ヴァーゲト」

virgate と呼んでいました。ですから、標準的な農民は virgater と、その半分の一五エイカーとそれに比例して半分のスティントをもつ農民は half-virgater、四分の一の権利をもつ農民は quarter-virgater と呼ばれました。ともかく、農民あるいは農民家族の保有している土地(および土地に対する権利)は、一ヴァーゲト、半ヴァーゲト、あるいは二ヴァーゲト、四ヴァーゲトというふうに、数でかぞえられるような形になっていたのでした。これは中世ヨーロッパに特徴的なことなのでして、村落共同体といえばアジアのも中世ヨーロッパのも、まあ、同じようなものだろうと漠然と考えておられる方もあると思いますが、実は決してそうではなかったのです。土地保有がそういうふうに数でかぞえられるような形になっているということは、われわれアジア人からしますと、実に世界史の上でも例外的な事実ではないかと思われます。このことを、当面まず念頭に置いておいて下さい。

ところで、中世ヨーロッパの村落では土地保有がこういうふうに数で勘定できるような形になっていたということの意味ですが、それは他でもなく、農民が、たとえば、どういう作物をいつ植えていつ刈りとるか、そういったことを村落全体の統制の下に一斉に日を決めてやる、そういう経営内容の統制を通じて村民間の平等をできるだけ維持する、まさにそうしたことに役立つシステムだったのです。こういう形で村民たちの経営内容を統制するというやり方は、アジアには、例外的に似たようなものが見られたとしても、制度としては存在しなかった、と言ってまず間違いないだろうと思います。

さて、こんどはインドの土地制度の特徴に関する説明に入ることにいたしましょう。もっとも、私がインドのことを話すなど大変あつかましいことになりますので、ここでは安全のためにマックス・ヴェーバー（Max Weber）の「ヒンズー教と仏教」Hinduismus und Buddhismus, *Gesammelte Aufsätze zur Religionssoziologie*, II の第一部「ヒンズー的社会制度」にみえる農業制度や土地制度の説明、それから十九世紀の終わり頃に刊行されましたベイドン＝ポウエル（Baden-Powell）というイギリス人の著書『英領インドの土地制度』*The Land System of British-India* に現われている事実のヴェーバーによる要約、そうしたものを中心にして説明していきたいと思います。

なお、他にとくに参照した文献を二、三あげておきましょう。ヴェーバーより半世紀以上もまえの十九世紀の半頃には、比較文化論の大先達というべきイギリス人の著名な比較法学者サー・ヘンリー・メイン（Sir Henry J. Sumner Maine）が、すでにヨーロッパ、とくにイギリス中世の土地制度とインドの土地制度のみごとな比較をやっておりますす（Sir Henry S. Maine, *Village-Communities in the East and West*, 1871, Lecture IV）。彼の場合にも重要な点はほぼ押さえられているように思うのですが、ただ一つだけ重要な点が抜けおちている。その点はあとで、ヴェーバーとの関連で説明するつもりです。

もちろん、マックス・ヴェーバーが一九一〇年代に「ヒンズー教と仏教」という大論文を書いてからもう五十年も経っていますので、その後、インドの土地制度に関するすぐれた研究が当然に数多く出ております。日本でも東大の東洋文化研究所の松井透教授およびその研究グループの手で丹念な実証的研究が二、三冊刊行されております。私はこういう諸研究をある程度目を通してみましたが、使用されているさまざまな学術上の用語法を正確に読み分ける、そうしたことに十分注意しているならば、そこに現われてくるインド村落やその土地制度のイメージは、かつてヴェーバーがわれわれの眼前に描き出してくれたものと本質的なところで変わっていないように思われます。ただ、ヴェーバーの叙述についてちょっと一言付け加えておきますと、彼は必ずしもそうしたことを一個所にちゃんとまとめて叙述しているわけではありません。むしろ、これからお話しすることは、彼があちらこちらで述べていることがらを私が一生懸命にまとめて作り上げたイメージです。いわばヴェーバーに依拠しながら私が再整理したものとお考え下さったらよいかと思います。

そこで、インド村落の土地制度の説明に入ることにしますが、この場合にも、かつてメインやヴェーバーがやりましたように、ヨーロッパの土地制度に関する諸用語を使って説明することにします。付図2〔八四頁と同図のため省略〕はインド村落のものではありませんが、その原理を説明するのに大変便利なので借用したものです。その意味はあとでお分かりになるはずだと思います。

付図2の真中には共同広場がありますが、これはしばらく無視することといたしましょう。するとこうなります。中央に「宅地と庭畑」のかたまり、つまり狭義の村落がある。この点は中世ヨーロッパと相似しています。ただ、ここに見られる農民家族は大家族、このごろの語で言えば、extended familyです。もちろんイギリス農村の場合にも十三世紀あたりまでは、まだまだそうしたものがあったようですが、それとも大分ちがって、むしろ、徳川時代の日本で手作り経営をやっていた豪農の大家族に近いのではないかと想像します。細かいことについては、専門ではないので省くことにしますが、ヴェーバーの推定によりますと、インド村落における土地所有関係はそもそもこういう形で成立しました。まず、部族(シュタム)あるいはその一部分である胞族(フラトリー)がある地域全体を占取し、そして、その内部で氏族(ジッペ)がそれぞれに割り当てられた土地を村落定住の形で占取する。さらに、そうした氏族を構成するいくつかの大家族がまたそれぞれに割り当てられた土地を占取するという形です。もちろん、インド村落の形態にもいろいろな変異があるのですが、ヴェーバーはその奥底にそうした一般的事実を想定しております。このように村落を構成する家族の形態にもすでに中世ヨーロッパとの違いがあるのですが、しかし、さきにも申しましたように、「宅地と庭畑」が囲い込まれて各家族によって別々に保有され、相続されるという点は、サー・ヘンリー・メインやフュステル・ド・クーランジュがすでに指摘しているように、中世ヨーロッパの場合とまったく同じであるわけです。

ところで、インドの村落の場合にも、それを構成する各家族は、村落の周辺にひろがる土地に、みなそれぞれのものである耕地をもっているのですが、しかし、そのあり方は中世ヨーロッパの場合と根本的に異なっております。その重要な点をあげてみますと、まず、インド村落の場合には耕地帯(field)なのか共同地(common)なのか、両者の区別がいっこうにはっきりしない。それにまた、一見中世ヨーロッパ村落の耕地に似ているようではあっても、さきに述べた分散耕地制などというものはなく、したがって、中世ヨーロッパに見るような輪作も例外的に似たものがあっても、制度化されたものとしては見当たらない。ですからまた、インド村落における農民家族の保有地は、中世ヨーロッパ村落の帯状耕地やヴァーゲトのように一つ、二つと数で勘定できるような姿はとっておらず、単なる「土地のかたまり」を成しているだけなのです。それに、それぞれの保有地は各家族によって大きさが違い、共同地に似た荒蕪地があるといっても、スティントなどという観念が全然ないために、耕地との区別がまったくつかない。そういう有様なのです。

私は、スティントという観念がみられるのは、ひょっとしたら中世ヨーロッパと近世以後の日本の農村の場合だけではないかと考えておりますが、とにかく、中世ヨーロッパに見られたような姿での共同地あるいは入会地は、インドの村落にはない。つまり、中世ヨーロッパのスティントの観念に示されているような、各農民家族に属する共同地の使用収益の一定の持分といったものは全然ないのです。サー・ヘンリー・メインがすでに明瞭に指摘しているように、共同地は全村民のまったくの共有、ただただ共有のものであるだけなのです。そればかりではありません。村民たちはそうした共同地をもちろん放牧地や採草地として使いますが、同時に耕地がもっと必要になった場合には、それを獲得し開拓するために土地の再配分をするという可能性も残されているわけなのです。ベイドン＝ポウエルは、彼のころでも地方によっては、土地の割り変え(redistribution)が依然として行われていたことを指摘していますが、ともかくインド村落の場合には、中世ヨーロッパに見るような耕地帯(field)と共同地(common land)との区別が十分にされていない。根本においては、すべてが共同地と考えられていたように思われます。

こういうふうに中世ヨーロッパ村落とインド村落のあいだには、土地制度の上でいろいろな相違がみられるわけですが、全体としてとりわけ目立つのは、一方中世ヨーロッパ村落では、ヴァーゲトの形で土地保有の関係が数量的に表現でき、また、これに関連して、農民による保有地の使用収益の仕方を村全体として統制できるように土地制度が組み立てられていたということ、これはさきほど申したとおりですが、他方インド村落では、そういう数量化された土地保有の観念などは全然みられない、ということです。日本の村落の場合には、そういう傾向がゼロではないということはさきにも触れましたが、やはり著しく弱いということは争われないのではないでしょうか。

少し余談になりますが、日本史研究の方々は、徳川時代の日本社会を普通ヨーロッパ的な意味での封建社会と考えて議論をすすめておられますが、私には実は、いま述べたような点からして、そう言い切ってよいのかどうか、いまもって十分には分かりません。カリフォルニア大学のスミス(Thomas C. Smith)教授が *Agrarian Origins of Modern Japan*(大塚他訳『近代日本の農村的起源』)という本を公刊しておられることはご存じと思いますが、この書物で教授は日本の農村の姿を実にみごとに描き出しておられ、また、それを読むと中世ヨーロッパ農村との違いがおのずから浮かび上ってくるように考えられますので、お読みになるときっとおもしろいと思います。とにかく日本の村落には、中世ヨーロッパに見るような土地保有関係の数量的表現は、少なくともきわめて弱いということは争いがたいでしょう。詳しくは知りませんが、他のアジアの国々にもそうしたものは恐らくないのではないでしょうか。もしあることが実証されれば、もちろん自分の考えを変えねばなりませんが。

三

ところで、いままで私がこういう土地制度の違いを問題としてきましたのは、そうした土地制度のなかに、中世ヨーロッパの人々と、インドの人々――どの時代とは言わないことにある程度意味があるのですが――との、ものの考え方、行動の仕方、物事の処理の仕方などに見られるある重要な違い、その違いが複雑で難解な表現ではなく、単純で分かりやすい形で姿を現わしているように思われるからです。つまり、哲学だとか、宗教や芸術だとかの場合に比べると、土地制度の場合には、両者の文化的特徴、その違いがずっと単純で分かりやすい形で現われているというわけです。では、その違いはどこに見られるのか。以下それを少し立ち入って考えてみたいと思います。

すでにたびたびその名をあげたサー・ヘンリー・メイン(Sir Henry J. Summer Maine)は、前掲の有名な著書*Village-Communities in the East and West*, 1871 のなかで、こういうことを言っております。インドの村落共同体(village community)も、それが村落共同体である限り、村落全体として村民の土地の使用収益処分を規制するということを確かにやってはいるが、しかし、それがどういう原理で行なわれているのか、われわれにはよく分からない、と。これは、われわれアジア人研究者にとっては大変気になる言葉ですが、彼はさらにこうつけ加えています。中世ヨーロッパの場合には明らかに平等(equality)の原理が確認されるが、しかし、インドの場合には、それがどういう原理で規制されているにもせよ、その原理は平等ではない、と。これを裏返してみれば、彼はこう考えていたと言ってよいかと思います。インドの村落共同体は、中世ヨーロッパの村落共同体に比べてさらに未開の、発達の段階の低いもので、もっと発達すれば中世ヨーロッパの村落共同体のような姿となり、そこに平等の原理も生まれてくることになるだろう。しかし、そういういっそう古いインドの村落共同体を支配している原理が何であるかは、現代のヨーロッパ人には当面理解不可能である、と。まあそういうところでしょうね。

ヨーロッパの方々が、アジアの文化現象についてこういう考え方をされるのは、ある意味では無理もないことだと思います。しかし、われわれアジア人の研究者から見た場合、アジアの土地制度を支配している原理は、少なくともヨーロッパ風の平等でないことは分かるが、それが何であるかよく分からないというのでは、やはりどうしても満足できません。実は、そういうことを考えつづけていたときに私の心を深くとらえたのが、さきにも触れたマックス・ヴェーバーの「ヒンズー教と仏教」にみられる説明だったのです。そこで以下、私なりの整理の仕方によるものですが、そうした問題に関するヴェーバーの見解を簡単に紹介してみようと思います。

　ヴェーバーは、比較的若い頃古代ゲルマンの土地制度の研究史に関するすぐれた評論を書いておりますが、そのなかで早くもこういうことを言っております(Der Streit um den Charakter der altgermanischen Sozialverfassung in der deutschen Literatur des letzten Jahrzehnts(1905), *Gesammelte Aufsätze zur Sozial-und Wirtschaftsgeschichte*, SS. 546 ff.)。中世ヨーロッパの土地制度に見られるような「平等」Gleichheit の原理は、他の国々あるいは地域における村落共同体の土地制度には見られない、と普通言われている——これはおそらく、さきほど言ったサー・ヘンリー・メインの見解を指すのでしょう——けれども、決してそうではなくて、そこにはまったく別種の「平等」の原理が見られる、と。もっとも、この別種の「平等」がいったいどういうものかということについては、その頃はまだ十分に説明できていませんし、用語法も未成熟のままでした。が、のちの「ヒンズー教と仏教」の段階になりますと、それがみごとにでき上がった姿をとって現われてきます。彼の用語法にしたがって申しますと、中世ヨーロッパ村落の土地制度にみられる「平等」は「形式的平等」die formale Gleichheit とよぶべきもので、それは平等原理の唯一の姿ではない。そのほかに「実質的平等」die materiale Gleichheit ともよぶべきいま一つの種類の平等がある。そして、この「実質的平等」の原理は、古典古代の地中海周辺の国々やアジアの国々の土地制度に見られるもので、インド村落の土地制度の場合にも、それが見られるのだ、と。つまり、インド村落の土地制度を支配する原理は、決して不合理な、わけの分からないようなものでなくて、やはり「平等」の原理にもとづくものだけれども、それは中世ヨーロッパ村落に見られる「形式的平等」とは別種のもので、同じく平等といっても実質的内容が大きく食い違っている、というわけなのです。

さて、その「形式的平等」と「実質的平等」の違いを、とりあえず、さきほどから説明してきました歴史的事例を思いだしながら説明することにいたしましょう。まず、中世ヨーロッパ村落の場合には、農民の生産条件のなかで、もっとも重要な土地の配分に関して平等の原理が貫かれていると言われるのですが、その配分の仕方はこうでした。

宅地と庭畑地のほかに、三〇エイカーの耕地の保有、そしてそれに照応する大きさのスティント、それらを合わせたものが一ヴァーゲトですが、標準的な場合には、各小「家族」に、それぞれの事情のいかんを問わず、一ヴァーゲトを割りあてる。中世ヨーロッパ村落の場合には、そういう形で平等の原理の支配が見られた。これに対して、インド村落の場合には、そうしたことは全然見られない。それぞれの家族、といってもこの場合大家族ですが、各「家族」が自分のものとして保有している耕地は、不規則な形の土地のかたまりをなしており、その大きさもまた違っていて、サー・ヘンリー・メインが言うように、一見その土地配分の原理が何であるのかよく分からない。ところが、ヴェーバーは、よく考えてみると、次のような形で別種の平等の原理が貫いている、と言うのです。家族の事情は、大家族であるだけに、皆それぞれに著しく異なっている。成員の数はみな違うし、また屈強な男性が比較的多い家族もあれば女性が多い家族もあり、子供の多い家族もある。そういうわけで、家族ごとに生産能力や消費の必要量にいろいろと違いがある。そういう、家族ごとに異なる生産能力や消費の必要量に応じて、土地の配分が行われている。ヴェーバーの表現をもってしますと、「伝統的な生活の維持の必要」という観点から村民間の平等が考えられている、というわけなのです。

ところで、この点ヴェーバーはさらに理論的に掘り下げていきます。そういう生産能力や伝統的な生活維持の必要に応じて土地を配分するという原理には、伝統的な生活の様式や水準の維持という伝統主義的な要請あるいは価値基準が直接に介入してきている。もっと一般的な形で言いますと、そうした平等の原理はその背後で倫理的価値に直接に連なっている、というわけです。ところで、こうしたインド村落の場合に比べてみると、中世ヨーロッパ村落の場合には、そういうことはまったく見られない。むしろ、それぞれの家族の生産能力や生活維持の必要量などとは無関係に、一律に一家族あたり一ヴァーゲト（耕地についていえば三〇エイカー）を割り当てるという形をとる。というのも、それによって、村民たちの土地の使用収益に関する活動を「平等」に規制していくことができるからですね。しかし、ここで言う「平等」は、明らかに何らかの価値的要請に直接結びつくことのない、むしろ技術的な色彩を帯びた、目的合理的な要請です。そして、その限りにおいて、中世ヨーロッパ村落の土地配分に見られる平等の原理は、伝統的な生活維持の必要というような価値合理的な要請との直接のつながりを一応もたなくなっている、と言うのです。

ですから、ヴェーバーはこういうふうに言うわけです。中世ヨーロッパ村落に見られる平等は、「形式的」formal な観点からすれば確かに平等だし合理的だけれども、「実質的」material な観点からすれば、決して平等でも合理的でもない。これに対して、インド村落に見られる平等の原理は、「形式的」な観点からすれば平等でも合理的でもないが、「実質的」な観点からすれば、きわめて平等で合理的だ。つまり、平等や合理性の意味と方向づけが違っているのだ。一方は「形式的」な方向づけにおいて意味をもつ平等であり、他方は「実質的」な方向づけにおいて意味をもつ平等だ。ヴェーバーはだいたいそう考えている、と言ってよいだろうと思います。

ともあれ、これはわれわれアジア人には実によく分かる考え方です。たとえば、日本でも明治維新以後、裁判は近代ヨーロッパ的な「形式的正義」、そうした法論理に従って行なわれることになっておりますが、それに対してどこかなじまぬものがなお残っているというか、人々の心のなかで、なお折にふれて実質的な直接の価値的要請が郷愁のように頭をもたげてくるではありませんか。それは、日本人がいまでも大岡裁きの話が大好きだということを考えるとよく分かるのではないでしょうか。たとえば、こういう話がありますね。二人の女が一人の子供をどちらも自分の子供だと言い争ったという事件です。もちろん、どちらかの子供に違いはないのですが、両方とも自分の子供だと言い張って聞かない。人々は困って大岡様のお裁きを願った。大岡様は二人の女に子供の片手をそれぞれ両側から引っ張って、勝ったほうの子供にすると申された。そこで両方とも力一杯引っ張る。とうとう子供が痛いと泣き出しました。そのとき、一方の女も泣き出し、いきなり手を離してしまった。すると、大岡様は手を離したほうの女に、これはお前の子供だと宣告された、というのです。こういう裁きはその場だけに限ればまことにみごとですが、法律の条文という形式的な形にはとうてい一般化できないような実質的な原理によるものですね。ヴェーバーふうに言うと「カディ裁判」ですが、われわれ日本人はこういう考え方にいまでもかなりの愛着をもっておりますね。比較法制史家の野田良之教授に伺ったのですが、日本人のこうした法観念をヨーロッパの人に説明するのはとても難しい。そして、その理由はやはりこういうところにあるのだそうです。そのほか、皆さんも少し考えてごらんになれば、こうした例を、おそらく現在の世相のなかにも、いくつか思いつかれることでしょう。

四

そこで、終わりに、いままで問題にしてきた形式的な合理性と実質的な合理性という、ヴェーバー社会学における二つの基礎概念について、少しまとめて説明しておこうと思います。もっとも、これらの概念についてヴェーバー自身は必ずしも十分な定義をあたえてはいないので、ある程度まで私の解釈が入り、その限りにおいて私の見解となるかもしれませんから、その点ご諒承願います。

まず、「形式的な合理性」というのは、何よりもまず、手段の選択、その効果と副作用を考慮に入れながら、目的への到達過程の因果関連を明晰にとらえている、つまり目的合理性のことなのですが、しかし、その内容がいっそう豊富になっており、発展した目的合理性といってもよいでしょう。どの点で内容豊富になっているかと言いますと、形式的な合理性の場合には対象が数理的(必ずしも数字的ではありません)に捉えられていて、合理性が計量された度合として表現されるという姿をとります。そして、数量的計量が経過の予測可能性と対象操作の技術的能力を拡大し、それによって目的達成への効率が著しく増大することはいうまでもありません。

ヴェーバーは、さきほども言いましたように、中世ヨーロッパ村落の土地配分の仕方のなかにすでにそうした形式的な合理性の明確な萌芽が現われていることを指摘しておりますが、彼によると、そうした形式的な合理性はその後さらに進展し、近代ヨーロッパにおいてはついに全文化を覆いつくさんばかりの独走的な進展をとげることになります。いわゆる「全面的合理化」Durchrationalisierung の現象です。ヴェーバーがそうした形式的な合理性の現われとしてよくあげるのは、たとえば企業簿記や科学・技術、それから、これは必ずしも数字的表現には結びつきませんが、近代法の論理構造などですが、あの数字的記録に最高の地位をあたえる近代スポーツなどもそのよい例だろうと思います。

つぎに、「実質的な合理性」というのは、そうした目的合理的な数量的計量だけでは満足せずに、さまざまな価値的要請——窮極的諸価値だけでなく、それから派生する諸要請——への意味関連をも意識する、つまり、同時に価値合理的でもあろうとするような合理性です。ですから、それは実質的に、つまり価値合理的にも秤量された、価値実現の程度として表現されることになります。ところでこの場合、価値的要請にはきわめてさまざまなものがありますから、形式的な合理性がただ一つの普遍的な姿をとって現われてくるのに対して、実質的な合理性のほうはおそろしく多様な姿をとることになるわけです。それにまた、なにかの価値的要請への意味関連が意識されていますと、その要請の固有な性質に応じて、それに結びつく形式的な合理性がさまざまな度合で押し止められることにもなるわけです。

こうした実質的な合理性という基準によって、ヴェーバーがインド村落における土地配分の原理をみごとに説明したことはさきほど述べたとおりですが、そればかりでなく、彼は宗教社会学的諸研究のなかで、この実質的な合理性という概念を用いて、中国やインドの文化の特性を解明し、さらにすすんで、古代オリエントにはじまり、古典古代の地中海周辺、中世ヨーロッパを経て、ついに近代ヨーロッパにいたってあの特異な全面的合理化を伴う資本主義文化にまで到達する、世界史的に独自な文化の流れの意味と必然性を明らかにしたことは、もはや私がここで詳しく申し上げるまでもあるまいと思います。

以上簡単に説明したような形式的な合理性と実質的な合理性、このヴェーバー社会学における一対の基礎概念が文化比較の基準としてきわめて有効であり、とりわけ「実質的な合理性」という方法概念は近代ヨーロッパ以外の国々あるいは地域の文化を理解するために一つの有効な鍵を提供するだろうということ、したがってまた、これら一対の概念が将来にむかって、比較文化研究の方法的枠組をうちたてるために有効な概念的礎石の一つとして役立つだろうということも、いままでお話ししたことからほぼお分かりいただけたかと思います。

ところで、ヴェーバー社会学における合理性概念(そして合理化概念)については、すでに多くのすぐれた研究があり、一つの研究史を形づくるほどでありますが、そのなかで従来、近代ヨーロッパ文化の成立にむすびつく形式的な合理性のほうがつねに前面に姿を現わし、実質的な合理性のほうはむしろその陰にかくされてきた、という感じはやはり覆いがたいように思います。これは一面当然でもありますが、やはりわれわれには残念なことであります。では、何故そうなってきたのか。その理由はいろいろとあるでしょうが、その一つに、実質的な合理性という概念が難解だという点があるということも争いがたいでしょう。ところで、この実質的な合理性という概念を理解するのに、われわれアジア人研究者は有利な地点に立っている、という意味のことをさきほども少し申しましたが、もしそうだとすると、このヴェーバー社会学の基礎概念にさらに磨きをかけ、彫琢をほどこし、具体的な研究のなかで十分に駆使しうるような方法概念にまで仕上げていくこと、これはとりわけわれわれアジア人研究者に課せられた仕事だと言えないでしょうか。

私はこのお話のはじめのところで、われわれアジア人研究者は、比較文化研究においても、ただヨーロッパあるいはアメリカ起源の方法的枠組をもらってきて、それにアジアの対象的事実をつめこんでお返しするというだけではなくて、われわれもそうした方法的枠組を作る、あるいは、作りかえるという仕事に参加すべきではないのか、という意味のことを申しましたが、それは、たとえば、こういうことがらだったのであります。ご清聴ありがとうございました。

解　説

小野塚 知二

本書は、大塚久雄(一九〇七―九六)の代表的な著作の一つである『共同体の基礎理論』(一九五五年)と、その前後の時期の大塚が前近代社会・封建制をどのように見ていたのかを示す論文六点を収めている。

大塚久雄は戦前(一九三〇年代)から戦時を経て、戦後の日本の経済史(より広くは社会科学)研究を牽引した人物の一人で、その基本的な問題関心は、なぜ西欧において、現在の世界を覆い尽くす近代資本主義が発生・展開したのかという点にあり、殊に、その主体的(もしくは人間的、精神的、倫理的)な基盤が何であったかを一貫して問い続けたところに特色がある。大塚はときに、「近代主義者」「近代化の亡者」「西欧近代なる虚構の賛美者」などと批判もしくは揶揄されることもあったのだが、その大塚はなにゆえ、前近代社会と共同体を真剣に論じ、しかも、それを単に歴史的諸事実の問題として叙述するのではなく、「基礎理論」として構造化して論じなければならなかったのだろうか。

一　大塚久雄の学問の中での『共同体の基礎理論』

『共同体の基礎理論』とは、大塚の学問の中ではいかなる位置を占め、またいかなる特徴を示しているのだろうか。著者自身の表現を借りるなら、『共同体の基礎理論』は前近代社会の理論的な見取り図を提示することを意図して書かれている。「錯雑をきわめた史実の森に分け入ろうとする」際に必要な「地図」(本書一七頁)ということになる。では、なぜ、前近代社会の地図を描かなければならなかったのか。

大塚の研究上の関心は戦時においても、当時(一九五〇年代)も「依然として資本主義の発生と発展の歴史にむけられているが」、それは「他面からみれば、古い封建制の崩壊の過程であり、そのなかに「共同体の解体」という重要な一節を含んでいる。したがって、資本主義の発展史を研究しようとするばあい、われわれはどうしてもこの「共同体の解体」の問題を避けてとおることはできない。このばあい、もちろん「共同体」とはさしあたって「封建的共同体」(すなわち「ゲルマン的共同体」)にほかならぬが、それにしてもそうした共同体の究極的な崩壊を論ずるためには、まえもって、どうしても一度ひろく、およそ「共同体」なるものの本質、成立と解体の諸条件を総体として少なくとも理論的に見とおしておく必要が生じてくる」。大塚はそうした意図から、従来の「「共同体」に関する諸理論」を整理しなおしてみたのである。したがって、この書物は、「顔はあくまで経済史の方をむいているが、本来どちらかといえば経済理論の研究系列に属せしめらるべきものである」と大塚は考えている(第一版はしがき、本書一三～一四頁。傍点はいずれも原文)。

資本主義社会の理論的見取り図は、いうまでもなく、経済理論であって、それは商品の生産と流通の論理を解明する。大塚による前近代社会の理論的見取り図は、これに対して、土地の占取に注目する。それは、資本主義社会の富の基礎形態が商品であるのに対して、前近代社会では土地(大地 Erde)がその地位を占めると考えられているからである。ここで「土地」とは、生活手段・生活資料の天与の貯蔵庫であり、天与の労働の場所であり、原始的生産手段の天与の武器庫であり、さらに、人間すらも「大地の付属物として、家畜とならんで、客観的な自然物の系列のうちに埋没されて現われる」のである(本書二九～三一頁)。

したがって、ヒトは「この生産力段階においては当然に多かれ少なかれ「自然」という性質をおびた「自然的諸個人」として立ち現れるほかな」く、共同体(Gemeinde)とは、このような自然的諸個人が「「自然」状態から「歴史」のなかへ直接にもちこんだ原生的集団性ないし血縁組織」、つまり「原始共同態」(ursprüngliche Gemeinschaft) の性格を強く帯び、[1]「共同組織」(Gemeinwesen) で特徴づけられることになる。こうした自然の共同組織を根底的な社会関係とする共同体を前提として、土地は共同態的に占取され利用されるというのが、大塚が前近代社会を見る際の理論的立脚点である。

土地はそれ自体が労働の場であり、生産手段であると同時に、そこで生産された労働要具も土地の付属物としてそこに埋め込まれている。それゆえ、共同体内部にはいやおうなしに、土地の共同占取と労働要具(と、農業共同体にあっては土地)の私的占取という「固有の二元性」がはらまれることになる。この二元性は、「「共同体」の成員である諸個人のあいだに取り結ばれる生産関係に即していえば、「共同態」という原始的集団性と、そのまっ只中に、それに対抗して新たに形づくられてくる生産諸力の担い手であるところの私的諸個人相互の関係」であり、あるいは「「共同体」に固有な「内的矛盾」(=生産力と生産関係の矛盾)といいかえても差し支えない」(本書五一頁)。

およそ以上のように、前近代の人間、土地、共同体に関する概念装置を用意した大塚は、土地私的占取の拡大(と血縁関係の弛緩)、およびそれに対応した共同体の形態と構造に注目して、アジア的、古典古代的、およびゲルマン的の三形態の農業共同体の継起的発展を想定し、各形態の特質を論ずる。そこでは、土地の私的占取度が生産力水準と照応されることにより、共同体の各形態は異なる生産力段階に位置づけられるのである。むろん、『共同体の基礎理論』が意図した射程は、前近代の各生産様式の土台をなす共同体の各形態の理論を提示することであって、それらの生産様式やそこでの階級関係は、この基礎理論のあとに、より具体的かつ個別的に論じられるべきものとして、この書物の理論的解明の対象からは外されている。つまり、それは前近代社会の総体に関する総合的な理論ではなく、大塚が前近代社会の基礎をなすと考えた共同体をめぐる「基礎理論」なのである。

さて、以上のように大塚の言葉で『共同体の基礎理論』のねらいを概観するなら、そこからただちにいくつかの疑問が浮かぶであろう。

近代資本主義社会の富の基礎形態は商品であるから、その生産・流通の論理を解明する経済理論が近代社会を経済的に認識しようとする際の基礎理論であるということは、とりあえずは承認しうるとしても、(2) 前近代社会は、そのさまざまな生産様式を通じて、土地(大地)が富の基礎形態であると、なぜ、ただちにいいうるのだろうか。大塚は、マルクス『資本論』に依拠して、前近代社会を支える生産関係が共同体にほかならず、そこでは労働も富も直接的に社会的な形態をとること、土地所有こそがあらゆる労働のための包括的な主要な生産条件をなしていることを指摘している（本書二四〜二五頁）。つまり、マルクスの「共同組織」や「社会的」という概念を通して前近代社会を概括しようとするのが大塚の意図なのである。

ここに含まれているのは次のような単純化である。資本制的生産様式（＝資本主義経済）の基礎理論が経済理論なのであって、資本主義社会における人間の共同性（Gemeinschaft）の基礎理論が経済理論であるわけではない。それに対して、前近代の諸生産様式についてはそれぞれに照応する理論が個別に導出されるのではなく、前近代に通底する共同体（＝前近代社会の共同組織（Gemeinwesen））こそが前近代の多様な生産様式における生産関係として予め措定されている。なぜ、共同体が前近代の生産関係であるという命題が、多様な前近代のすべてに適用可能であると考えられたのだろうか。(3) 近代については生産様式の基礎理論で、前近代については生産様式ではなく共同体（生産関係）の基礎理論で、複雑多様なものごとを整序しようという発想は何を意味しているのだろうか。

これらの、おそらく当然の問いに対して、編者は必ずしも明晰に綺麗な答を提示できるわけではないが、およそ以下のように考えて大過あるまい。大塚の基本的な関心は、むろん、悠久多様な前近代社会を総体として把握することではなく、前近代社会から近代社会への移行の条件と態様（「資本主義の発生と発展の歴史」）とにあったがゆえに、大塚は前近代も、そこから近代への移行過程も、近代の側から逆照射して描いたからであるというのが、ここでのとりあえずの答である。「前近代から近代への移行」を理論的に記述するために、大塚は「近代から前近代に」光を当てて、前近代を認識しようとしたのである。

では、なぜ、前近代社会を整序して認識する道具は「共同体の基礎理論」となるのか。これも大塚が近代の側から、前近代と移行過程をとらえていたからにほかならない。自由で自立・自律した諸個人から構成される近代社会の人間的基礎は、大塚によるなら近代的人間類型(4)で特徴付けることができる。それは、大塚が随所で近代人の典型として示唆したロビンソン・クルーソーやベンジャミン・フランクリンのような雄々しく独りで立つ個人である。ところが、その「近代の目」から見るなら、前近代の諸個人はまだ幼弱でとうてい自立できずに、土地・大地・自然と共同体の中に埋没している。つまり土地占取の共同体こそが、前近代社会を「近代の目」で概括的に認識するための鍵となったのである。

ここでの認識対象である前近代に内在した視点からではなく、近代の視点から外在的・後知恵的に前近代を単純化してとらえているとの批判はこれまでにもさんざんなされてきた。しかし、「前近代から近代への移行」を記述するために、「近代から前近代」

を見るという逆転があったからといって、大塚の方法を批判することはできない。なぜならば、歴史研究にとってはごく当然のことだが、過去は、それを物語る者の知と技の体系によって規定されて物語られるほかないからである。物語られる対象としての過去そのものの知と技、認識方法、思想・宗教、感情、身体感覚で物語ることは、歴史という業の本質としてありえないのである。歴史という営みは、過去そのものに限りなく接近してそれを描こうとするが、既に過ぎ去った時をそのものとして、後の者がじかに感知し、認識することは不可能なのである。近世末期から近代にかけて生きたヒューム、スミス、マルサス、リカード、マルクスらが眼前の事実を緻密に観察し、推論と思索から近代社会の経済理論を紡ぎ上げたのと同じ仕方では過去は描けないのである。『共同体の基礎理論』とはこのような意味で、近代(それを己の責任として引き受けた大塚という近代人)の目から見た前近代社会の理論的な見取り図の、それも序論のようなものにすぎない。これが当てはまらない前近代の事例をいくらあげつらっても、それ自体は、事実確認の修正という以上の意味はもちえない。

では、基礎理論は事実からの挑戦は一切受け付けずに済むのであろうか。

(1) 共同体(Gemeinde)と共同態(Gemeinschaft)の相違を、大塚は古い共同体は解体されるのが歴史の進歩であるが、同時に近現代にあっても新しい共同態の形成が待望されていると説明した(本書二六二頁。ただしGemeinde(市町村など基礎自治体)はいまも解体されていない)。なお、編者は共同態を「共同性」という語に置き換えて用いる。

(2) 市場社会においてすら商品形態をとらない財・サービスは膨大にあって、商品を遣り取りする場としての市場だけをいかに精緻に描いても、市場社会の全体を論じたことにはならない――殊に家事・介護・生殖など人の生に直接関わる領域の多くは相変わらず非市場的に処理されている――点については、拙著『経済史――いまを知り、未来を生きるために』有斐閣、二〇一八年、第八章「市場経済と資本主義」第一節「市場経済」を参照されたい。むろん、大塚の活躍した時代には、まだ家事・介護・生殖やボランタリーセクターなどの非市場的な経済活動は充分には注目されていなかったから、彼が、同時代の多くの歴史家や経済学者とともに、近代社会の基礎理論は経済学(市場の科学)であると考えたことは了解できるとしておこう。

(3) この問いに対するマルクス＝大塚の答は、「「共同体」をどう問題とするか」(一九五六年)の第二節で手際よく示されている。それに続いて、大塚は共同体は経済学の問題でもあることを確認する。「もし経済学が、ただ資本主義とよばれる生産諸関係だけを問題にするのではなく、資本主義以前の諸時代における生産諸関係、だから、その一つである封建制も問題にすることができるし、またすべきであるとするならば、こうして当然に「共同体」の問題も経済学の対象として取扱わなければならなくなるわけであります。しかしもちろん、経済学のばあいには、社会学が取扱うような仕方で、共同体とよばれる生産関係をただ社会関係そのものとして整理していくのではなく、当然に、富の存在形態に即して、つまり共同体をつくっている農民諸個人の経済的利害のあり方に即して捉えていかなければならないわけです。たとえば、商品交換に基礎をおく社会を分析するばあいに、商品生産者をまず持ちだしてくるのではなくて、その経済的利害の対象化である商品からはじめるというぐあいに、富の存在形態からはじめて、諸土地所有者の経済的利害の内容を追究していくという形で、共同体や封建制を取扱わねばならないでしょう」(本書二二三〜二二四頁)。

(4) ロビンソン・クルーソーによって描き出されるのが、必ずしも大塚が意図したような「健全な近代人」ではなく、むしろ〈病的な現代人〉である可能性については、岩尾龍太郎『ロビンソンの砦』青土社、一九九四年、および、小野塚知二「近代資本主義とアソシエーション——永遠の希望と永遠の絶望」梅津順一・小野塚知二編著『大塚久雄から資本主義と共同体を考える——コモンウィール・結社・ネーション』日本経済評論社、二〇一八年、第二章、殊に五八頁と注(5)を参照されたい。

二　大塚における理論と事実の関係

大塚の『共同体の基礎理論』に対しては、これまでにすでにさまざまな批判がなされている。それらは大別するなら、実証的批判、学説史的批判、理論的批判ということになるであろう。

『共同体の基礎理論』の冒頭で述べられているように、無限に多様な史実の森を地図なしにさまよい歩くのは愚かな業である。大塚はこの書物を「諸君が史実の森に分け入ろうとするばあいに携行すべき」地図だと語っているが、地図なしに過去の森を歩くのは無謀ですらある。いま、史料に基づいて追体験し、認識しようとしている、ある過去の「地形」が、どこにあり、いかなる傾斜を示し、道はどこに向かっているのかといったことを地図を参照しながら、一つずつ着実に確かめなければ、歴史研究者は道を失って遭難するであろう。大塚が地図の喩えで直接的に物語っているのは、『共同体の基礎理論』とは、歴史における「野外活動」(近現代の常識が通用しない悠久多様な前近代という森を踏査すること)の必須の道具としての地図の役目を果たすということである。

「地図は現実の地形にもとづいて作られたのであって、現実の地形が地図にしたがって作られたのではない。もし両者の間にくいちがいが見出されるならば、地図の読み方が正確である限り、もちろん訂正されねばならぬのはつねに地図の方であって、地形ではないはずである。この講義で説明される基礎的諸概念や理論は、いわば諸君が史実の森に分け入ろうとするばあいに携行すべき、そのような地図にすぎない」(本書一七頁。

傍点は原文)と、大塚は常識的に述べているから、基礎理論は事実からの挑戦に常に開かれているということになる。実際に、『共同体の基礎理論』に対する、こうした意味での実証的な批判は枚挙に暇がない。理論に合わない事実はいくらでもある。問題は、歴史研究にとってそうした理論は何の役に立つのかという形で歴史家の側に投げ掛けられてもいるのである。

すなわち、右で引用した箇所で「地図の読み方が正確である限り」という重い限定が入っていることにも端的に表されているように、大塚が追求した理論とは、それほど軽々に随時・逐次、観察結果に合わせて変更され修正されてよいものではなかった。史料から確認しうる過去の事実はほとんど無限の多様性を示すであろう。それら多様な個々の事実に合わせて、理論をいちいち修正していたら、理論はいつまでも完成しない建物や船のように、あちこちに無規律な設計変更と思いつきの意匠がちりばめられた、常に未完成な寄せ木細工のようなものにしかならないであろう。大塚が理論に求めたのは、そのように無秩序な寄せ集めではなかった。諸事実の個性や相異を超えて通底する共通性と法則性への確信に裏付けられて、社会を変化させる原動力が何であり、時代の転換点に転轍手の役割を果たすのは何であるのかを、明晰に指し示すのが大塚の目指した理論であった。理論が一片の事実の挑戦を受けて訂正されるような、やわなものであっては、理論の役目を果たせないのである。この意味で、事実は容易には理論に挑戦できないのである。

本書所収の「いわゆる「封建的」の科学的反省」(一九四六年)で、大塚は早くも、以下のように範疇や類型構成の重要性を物語っていた。「歴史学方法論上の問題はたいてい史実のそれに解消するとして、ただ史実の観照のうちに問題がおのずから明らかになってくるのを、やはり消極的に待っているわけにはいかない。われわれを取り巻く厳しい歴史的現実がこれを迫るからである。もちろん、なんらか「発見的」な類型構成を積極的に行うことは、必ずなんらかの誤謬を伴わざるをえないであろう。しかし、こうした誤謬とその絶えざる良心的訂正をいつまでも回避して、なんらの「発見的」類型構成をも行わないならば、われわれが史実そのものに近づくことすら実は不可能となり、われわれの歴史的認識の前進が阻まれてしまうことになるであろう」(本書一九一頁)。

大塚久雄の経済史研究は若き日より、常に理論的な問いに導かれて進み、理論仮説を立て、それを検証して、より堅固な理論を構築するという営みの連続であった。あれこれの事実を無秩序に並べ、それらのどれかをその場の思いつきで選んで「時代の特徴」であるとするような、理論に無自覚な(あるいは没理論的な)歴史と大塚は常に闘った。

こうした高度な理論指向の背後には、歴史の有用性の自覚が作用していた。いま、いかなる歴史（過去の叙述）が求められているのかを意識しながら、その「いま」を何と見て、その将来に何を展望するのかという、強烈な現状認識と未来への投企（Entwurf, project）の背後には、いうまでもなく思想闘争が作用していた。こうした思想闘争を経ない、のんべんだらりとした歴史に対して大塚は批判を隠そうとしなかった。また大塚久雄、高橋幸八郎、松田智雄、鈴木圭介ら日本の比較経済史学を開拓した第一世代に教えを受けた第二世代、特に岡田與好（ともよし）と吉岡昭彦は、第一世代と共同して開発した、そうした高度な理論を駆使して、激烈な批判の矢を諸方に放ち続けたから、彼らは常に論争の渦中にあった。

三　アジア的共同体の「虚構性」をめぐる問題

理論とは、しばしば、先行研究の誤読や曲解という捻れを通じて発展するものだから、先行研究を正確に踏まえていないという学説史的な批判は、理論的著作に対しては、その理論の地平でなされなければなるまい。すなわち、理論的に新しい何かを少しも生み出すことなく、ただ誤読や曲解だけしているのならそれは無駄であるが、新たな展開に道を開いている（その可能性がある）のなら誤読や曲解も意味のある学問的営為であろう。

この解説は『共同体の基礎理論』の成立過程やその背後の学統を解明するものではないから、学説史的な批判に深く立ち入ることはできない。ただし、以下の二様の学説史的批判については、若干触れておく必要があるだろう。第一はマルクス『資本制生産に先行する諸形態』の読み方に関する批判、第二は「アジア的共同体」概念の虚構性に関する批判である。

『資本制生産に先行する諸形態』の読み方に関する批判はさらに、おそらくは以下の二とおり(ないしその複合)に分かれるであろう。ひとつは、『諸形態』を書いたマルクスの意図は前近代社会の見取り図を描き、共同体の終局的な解体の論理を明らかにすることではなく、資本主義以前の社会のさまざまなあり方に着目して、共同所有や社会化された労働を復権する可能性を探ること――その一つの糸口が個人的所有の復権とアソシエーション――にあったのだという解釈である。むろん、右で述べたように、マルクスの意図がそこにあったのだとしても、『諸形態』にヒントを得て、大塚のように前近代社会の、その終焉まで射程に入れた基礎理論を構築することは大いにありうることなのである。もうひとつは、マルクスがそこで描こうとしたのは、確かに資本制以前の諸社会の見取り図ではあるが、それはあくまでも諸形態であって、大塚『基礎理論』のように、継起的に発展する形態として段階論的な含意までは意図していなかったという考え方である。(5) これは、これまでもしばしば論じられてきた歴史研究、なかんずく経済史における類型と段階の区別／関係の問題であって、過去についての認識を多少なりとも理論化しようとするのなら、避けて通ることのできない問題である。

「アジア的共同体」概念をめぐる批判は、南アジア史家の小谷汪之(ひろゆき)によるものが有名で、ほぼ定着しているといっても過言ではなかろう。(6) 大塚がアジア的共同体概念を形成する上で参考にしたのは、直接的にはマックス・ヴェーバーの『世界宗教の経済倫理』であるが、小谷は、そのヴェーバーが依拠した当時のアジア社会の経済的特質についての基本的文書であるベイドン＝ポウエル（ボーイスカウトの創始者の異母兄）の『英領インドの土地制度』(Baden Henry Baden-Powell, *The land-systems of British India: being a manual of the land-tenures and of the systems of land-revenue administration prevalent in the several provinces*, Clarendon Press, 1892)をはじめ、ハインリヒ・クーノウ、ヘンリー・メインらの著作を渉猟精読して、土地の共同体的所有と実質的平等原則で特徴づけられる「アジア的共同体」は、これらの書物に描かれたアジアからは決して導き出せないことを示した。それは大塚の創造物だというのである。むろん、理論は創造的な営為だから、こうした学説史的な批判でただちに『共同体の基礎理論』の価値が下がるわけではないが、小谷の批判は、農業共同体の原型としてある種の普遍性を有するはずの「アジア的共同体」概念そのものに向けられているし、もっとも遅くまで共同体的な前近代が続いたと考えられている地域を研究する歴史家による批判だけに、軽視はできない。また、小谷の批判は、富の基礎形態が土地であると決めつける大塚に対して、それが牛であったアイルランドやアフリカのズールー族の例を挙げて実証的かつ理論的な批判にも踏み込んでいる。さらに、大塚の歴史認識が「近代追認の共同体論」(小谷『共同体と近代』一九一〜一九四頁)であるとして、「横倒しにされた世界史」論の批判にも向い、一見「アジア的」に見える「前近代社会」が実は近代社会によって創出された「非近代社会」だったのだと、大塚とは異なる複合的で相互規定的な世界史像を提示している。このように、小谷の批判は学説史的な検討から出発してはいるが、そこにはとどまらない理論的な内容を含むのである。(7)

とはいえ、小谷がアジア的共同体の虚構性を示す証拠として挙げたベイドン＝ポウエル、ヘンリー・メインも、ハインリヒ・クーノウも一九世紀末ないし二〇世紀初頭にインドを観察した結果を記しているにすぎず、そこからただちに、前近代のインドにアジア的共同体はなかったということにはならないであろう。また、先述の通り、歴史とは、「いま」の光を過去に当てて、過去を物語るという性格を免れない営みだから、ある概念が虚構であるか否かは、単純に過去の事実によって決まることではない。史料を通じて観察されるほとんどの事実が明白にその概念と背反するのでもない限り、その概念が、「いま」を生きる人々が歴史を通じて何を知り、考えたいのかということに資するのなら、その概念は有用だし、いま知りたいことを阻害するのなら、その概念は無用だということになるであろう。

なお、「土地」＝自然が、その時代の人口に比してあまりにも豊かであるならば、人間は土地を占取するまでもなく、広大な大地に散居することができるから、土地占取の共同組織は形成されないということはいくらでもありうる。そこでは土地占取のための共同性ではなく、人々の社会性の紐帯は血縁(擬制)的な関係に基づく氏族の形態をとる(が、その氏族は特定の土地と一義的に結びついているわけではない)ということもありうるだろう。いうまでもなく、人間は遺伝子的な多様性を確保するために、文化人類学が明らかにしてきたように、血縁関係の外側と人を交換しなければならない。ここで血縁関係や氏族というのは、単に血の紐帯によって同族意識で括られ、相互に保護し合い、互酬の関係を取り結ぶためにだけ存在するのではなく、「血縁の外側」＝多様な遺伝子の宝庫を明晰に指示するためにも存在しているのである。

『共同体の基礎理論』に対する理論的な批判はさまざまになされてきたし、またありうるが、大別すれば以下の四つの系列に分けられるであろう。第一は、自然(土地、水利）の稀少性（の有無）や、具体的な生産活動と共同組織のあり方についての大塚の想定（土地占取の共同占取に注目することで前近代の農業社会の基礎理論は通時的に記述しうるという想定）が不充分・不適切であったとするもの、第二は、「家」（血縁関係と血縁擬制）の規定的な意味も含めた共同体認識が必要であるとするもの、第三は、身分制・階級関係や領主層・地主層の役割を、共同体という基底にとって外皮にすぎないと見るのではなく、前近代社会にとって、身分制や領主制自体が規定的な意味を有していたと主張するもの(8)、第四は前近代研究とはいえ市場との関係において共同体を認識する必要があるというものである(9)。

（5）ホブズボームは歴史家として、前近代社会の見取り図という解釈で『諸形態』を読み、また体制移行の論理など大塚と共通する関心も示すが、継起的という意味でも、生産力水準という意味でも、段階性については消極的である。E.J.Hobsbawm, *An Introduction to Karl Marx's Pre-Capitalist Economic Formations*, Lawrence & Wishart, 1964.（市川泰治郎訳『共同体の経済構造――マルクス『資本制生産に先行する諸形態』の研究序説』未来社、一九六九年）

（6）小谷汪之『マルクスとアジア――アジア的生産様式論争批判』青木書店、一九七九年、小谷汪之『共同体と近代』青木書店、一九八二年、殊に第V章。

（7）岩波現代文庫版『共同体の基礎理論』の解説を執筆した姜尚中（カンサンジュン）は、「「アジア的共同体」というカテゴリーは、実際には大塚史学の西洋中心主義が創出したフィクションにほかならない」と断定しているが、そうであったとしても、虚構であることの問題性はまずは理論の地平で取り上げなければならないし、後述の肥前榮一らのロシア史研究による実証的な補強（本解説注（19）に挙げた諸研究）がなされていることも忘れてはなるまい。

（8）ここで、重要なのは、封建制における領主の土地所有権（領主直営地や上級所有権）を明瞭に意識して、共同体が一方ではそれを補完し、他方ではそれに抵抗する基盤ともなりうる「共同体の二面性」（本書二五四〜二五六頁）をより重視して、精緻化しなければならないという主張であろう。この点については渡辺尚志「日本近世村落史からみた大塚共同体論」（小野塚知二・沼尻晃伸編著『大塚久雄『共同体の基礎理論』を読み直す』日本経済評論社、二〇〇七年所収）を参照されたい。

（9）速水佑次郎らは第三世界の「開発」において、市場とともに共同体の役割にも注目する独自の議論を展開している。そこでは、共同体とは「親密な個人的交流に基づいた相互信頼関係を紐帯とする集団であ」り、「典型的には途上国において血縁や地縁で結びついた部族や村の紐帯のことを指して」おり、関心は、近代化の阻害要因としての共同体にではなく、経済発展の促進要因としての共同体に向けられている（Yujiro Hayami, “Community, Market and State”, A.Maunder & A.Valdes eds., *Agriculture and Government in the Inter-*

dependent World, Gower, 1989)。澤田康幸・園部哲史編著『市場と経済発展』東洋経済新報社、二〇〇六年、第一章も同様の観点から共同体に注目している。また、近年では、深尾京司・中村尚史・中林真幸編『岩波講座　日本経済の歴史』全六巻(二〇一七―一八年)のうち第一巻と第二巻は、日本の前近代社会における市場と土地所有と共同体の関係を明瞭に主題化した共同研究の成果である。

四　西欧と日本の封建制の相違

大塚が共同体を、また、封建制を繰り返し論じたのは、日本における前近代から近代への移行過程の特殊性を明らかにするという強烈な問題意識に支えられていたからである。『共同体の基礎理論』においては大塚は日本の江戸時代が封建制であり、そこでの共同体がゲルマン的なそれであったと明言しているわけではない。しかし、世界史的な比較のためには、マイツェンの説に依拠して、「「ゲルマン的」共同体、したがってそれに特有な「耕地形態」を史実のうちに検出しうる鍵は、なによりもまず、「形式的平等」の原理を具現するところの「耕区制」――たといそれが「有輪ゲルマン犂ではなく、低度な鋤の使用に照応する」「ラーゲモルゲン制」の姿をとっていようとも――が何らかの形で存在するか否かという問題となってくるからである」(本書一五六頁)と述べて、ゲルマン的共同体が日本にも検出しうることを暗示していた。

本書所収の「生産力における東洋と西洋――西欧封建農民の特質」や「いわゆる「封建的」の科学的反省」(いずれも一九四六年執筆)では、大塚はより明瞭に、西欧の封建制と日本の封建制の比較対照に強い関心を示していた。そこでは、一方では、自然的条件にも規定された農法と生産力の質の相違――降水量の少ない畑作で畜力を用いて小麦を中心とした粗放な農耕牧畜を行ってきた西欧と、水田稲作を中心として労働集約的な農耕を行ってきた日本――に注目しながら、労働生産性の高さゆえに、「そこから流れ出る余剰生産物と農民の豊かさ」で特徴付けられる西欧の絶対王制はきわめて脆弱で、農民の独立自由に対して「開かれた」性格をもったのに対して、日本の絶対王制(大塚にあっては明治~戦時まで)は、構造的には恐ろしく頑強であり、ほとんど自生的に近代的＝民主的な社会に移行しうる可能性をもたなかった「閉じられた」性格とを対照する論点を示していた。こうした西欧絶対王制の「開かれた」性格は、一三世紀の荘園制にまで遡って、農民の富裕さによって基礎付けられるのである。

また、「封建的」なる語をあらゆる古いものに貼り付けてしまうと、西欧中世封建制の「個人主義的」で「自由な」性格が見えなくなってしまうことに、大塚は注意を促した。「あの西欧封建社会における中世都市およびギルドの経済的な繁栄と生産諸力の昂揚、その政治的独立と封建的ヒエラルキー内部における身分的上昇、すなわちいわゆる「封建的自由」の獲得は、まことに西欧封建社会の特徴といいうるほど目覚しいものであった。じっさい、イギリス史上ピュウリタン革命をさしはさんで、二つの陣営すなわち封建的アンシャン・レジームの側と近代的ピュウリタニズムの側のどちらもがともに自己の「自由」をとって動かず、自己の基本的権利をあくまでも主張しているという、あの光景は、同じく封建的絶対主義の終焉といっても、やはりわれわれには想像できないほどの差違があるように思われる」(本書一九九頁)。

ここでは、西欧封建制は、単に近代以前的な古きものの代名詞であるだけではなく、むしろ、近代への移行に道を開いた主要な条件がそこで用意されたゆりかごのようなものであると理解されている。そして、まさに、この点において、日本の封建制は「ほとんど自生的に近代的＝民主的な社会へ移行しうる可能性をもたなかった「閉じられた」性格」で特徴付けられて、西欧の封建制からは遠く隔たったところに区別されている。(10)この区別を大塚は常に強調しながらも、たとえば、「マックス・ヴェーバーのアジア社会観」(一九六七年)においても、共同体内分業の展開度合いに注目しながら、「日本がアジア的な特性を色濃く残しながらも、ともかく西洋的な意味での「封建制」を自生的に発展させ、したがって、西洋からの資本主義経済の受容のために有利な条件をつくりだしていた点に[ヴェーバーが]触れていることも十分に記憶に止めておく」べきだと述べているように(本書三二九頁)、日本は前近代において封建制に到達していたことを認めてはいた。

大塚にとって、日本の封建制とは、このように、非常に両義的な判断を含むことがらだったのである。

(10) 日本の封建制が特殊であったことは、いまも古い地層のように言葉遣いの中に残っている。それは、たとえば、「うち」「身内」などの血縁(擬制)の強い影響を意味する語や、「まわり」「世間(様)」といった共同体の内外二重道徳に関わる語が、いまも重いひびきをともなって用いられていることに表れている。

五　封建制・ゲルマン的共同体の有無という問題

大塚久雄が『共同体の基礎理論』やその他の著作で示した関心は、直接的には、前近代の共同体を最終的に解体して、近代社会が形成された条件にあるのだが、では、そのことは、前近代社会と近代社会との間に大きな分水嶺があったと大塚が考えていたことを意味するであろうか。分水嶺が前近代と近代との間にあるとするなら、それは、前近代社会が、ある朝目覚めたら近代社会になっていたというような非現実的な想定をするような場合に限られている。大塚の関心は前近代から近代への移行過程にあったのだから、その移行過程を可能ならしめた前近代社会の諸条件の起点にこそ分水嶺は画されるべきであろう。

つまり、前近代と近世以降の資本主義発展との分岐ではなく、近世以降の資本主義発展へ連続しえた前近代社会（封建制）と、そうではなく共同体間分業、実質合理性や、血縁的紐帯などの点で「アジア的停滞性」を示した前近代社会との分岐にこそ、大塚の真の関心はあったはずだと想像したくなるのだが、残念ながら、それを示す証拠は前掲の「マックス・ヴェーバーのアジア社会観」などわずかしかないし、それも四節で述べたような両義性ゆえに決して明晰ではない。

では、大塚にその機会がなかったのかというと、大塚の周囲には、日本の封建制と村落共同体をむしろ積極的に、西欧に類似したものと位置づけて、封建制や村落共同体を欠く「アジア」とは区別しようとする者が少なからずいた。しかし、大塚はこれを明瞭には主題化しなかった。

たとえば、満鉄調査部・東亜研究所共同の華北農村調査（一九四〇―四四年）に従事した研究者の間では中国村落の性格をめぐって相異なるふた通りの見解が発表されていた。それを研究した三品英憲によるなら、平野義太郎(一八九七―一九八〇)は「大東亜共栄体の共通の社会的基盤として「郷土共同体」が存在するとした。日本社会と中国社会は、ともに社会の基底に共同体を持つという点で共通しており、そのことを「アジア」の紐帯の基礎としたのである。この平野の発想の枠組みは、「ヨーロッパ⟷アジア(日本・中国)」ということになろう」。他方、法社会学者の戒能通孝(かいのうみちたか)(一九〇八―七五)は、「中国村落は「高持本百姓意識」のない住民の集合に過ぎず、村落共同体としての内実を持っていないとした。その上で、近代国家は村落共同体などの地縁的団体意識を基盤とした社会(西欧や日本)に成立するとしたのである。戒能の発想の枠組みは「ヨーロッパ・日本⟷中国」であった」。戒能は「村落共同体を基盤に置く封建制の存在こそが近代市民社会・国民国家が成立するための前提条件であったとしたのである」。まさに封建制に到達することこそが、近代化の必須の条件であるというわけである(11)。

三品は以下のように論を展開する。「戒能の村落共同体理解の中で大きな位置を与えられていた「高持本百姓意識」、さらには共同体成員がこうした意識をもつことによって村落に付与される公的性格など、村落共同体の内実を大塚は特に説明を要する問題として取り上げていない。このことは、ゲルマン的共同体における結合そのものについては、「総有関係」によって説明したということと対照的である。大塚は、ゲルマン的共同体の形成と構造を説明する上で、そうした結合の契機以上の説明が必要であるとは考えていなかった。ここから、大塚には、自己の再生産のために他人と協同する個々人の結合のあり方について、ある特定の社会における結合のあり方、具体的に言うならば「高持本百姓意識」によって支えられていた前近代日本農村の姿が「無自覚のイメージ」として念頭にあったのではないか。［中略］戒能は、中国農村を知ることによって、日本の農村とドイツの農村を比較するときには気づかない無自覚の「前提」が存在したことを、初めて自覚しえたのであった。戒能の議論の深化の過程には、やはり中国農村の経験が大きな役割を果していたのである。［中略］日本社会に生まれ育った大塚が、同じく「封建社会」を経験したヨーロッパを分析するということには、自らの持つ無自覚の前提を相対化する契機に乏しいという、大きな落とし穴が口を開けていたと言える」(12)。日本の封建制と共同体の特殊性を強調する大塚には、日本と西欧に共通する前提があることに気付かなかった可能性があるとの指摘は重い意味をもつ。

同様にして、東亜研究所第五委員会の華北調査（一九三九―四〇年）に従事した山田盛太郎（一八九七―一九八〇）は、「「封建」が資本主義化の足かせになったのでなく、むしろそれを準備する前提条件となったのでないか。中国旅行やウィットフォーゲルの著作を通じ、山田はこうした「封建」に対する評価の見直しをなしつつあったと考えられる」。山田はかつて『日本資本主義分析』(一九三四年)において「ミゼラブルなほど遅れた日本農業」という評価をしたが、それはこの華北調査を経て転換を迫られたのである。[13]

大塚は、山田はもとより、戒能や平野とも、同じ時期に「極めて近い場所[東京帝国大学]にいた」[14]から、こうした議論をまったく知らなかったとは考えにくい。それどころか、ウィットフォーゲルの『解体過程にある支那の経済と社会――アジア的な一大農業社会に対する科学的分析の企図 特にその生産諸力・生産＝流通過程』上・下巻は平野の監訳によって一九三四年には訳出されていた。[15]

さらにいうならば、マルクスをはじめとした社会主義者たちは、「資本主義の一歩先に社会主義を展望する中で、なにゆえ、自分たちは資本主義に到達したのかということを考えざるをえませんでしたし、植民地獲得とナショナリズムの鏡像的競争に狂奔する資本主義諸国の文化を相対化するためにも、資本主義を諸他の先行する生産様式と分かつ要因は何かという問いを意識せざるをえなかったのです。ただし、マルクスにとって、その点で最大の関心事は、封建制と資本制を分かつ要因ではなく、アジア的な貢納制の社会と、「封建制から資本制」という移行を経験した社会との相違であり、また、植民地・宗主国関係を理解するという実践的な課題からは、両社会が遭遇した場合に、前者

［アジア的な貢納制の社会］が速やかに資本制に移行するほかに、いかなる関係が発生しうるのかということがらで」あった(16)。

こうした事情を肥前榮一は以下のように、きわめて簡潔に概括している。肥前がドイツとロシアの経済史的な比較を通じて「見えてきた最も重要なことは、ロシアに封建制を見出す日本の戦後史学のパラダイムとは異なり、ソ連史学が支配する以前には、有力な論者たちがこぞってロシアに封建制を見出してはいなかったということです。例えば十九世紀前半にドイツ各地の農村調査をした農政論者ハックストハウゼンは、その後十九世紀中葉にロシア農村を調査旅行して、フーフェ制のドイツ農村にはない、土地共有のミール共同体を「発見」したことで知られていますが、彼はドイツ＝ヨーロッパの「封建制」に対比して、ロシアの「家父長制」について語っています。さらに有名なのがマルクスで、彼はそのアジア的生産様式論をロシアに適用しました。マルクスはロシアに封建制ならぬ東洋的専制を見出したのです。そして晩年ヴェラ・ザスーリッチにあてた周知の手紙のなかでは、ミール共同体論を踏まえて、自著『資本論』はロシアには妥当しないと述べています。／このようなロシア封建制否定論はその後も、第一次ロシア革命の農民革命にともなう「アジア的復古」を怖れたプレハーノフ、同じく立憲民主党（カデット）に属しつつ、ロシアの封建的―資本主義的な発展を希求したヴィノグラードフ、ツァーリ政府の対外政策の「アジア的術策」を暴きつつ、カデット党の評価をめぐってレーニンと論争したウェーバー、『オリエンタル・デスポティズム』のウィットフォーゲルなどを通って、現代の、サンクト・ペテルブルクとトリエステを結ぶ線に封建的ヨーロッパの東限を見出したヘイナル＝ミッテラウアーに及んでいます。[17]／こうした大きな流れの中で見れば、ソ連史学の源流となったレーニンのロシア封建制論こそむしろ例外的であり、大革命家としてのレーニンが政治的必要から唱えた、マルクスによるアジア的生産様式論の適用に対するロシア的異議申し立てであったとみるべきであろうと思われます。決定的に重要なのは、ほかでもないマルクスとレーニンとが、ロシアにおける封建制の有無をめぐって真っ向から対立しているという事実です[18]」。

肥前の独露比較史研究は、大塚の共同体論をいったんは受容したうえで、そこでは充分に研究されていなかった二〇世紀初頭まで続くロシア帝国の共同体の性格をめぐる研究として、多くの成果を残している。[19]それは一九世紀のハクストハウゼンやマルクスから、二〇世紀のウィットフォーゲルを経て、二一世紀の肥前やミッテラウアーにまで及ぶ、ロシア農村史・土地制度史の研究の伝統に支えられているだけに、[20]ヨーロッパ近代の帝国主義がヨーロッパの外側にさまざまな「非近代社会」を創出したことがあった可能性は否定はできないとはしても、アジア的共同体をそうして創出されたものに完全に回収してしまうことには、やはり大きな無理があるのではないだろうか。

しかし、それにもかかわらず、山田も戒能も、自分を取り巻く時代状況と、その中での課題意識に対応して、その主張は変転しているのである。ロシアで革命が成功し、スターリンの農業集団化によって、ミール共同体問題（実質的平等原理のゆえに農村に大量の人口が滞留して土地を付与されるから、農地も商工業労働力も不足するという、帝政期以来指摘されてきた事態）の「最終的解決」が図られている状況では、レーニンの『ロシアにおける資本主義の発達』論（それゆえロシアにも封建制があったとする説）がロシア理解の標準の地位を獲得し、前述の長い研究成果はおのずと無視ないし軽視されることとなった。同様に、中華人民共和国の成立と文化大革命の衝撃に接した者の多くは、毛沢東の「反封建闘争」の思想に影響を受けざるをえなかった。この点では、戒能も山田も大塚も例外ではなかったように思われる。

逆に大塚が強調して止まなかった日本の封建制の特殊性をめぐる論点、より広くは、講座派の明治維新理解（封建的絶対王制の成立）は、近年では後退して、むしろ、日本を市民革命（封建制から資本制への移行）の成功例とみなす三谷博や渡辺浩の明治維新論が歴史研究に新たな刺激を与えつつある。[21]

（11）三品英憲「大塚久雄と近代中国農村研究」（小野塚知二・沼尻晃伸編著『大塚久雄『共同

体の基礎理論』を読み直す』日本経済評論社、二〇〇七年）一三三頁、一三五頁。

（12）三品前掲論文一四九頁、一五四頁。しかし、戒能は、中華人民共和国の成立を予見し、説明しえなかったとして、地縁的共同・公共組織を欠く中国村落という自説を戦後は放棄するにいたった。三品前掲論文一五五〜一五六頁。

（13）武藤秀太郎「「封建」とは何か？——山田盛太郎がみた中国」（恒木健太郎・左近幸村編『歴史学の縁取り方——フレームワークの史学史』東京大学出版会、二〇二〇年、一〇五頁）。

（14）三品前掲論文一三三頁。

（15）Karl August Wittfogel, *Wirtschaft und Gesellschaft Chinas: Versuch der wissenschaftlichen Analyse einer grossen asiatischen Agrargesellshaft*, 1. Teil（C. L. Hirschfeld, 1931. (Schriften des Instituts für Sozialforschung an der Universität Frankfurt a. M., 3. Band)）, 平野義太郎監訳『解体過程にある支那の経済と社会——アジア的な一大農業社会に対する科学的分析の企図 特にその生産諸力・生産＝流通過程』上・下、中央公論社、一九三四年。

（16）小野塚知二『経済史』二七〇頁。

（17）ヘイナル線については、とりあえず、小野塚前掲書二〇二〜二〇五頁を参照されたい。

（18）肥前榮一「比較経済史の新しいパラダイムを求めて——歩んできた道」東京大学経友会（経済学部同窓会誌）『経友』第二〇九号、二〇二一年、四三〜四四頁。

（19）『共同体の基礎理論』と共鳴関係にある実証的な歴史研究としてもっとも近年のものは、ミール共同体のアジア的性格に注目してロシアの「土地不足」問題を解明した肥前榮一『ドイツとロシア――比較社会経済史の一領域』（未来社、一九八六年）、佐藤芳行『帝政ロシアの農業問題――土地不足・村落共同体・農村工業』（未来社、二〇〇〇年）、崔在東（チェゼドン）「ストルイピン農業改革期ロシアにおける私的所有・共同所有および家族分割」（『歴史と経済』第四五巻第二号、二〇〇三年）、肥前榮一『比較史のなかのドイツ農村社会――『ドイツとロシア』再考』（未来社、二〇〇八年）、肥前榮一『独露比較農民史論の射程――メーザーとハックストハウゼン』（未来社、二〇一八年）など一連の研究である。

（20）Karl August Wittfogel, *Oriental despotism: a comparative study of total power*, Yale University Press, 1957（井上照丸訳『東洋的専制主義――全体主義権力の比較研究』アジア経済研究所、一九六一年、湯浅赳男訳『オリエンタル・デスポティズム――専制官僚国家の生成と崩壊』新評論、一九九一年）、Michael Mitterauer, *Warum Europa? Mittelalterliche Grundlagen eine Sonderweges*［なぜヨーロッパか？　資本主義・植民地主義にいたる特別な道の中世的起源］, C.H.Beck, 2003, 湯浅赳男『「東洋的専制主義」論の今日性――還ってきたウィットフォーゲル』新評論、二〇〇七年。

（21）三谷博『愛国・革命・民主――日本史から世界を考える』筑摩書房、二〇一三年、三谷博『維新史再考――公議・王政から集権・脱身分化へ』ＮＨＫ出版、二〇一七年、三浦信孝・福井憲彦編著『フランス革命と明治維新』白水社、二〇一八年、三谷博『日本史のなかの「普遍」――比較から考える「明治維新」』東京大学出版会、二〇二〇年、渡辺浩『明治革命・性・文明――政治思想史の冒険』東京大学出版会、二〇二一年。

六 「近代化と産業化の歴史的関連について」
――近代を不要とする経済発展の可能性

『共同体の基礎理論』を発表してから十年後、アフリカ諸国の独立を経て、大塚は、「近代化と産業化の歴史的関連について――とくに比較経済史学の視角から(22)」で、以下のように、近代化と産業発展と前近代社会・共同体との関係を論じていた。それは、いまの目で読むなら、封建制もブルジョワ的変革も欠き、自由や民主主義や人格などの近代的諸価値を必ずしも備えていない経済発展が現に可能であり、それどころか、その方が、近代的で民主的な体制よりも、単に産業発展や経済成長という点でみるならば効率的ですらあるのではないかという思考に読者を誘う。いささか長い引用となるが、読んでほしい(以下、引用文内の注番号は＊に変更した)。

「近代化」modernization という語は、ここでは伝統的社会の体制を支える諸制度が解体され、そこから近代社会(あるいは産業社会)が形成されていく過程というほどの意味に解したい。したがってそれは、もちろん、伝統的社会を形づくる諸制度からの諸個人の単なる離脱(ないし部分的離脱)などではなくて、諸制度を含めて社会体制そのものの解体と再形成を意味する。が、そのばあい、次の二つのことは、どうしても付言しておかねばなるまい。(1)さきにも述べたように、伝統的社会というきわめて包括的な概念のなかには、およそ前近代的な社会体制のさまざまな形態(その諸段階と諸類型)が含まれているばかりではない。その終局的解体に踵を接して形成されることになる近代社会(あるいは産業社会)の体制の形態もまた、決して一様のものではありえない。したがって、ここでいう「近代化」は、西欧諸国の近代化過程にみられたような「封建制から資本主義への移行」をもちろん含みながらも、その意味内容のはるかに広い概念となっている。(2)およそ伝統的社会は、かならず、なんらかの形態の前近代的な共同体諸制度を土台として、その上にうちたてられているような社会体制であるから、ここでいう「近代化」のなかには、そうした共同体諸制度の終局的な解体の過程——前近代的な共同体の一つの形態から他の形態への移行ではなく——が、その基礎的な一局面として含まれることになってくる。* この点は、念のため、とくに記憶に止めておいていただきたいと思う。

* 伝統的社会の土台を形づくる前近代的な共同体の基本形態は、その伝統的社会の社会体制がどのような形態のものであるかによって、きわめてさまざまである。あるばあいは部族(あるいは氏族)、あるばあいは都市、あるばあいは村落などできわめて複雑だが、いずれのばあいにも、なんらかの前近代的な性格の土地保有関係がその経済的骨格を形づくっているのが通例である、といってよい。詳しくは、拙著『共同体の基礎理論』岩波書店、一九五五年[本書所収]、を参照。なお、Bert F. Hoselitz & Wilbert E. Moore (eds.), *Industrialization and Society*, Unesco-Mouton, 1963, Chap. I (by Hoselitz)にも、この問題がふれられている。

つぎに、「産業化」industrialization という語は、産業諸部門がしだいに営利企業(ビジネス)あるいは経営として営まれるようになっていく過程を意味する、と解したい。それは、さしあたっては、社会体制と直接にかかわりのある現象ではなく、個別的な生産活動が営利企業あるいは経営の性格を帯び、その営みの規模を拡大するばかりでなく、そうした現象がさまざまな産業諸部門に広がっていく過程を意味する。** なお、この語についても、次の二つのことを付言しておかねばならない。(1)「産業化」の過程では、周知のように、農業にとってかわって工業がしだいに優勢となっていく傾向がみられ、その意味では「工業化」といってもよいが、ここでいう「産業化」のばあいには、そのような傾向の存在を十分に重要視しながらも、さしあたっては、産業諸部門が工業部門を先頭としてしだいに営利企業(ビズネス)あるいは経営として営まれるようになっていく現象を指すことにする。したがって、農業のばあいにも、営利企業として営まれるようになれば、それは「産業化」だというわけである。(2)「産業化」は、いま述べたように、さまざまな生産活動がますます営利企業(ビズネス)あるいは経営の姿をとるようになることであるから、それは、当然に、なんらかの意味で貨幣経済ないし商品流通(あるいは商業)の存在を前提するばかりでなく、さしあたってはそれ自体貨幣経済ないし商品流通(あるいは商業)の拡充として現われてくるほかはないであろう。そこで、それが伝統的社会の自然経済に対して外側から関係するばあいには、「産業化」はさしあたって「商業化」と同一の作用をおよぼすことになるであろう。〔中略〕

＊＊「産業化」を単に、伝統的社会からの離脱、と解する見解もある。しかし、そのばあい、もし伝統的社会からの離脱ということを端的にその社会体制の解体という意味に解してしまうとすれば、「産業化」はさきに定義したような意味での「近代化」と同じものになってしまい、本稿における私の問題提起はまったく無意味なものになっ

てくる。けれども、もし、伝統的社会からの離脱ということの意味を、その社会体制は維持されているが、なんらかの産業部門の営利企業(ビズネス)化によって、部分的な離脱(いわゆる二重経済!)がおこなわれる、というほどに解するとすれば、話はまったく変ってくるであろう。そして、「産業化」がこのような意味に使われていることも、かなり多いように思われる。なお、「一人あたりの産出量」という概念は、「産業化」の度合を計るためのきわめて有用な道具の一つに違いなかろうが、私が本稿で提起しようとする問題は、この概念からは直接には出てこない。――なお、通常むしろ「工業化」と訳されているindustrializationという原語をあえて「産業化」と訳することの意味も前述の点から明らかとなるであろう。

さて、以上のような用語を前提した上で、さきほど提起しておいた問題をもう少し立ち入って考えてみることにしたい。「近代化」と「産業化」は、相互に、どのような関係に立っていると考えるべきであろうか。もちろん、両者は同一の現象の盾の両面だ、とするような考え方もありうる。西欧における近代社会が「産業社会」industrial societyと呼ばれていることからもわかるように、世界史の上で、近代化をいちはやく達成した西欧諸国がまた産業化をもっとも徹底した形で達成しているという事実を想起するならば、それは一見正しいように思われる。が、はたして、そう言いきれるであろうか。もう少し詳しくいうならば、こうである。西欧の諸国(とくにイギリス、フランス、オランダ、アメリカ合衆国)のばあいには、すでに「産業革命」――あるいは「離陸」take-offといってもよい――に先立って、はっきりと近代化を指向したといってよいような社会体制の構造変化がおこなわれ、それによって、産業革命のための前提諸条件が準備されていたという事実を考えると、少なくとも、近代化はかならず産業化をよびおこし、それに支えられて進行する、ということはいちおう言えそうである。けれども、その逆ははたして真であるのか。私はこう問いたいのである。つまり、産業化はかならず近代化をよびおこし、それに支えられて進行する、などと言えるのだろうか、と。

　いまも述べたことであるが、西欧の諸国で、はっきりと近代化を指向するような、社会体制の構造変化が行なわれた後の諸事情をさしあたって考えてみると、少なくとも、そのばあいには確かにそのとおりに言えそうである。けれども、この命題は、はたして、他の国やまた他の時代にまで一般化できるものなのであろうか。詳しくいうと、同じ西欧の諸国でも、いま述べたような時期より以前の、なお伝統的社会とよばれるべき時代や、またその他の国々にみられる伝統的社会のばあいについても、産業化はかならず近代化を招来し、それと手を携えて進行する、などと言いうるのであろうか。現在の私には、この問いに対する答えは、どうしても否であるように思われるのである。

大塚のこの文章が示唆しているのは、まずは、「封建制から資本主義への移行」以外の近代化の可能性という問題群である。封建制以外の生産様式から――大塚も『共同体の基礎理論』において、共同体類型とそれに照応する生産様式を継起的な類型として扱っているから、「封建制より前の生産様式から」と言い換えても差し支えないだろう――資本主義以外の近代的な生産様式(おそらくは何らかの社会主義)への移行の可能性を大塚はここでわざわざ明記して留保している。『共同体の基礎理論』で大塚が強調した要点の一つは、封建制に照応するゲルマン的共同体の解体とは原始以来の共同体自体の最終的な解体であるが、それ以前のアジア的共同体や古典古代的共同体の解体は、共同体それ自体の解体を意味しないということである。ならば、ゲルマン的共同体を経験せずに近代化する社会は、何らかの共同体を残存させたまま(つまり伝統的社会の体制を支える諸制度が解体しないまま)で「近代化」するという、形式論理的に矛盾した事態を引き起こすのであろうか。

本解説五節で概観したように、ロシア革命と社会主義体制の成立について大塚は、マルクス以来、注目され論じられてきたミール共同体から、ゲルマン的共同体も資本主義も飛び越して社会主義に移行するという説を陰に退けて、レーニン主義的な資本主義発達論の立場を選択することで、この矛盾を回避している。

では、現在の社会主義解体後のロシア、中国、インドなどの経済発展をどのように理解したらよいのであろうか。再び肥前榮一の展望を引用してみよう。

「かつて独露の農村調査を行った封建主義者ハックストハウゼンは、プロイセン―ドイツにおける上からの近代化の進展の帰結に危惧の念を覚えました。そして、フーフェ制的なドイツ農村はプロレタリアートを生むが、ミール共同体を持つロシアはその弊害を免れているとし、この点でのロシアのヨーロッパに対する優位を指摘し、ロシアのスラブ主義的な復活の可能性を示唆しました。この議論に共感したのがナロードニキ主義の始祖のゲルツェンです。その流れをくむヴェラ・ザスーリッチの質問に対して晩年のマルクスの与えた回答は、発達した世界資本主義の中で、ロシアの、ミール共同体を土台とする社会主義への飛び越し的移行の可能性を認めるものでした。／習近平の「中華民族の偉大な復興」は（ウィグル族問題などを念頭におくならば「漢民族の」と言い換えたほうが正確でしょうが）、ハックストハウゼンの予見したロシアのスラブ主義的復興の壮大なアジア版ともいうべき「アジア的復古」であるように思われます。しかし、それはまたロシア・マルクス主義の父プレハーノフが怖れたものでもありました。／他方で、ヴェラ・ザスーリッチにあてた返書およびその草稿にみられたマルクスの資本主義飛び越し論が、成功した中国の現状を肯定する「東方社会理論」として現在中国でもてはやされているようです（福本勝清『論争史』第六章）。／確かに社会主義中国が二十世紀末以来成し遂げた急速な経済的達成は驚嘆すべきです。長命の巨人が今眠りから覚めたのです。しかしながら、問題は「飛び越し」が経済や軍事などの分野にとどまる部分的跛行的なものであることです。すなわち、それは人民解放の証であるべき市民的諸権利を容認せず、逆にＡＩ技術を駆使して人民管理を徹底させるものです（「デジタル・レーニン主義」）。このような市民権なき人民の経済的平等に立脚する現代社会主義は、マルクスの言う「飛び越し」はもとより、プレハーノフを批判しつつレーニンが目指した資本主義の「アメリカ型」を通ずる社会主義とも、似て非なるものといわねばなりません。市民的自由を求めた一九八九年の天安門事件に参加した劉暁波の痛切な文集『最後の審判を生き延びて』が想起されます[23]。

日本では、早くも二〇〇七年には安藤馨が、人格・自由・自律といった近代が達成した価値を軽々と超越した暁に、統治者の「功利主義リベラリズム」という思想を正当化しようとした。この「人格亡きあとのリベラリズム」の構想は、統治者ですら従わざるをえない規範の体系であった前近代への回帰であると同時に、超近現代の一つの可能性——決して夢や希望に満ちあふれた耳心地よい可能性ではないが——を示しているように思われる。(24) さらに翌年、伊藤計劃は、この主題をSF小説として描いて、最終的には、意識の消失という原始仏教的な涅槃を想起させる「解」を模索していた。いま眼前にある中国の「産業化」の驀進（ばくしん）は、「近代化」を不要としているだけでなく、新たな技術的基盤をともなって人民個々人を即時監視・即時統御する一歩手前にまで到達している。

大塚久雄が残した、前近代から、共同体の最終的解体を経て、近代に移行するという「理想」は、いま、おそらくは大塚も予想しなかったであろう相貌をともなって、わたしたちの前にその問題性を現しつつある。「近代化と産業化の歴史的関連」、あるいは、人格・自由・自律・人権や民主主義を欠いた経済発展の可能性という問いは、現在の中国、インド、ロシアなどだけに突き付けられているわけではない。近代が達成した「同じ価値観を共有している」と称する現在の日本と欧米諸国に対しても同じ問いを発することは可能であろう。「近代人」という課題を達成しえたのかという問いである。(25) 本書が、こうしたことがらを、いまの自分の（＝アクチュアルな）問題として考える手がかりとなることを期待したい。

(22) 初出は東京大学『経済学論集』三二―一、一九六六年、一～一〇頁。『大塚久雄著作集』

第四巻、二七三～二九二頁に所収。なお、元は以下の英語論文であった。OTSUKA, Hisao, "Modernization Reconsidered", *The Developing Economies*, III/4, Institute of Asian Economic Affairs, pp.387-403, 1965.

(23) 肥前前掲論文、五〇～五一頁。

(24) 安藤馨『統治と功利――功利主義リベラリズムの擁護』勁草書房、二〇〇七年、伊藤計劃『ハーモニー』早川書房、二〇〇八年。

(25)「近代人」という課題の達成については、小野塚前掲論文(梅津・小野塚編著[二〇一八]五六～五七頁と注(4)を参照されたい。

参考文献(『大塚久雄著作集』のほか、以下の文献を特に参照した。それ以外は解説中に注記した)

石崎津義男『大塚久雄 人と学問 付 大塚久雄『資本論講義』』みすず書房、二〇〇六年。

梅津順一・小野塚知二編著『大塚久雄から資本主義と共同体を考える――コモンウィール・結社・ネーション』日本経済評論社、二〇一八年。

小野塚知二・沼尻晃伸編著『大塚久雄『共同体の基礎理論』を読み直す』日本経済評論社、二〇〇七年。

小野塚知二『経済史――いまを知り、未来を生きるために』有斐閣、二〇一八年。

楠井敏朗『大塚久雄論』日本経済評論社、二〇〇八年。

恒木健太郎『「思想」としての大塚史学――戦後啓蒙と日本現代史』新泉社、二〇一三年。

初出一覧

共同体の基礎理論
『共同体の基礎理論――経済史総論講義案』岩波書店、一九五五年。『共同体の基礎理論（第二版）』岩波書店、一九七〇年。（のち『大塚久雄著作集　第七巻』岩波書店、一九六九年／岩波現代文庫、二〇〇〇年、に収録）

生産力における東洋と西洋――西欧封建農民の特質――
原題「生産力に於ける東洋と西洋――西欧封建農民の特質」『中央公論』一九四六年五月号。（のち『近代化の歴史的起点』学生書房、一九四八年／『大塚久雄著作集　第七巻』岩波書店、一九六九年、に収録）

いわゆる「封建的」の科学的反省
原題「所謂「封建的」の科学的反省」『潮流』一九四六年八月号。（のち『近代化の歴史的起点』／『大塚久雄著作集　第七巻』に収録）

「共同体」をどう問題とするか
『世界』一九五六年三月号、四月号。(のち『大塚久雄著作集 第七巻』に収録)

内と外の倫理的構造
『講座現代倫理 第五巻』筑摩書房、一九五八年。(のち『大塚久雄著作集 第八巻』岩波書店、一九六九年、に収録)

マックス・ヴェーバーのアジア社会観——とくに彼の共同体理論について——

『経済学論集』第三三巻第一号(東京大学経済学会)、一九六七年。(のち『大塚久雄著作集 第七巻』に収録)

アジアから見た文化比較の基準
『アジア文化研究』第一〇号(国際基督教大学アジア文化研究所)、一九七八年。(のち『歴史と現代』朝日新聞社、一九七九年/『大塚久雄著作集 第一一巻』岩波書店、一九八六年、に収録)

ま　行

や　行

ら　行

な　行

は　行

た　行

さ　行

索　引

あ　行

か　行

共同体(きょうどうたい)の基礎理論(きそりろん) 他六篇

2021年12月15日　第1刷発行
2023年12月15日　第2刷発行

著　者　大塚久雄(おおつかひさお)

編　者　小野塚知二(おのづかともじ)

発行者　坂本政謙

発行所　株式会社 岩波書店
〒101-8002 東京都千代田区一ツ橋2-5-5
案内 03-5210-4000　営業部 03-5210-4111
文庫編集部 03-5210-4051
https://www.iwanami.co.jp/

印刷 製本・法令印刷　カバー・精興社

ISBN 978-4-00-341522-1　Printed in Japan

読書子に寄す

――岩波文庫発刊に際して――

岩波茂雄

真理は万人によって求められることを自ら欲し、芸術は万人によって愛されることを自ら望む。かつては民を愚昧ならしめるために学芸が最も狭き堂宇に閉鎖されたことがあった。今や知識と美とを特権階級の独占より奪い返すことはつねに進取的なる民衆の切実なる要求である。岩波文庫はこの要求に応じそれに励まされて生まれた。それは生命ある不朽の書を少数者の書斎と研究室とより解放して街頭にくまなく立たしめ民衆に伍せしめるであろう。近時大量生産予約出版の流行を見る。その広告宣伝の狂態はしばらくおくも、後代にのこすと誇称する全集がその編集に万全の用意をなしたるか。千古の典籍の翻訳企図に敬虔の態度を欠かざりしか。さらに分売を許さず読者を繫縛して数十冊を強うるがごとき、はたしてその揚言する学芸解放のゆえんなりや。吾人は天下の名士の声に和してこれを推挙するに躊躇するものである。このときにあたって、岩波書店は自己の責務のいよいよ重大なるを思い、従来の方針の徹底を期するため、すでに十数年以前より志して来た計画を慎重審議この際断然実行することにした。吾人は範をかのレクラム文庫にとり、古今東西にわたって文芸・哲学・社会科学・自然科学等種類のいかんを問わず、いやしくも万人の必読すべき真に古典的価値ある書をきわめて簡易なる形式において逐次刊行し、あらゆる人間に須要なる生活向上の資料、生活批判の原理を提供せんと欲する。この文庫は予約出版の方法を排したるがゆえに、読者は自己の欲する時に自己の欲する書物を各個に自由に選択することができる。携帯に便にして価格の低きを最主とするがゆえに、外観を顧みざるも内容に至っては厳選最も力を尽くし、従来の岩波出版物の特色をますます発揮せしめようとする。この計画たるや世間の一時の投機的なるものと異なり、永遠の事業として吾人は微力を傾倒し、あらゆる犠牲を忍んで今後永久に継続発展せしめ、もって文庫の使命を遺憾なく果たさしめることを期する。芸術を愛し知識を求むる士の自ら進んでこの挙に参加し、希望と忠言とを寄せられることは吾人の熱望するところである。その性質上経済的には最も困難多きこの事業にあえて当たらんとする吾人の志を諒として、その達成のため世の読書子とのうるわしき共同を期待する。

昭和二年七月